中國學術思想 研究輯刊

五 編

林 慶 彰 主編

第 8 冊

王夫之、李光地對朱子易學的繼承、批判與發展（下）

高 志 成 著

花木蘭文化出版社

國家圖書館出版品預行編目資料

王夫之、李光地對朱子易學的繼承、批判與發展（下）／高志
成 著 — 初版 — 台北縣永和市：花木蘭文化出版社，2009〔
民 98〕
目 4+234 面；19×26 公分
（中國學術思想研究輯刊 五編；第 8 冊）
ISBN：978-986-254-037-4（精裝）
1.（宋）朱熹 2.（清）王夫之 3.（清）李光地 4. 學術思想
5. 易學 6. 研究考訂
121.17   98014776

ISBN - 978-986-2540-37-4

9 789862 540374

中國學術思想研究輯刊
五 編 第 八 冊   ISBN：978-986-254-037-4

王夫之、李光地對朱子易學的
繼承、批判與發展（下）

作　　者　高志成
主　　編　林慶彰
總 編 輯　杜潔祥
出　　版　花木蘭文化出版社
發 行 所　花木蘭文化出版社
發 行 人　高小娟
聯絡地址　台北縣永和市中正路五九五號七樓之三
　　　　　電話：02-2923-1455／傳眞：02-2923-1452
網　　址　http://www.huamulan.tw 信箱 sut81518@ms59.hinet.net
印　　刷　普羅文化出版廣告事業
封面設計　劉開工作室
初　　版　2009 年 9 月
定　　價　五編 20 冊（精裝）新台幣 33,000 元

王夫之、李光地對朱子易學
的繼承、批判與發展（下）

高忞成　著

第五章　從「太極」到〈序卦〉

　　《易》學發展至宋代以降，由於要回應新時代之不同課題，致使產生出新面貌，此就學界共識來說，稱之爲「理學《易》」。[註1]

　　說「理學」之特點，可以包括：（1）以不同方式爲發源於先秦儒家思想提供宇宙論、本體論的論證。（2）以儒家的聖人爲理想人格，以實現聖人的精神境界爲人生的終極目的。（3）以儒家的仁義禮智信爲根本，以不同方式論證儒家的道德原理具有內在的基礎，以存天理、去人慾爲道德實踐的基本原則。（4）爲了實現人的精神之全面發展而提出並實踐各種「爲學功夫」即具體的修養方法。[註2] 以上所述，爲針對儒學內在演變部份，另外，對於外部挑戰回應方面，亦有兩項特點可述：一者視孔孟爲學說正統，並重新解讀孔孟學說之精神，大力宣揚超功利價值的道德觀點，建立一套形上學理論系統，以對抗佛、老二教，進而穩定社會結構；二者不同程度上，也接受佛、老思想資料與啓發，用來補充和發展儒家的思想體系。[註3]

　　說《易》學之特點，傳統以來，無論是政治、學術，一直居於重要地位，蓋自秦、漢以來，是擁有「人更三聖，世歷三古」的源遠流長內容，故爲「五經之原」，且「易道廣大，無所不包」，是文化總成，是以至宋代，爲儒門學

〔註1〕　徐芹庭說：「惟由於佛道之興起，而激發理學之成長，由是援理學入易，因而以理學解易，實宋易之主流。」《易學源流》拾〈宋代之易學〉（臺北：國立編譯館，1987 年 8 月），頁 629。此說可爲代表。然而，究竟是「理學入易」或「易入理學」，還是兩者互爲影響，實有深入討論之必要。

〔註2〕　陳來：《宋明理學》〈引言〉（臺北：洪葉文化公司，1994 年 9 月），頁 14。

〔註3〕　朱伯崑：《易學哲學史》第二卷〈宋易的形成和道學的興起〉（臺北：藍燈文化公司，1991 年 9 月），頁 5。

者共同意識，一致認爲乃對抗佛、老異教，收拾人心散漫，最有說服力量之利器。

說「理學《易》」之特點，是宋、明儒者在時代課題上，以「理學」架構重新詮釋《易》學，並賦予新價值，以建立文化體系；這種思維，雖發端於魏、晉時期，但是，至今仍影響於學界者，仍屬宋明儒者之功。〔註4〕其在「立」的方面，標榜儒門人事義理，是其積極性任務；在「破」的方面，對抗佛老虛無世界，是其消極性工作。針對此二項任務，朱伯崑說：「宋易的特徵之一，即因經以明道，或明道以知經。」〔註5〕又說：「北宋的道學家，都把《周易》經傳視爲對抗佛道二教的有力武器。」〔註6〕可說是道出宋《易》之時代特色與學術任務。然而本研究要指出的是，所謂的「《周易》經傳」云云，其實嚴格的說法，多以〈繫辭傳〉內容爲主要依據。

理學《易》的討論起點，由〈繫辭傳〉提供基本素材，其云：「易無思也，無爲也，寂然不動，感而遂通天下之故。非天下之至神，其孰能與此。」又說：「易有太極，是生兩儀，兩儀生四象，四象生八卦。」因爲此概念，不僅提供萬事萬物之根源——「太極」以作爲本體，並說明從中的衍化過程，具備了道德實踐所以可能的「主觀、客觀」的雙重根據，是以深受宋、明儒者的重視，特別是朱子理學建構，更是從中取材甚多，因而將《易》之原理高度哲理化；正如史少博說：「朱熹的理學體系是通過《周易》的解釋而形成的。」〔註7〕此說大抵合乎實際情形，也是學界所共識。而集大成之朱子，其所謂的「理學」《易》之內容，也大都是指著〈易傳〉之學，也就是說，其理學架構建立，所引用的觀念或詞句，都是來自〈易傳〉；針對此一《經》〈傳〉的差別而察覺者，勞思光有明確的指出其中癥結。勞先生說：

　　周惇頤之主要著作，僅有「通書」及「太極圖說」。「太極圖說」乃

〔註4〕 這種以一種學術體系解讀另一種學術體系之法，發端於魏晉時期，諸如「玄學《易》」即是。湯用彤說：「王弼雖知漢代宇宙學說，但其解《易》則掃舊說專闡玄理。」見《魏晉玄學論叢》，頁68。劉大杰說：「（王弼）他的偉大處，是能夠用平實的道家義理，去說明《周易》的原理作用與變化。」見《魏晉思想論》，頁25。以上二說，收入《魏晉思想》甲編五種（臺北：里仁書局，1984年1月）。是知「理學」有效法於「玄學」論學之處。

〔註5〕 朱伯崑：《易學哲學史》第二卷，頁4。

〔註6〕 朱伯崑：《易學哲學史》第二卷，頁5。

〔註7〕 史少博：〈朱熹理學的易學底蘊〉見《青島科技大學學報（社會科學版）》（第20卷第1期2004年3月），頁60。

取圖書一派之易學資料，而另予以理論解釋，故根本上自以易傳爲
依據。（中略）張載治學較雜，正蒙之理論系統，亦顯然依據易傳中
之形上學及宇宙觀念。（中略）二程所最重視之經籍，實乃禮記之中
庸與大學；此外則取易傳中之形上觀念。

因此，勞先生結論說：「故自周惇頤氏立說，即取易傳以代表孔子思想。」〔註8〕
所以說，朱子之理學建構有取於《易》者，大都是〈易傳〉觀念，即爲本章研
究主題「太極」或「形而上者謂之道」，所謂的「本體」之說。

　　本研究以朱子爲主，並以考察王夫之、李光地在此問題的看法之比較，
初步認定朱子與王夫之的「理學《易》學」是從「太極」概念到〈序卦〉之
排序觀中建立，對「太極」本體論，二家無爭議，但在〈序卦〉之排序觀中，
卻有截然不同的看法，此爲王夫之對朱子的批判處，爲目前學界尚未觸及之，
是值得討論的議題。至於李光地在此主題上，除了強調〈序卦〉爲孔子作，
以及引西學擴充〈序卦傳〉，爲其創新見解之外，其餘大抵與朱子觀點均同，
充分完成其繼承與翼護原則下的學術任務。

第一節　從「太極」到〈序卦〉論「理一分殊」

　　「太極」概念者，在朱子之前，並非儒者的至要觀念，陳鼓應先生甚至
認爲「太極」說是本於《老子》之說，〔註9〕所以韓康伯就從《老子》觀念來
解讀「太極」，其云：「夫有必始於无，故太極生兩儀也。太極者，无稱之稱，
不可得而名，取其有之所極，況之太極者也。」〔註10〕蓋韓康伯依循王弼「以
老入易」，是以此「太極」說云云，仍可歸於王弼之理念；因此，王弼「取老
入易」就「太極」概念上，亦能持之有故。然〈繫辭上傳〉所言爲：「易有太
極，是生兩儀。」既爲言「有」，何以王弼注「无」，是知明顯違背《易》理，
簡博賢師云：「王弼轉以寂然至無爲說，迴異易義矣。蓋一從『質實處看萬物
之原』，一從『虛無間窺萬化所本』；是儒道根本之異也。」〔註11〕其後周惇

〔註8〕　勞思光：《新編中國哲學史（三上）》（臺北：三民書局，1989年10月5版），
　　　　頁64～65。
〔註9〕　陳鼓應：《道家易學建構》（臺北：臺灣商務印書館，2003年7月），頁52。
〔註10〕　《周易注疏》卷七〈繫辭上傳〉十一章：「易有太極，是生兩儀。」注，頁17。
〔註11〕　簡博賢師：《魏晉四家易研究》〈王弼易學研究〉（臺北：文史哲出版社，1986
　　　　年1月），頁83。

頤雖有取道教之義而作〈太極圖書〉，但他論學重點却以《通書》爲要著稱。〔註12〕直至朱子則極力推崇，並爲之解說、作注，朱子云：「其體用之一源，顯微之無間，秦漢以下，未有臻斯理者。」〔註13〕很顯然的，朱子以程頤思想去理解周惇頤之說，陳榮捷說：「朱子繼承二程理之哲學而發展之，加以氣之概念，不得不採用太極之說以明理之意義與理氣之關係。于是取太極圖說而表彰之。」〔註14〕至於「太極」的內容爲何？朱子云：「上天之載，無聲無臭，而實造化之樞紐，品匯之根柢也。故曰『無極而太極。』」〔註15〕也就是說，朱子「太極」說，是其《易》學形上學的建構，並進而完成「理學《易》」的體系。因此在朱子「太極」概念中，是充滿著豐富內容，曾春海說：

> 其理一分殊說，物物一太極論，能由整體的普遍的眼光，謂一物一太極，總宇宙萬物爲一太極，而使物物皆內具同一太極之理，因而在宇宙間任何一物，皆反應之全體，且物物皆透過內在的同一太極之理，而發生聯繫和歸屬，彼此相互感通，促成一整體和諧的有機體，物物由太極而來，順太極而發展，最後飽滿地歸於太極，與太極爲一，這種形上學具有遼闊的視野，完整的包容性，有機的整體秩序性，顯揚了每一存有的價值性，這是朱子不可抹殺的優點。〔註16〕

由此觀來，是知朱子說「太極」概念與說「《易》本卜筮之書」之觀點，有一精神相通之處，即寬廣的學術包容性格。所以就朱子的「太極」說內容上，即可明確得知其方法上，是要「對北宋以來的各家哲學思想進行批判總結，吸取了圖書學派的學說，重新解釋了周敦頤的〈太極圖說〉，吸取了張載氣論哲學，發展了程頤的陰陽無始說，提出理本氣末、理一分殊、格物窮理，建立了本體論體系。」〔註17〕此亦爲朱子《易》學最大特色；而朱子此一學術

〔註12〕勞思光：「濂溪解易，其目的在於建立一含有形上學及宇宙論雙重成份之理論。此理論之骨幹即表現於『太極圖說』中，而許多問題之發揮論斷又見於『通書』。」《新編中國哲學史（三上）》，頁97。

〔註13〕朱子：《朱文公文集》卷七十八〈隆興府學濂溪先生祠記〉，頁3478。

〔註14〕陳榮捷：〈宋明理學中的太極觀念〉（臺北：《思與言》雜誌第20卷第3期，1982年9月），頁201。

〔註15〕朱子：《朱子遺集》卷四〈太極圖說解〉（上海：上海古籍社，2002年12月），頁704。

〔註16〕曾春海：《朱熹易學析論》（臺北：輔仁大學出版社，1990年9月，再版），頁166～167。

〔註17〕劉玉平：《易學思維與人生價值論》（濟南：齊魯書社，2006年1月），頁129。

建構的目的，依勞思光所說：「可由其所否定之佛教思想說起。」〔註18〕然後用以建立其中國文化之「道統」觀。蓋「佛教以世界為虛妄，故即取『捨離』為精神方向；儒學以世界為實現理之領域，故即持『化成世界』為其精神方向。」〔註19〕而「太極」概念，即能提供「化成世界」的形上現象，因此，足以對抗佛學；不僅於此，朱子還談「無極而太極」之觀念，借「無」來展現「道」的「超越性」；針對此說，勞思光有一具體解釋，他說：

　　　今知朱說之意，乃以『無極』與『太極』為『本體』之兩面描述，
　　　即可知所謂『萬化根本』者應是此『本體』，而『本體』可稱之為『無
　　　極』，以表其『超越性』，有可稱之為『太極』，以表其『創生性』；
　　　此即所謂『非太極之外，復有無極也。』」〔註20〕

朱子闡釋傳統「太極」說，即是掘出儒學深層蘊涵，以證明佛學所足以自傲之精彩理論，儒家亦有，而儒家傳統所言倫理制度者，而佛家則無；積極強調儒家的確是具有「澈上澈下」的完備架構，足以收拾長久以來，「儒門淡薄」所失落的人心價值。

　　朱子之說「太極」，的確是賦予相當多的詮釋內容，與唐代以前之治《易》者說「太極」的意圖是不同的，〔註21〕或許礙於時代課題，於今觀朱子之解說，常有詮釋過當之虞；然而其積極的學術任務，仍是吾人不得忽視之處，誠如王邦雄所說：「這不是文人雅事呀！它是歷史文化的大事。」〔註22〕又說：「代表當時中國知識份子自覺的奮鬥。」〔註23〕足見朱子「時代課題」之感受也深，則自我期許亦大。

　　但是「反佛」之目的，雖為維護文化立場而有的積極行為，然而不代表就允許方法上可以任意擷取與無限制的解釋；對於朱子借周惇頤之「無極而太極」而說超越性，陸象山於當時則是有相當大的質疑點，其看法大旨認為：一、〈太極圖說〉非周惇頤之作，二、與周惇頤另一著作《通書》概念不同，三、來自

〔註18〕　勞思光：《新編中國哲學史（三上）》，頁51。
〔註19〕　勞思光：《新編中國哲學史（三上）》，頁306
〔註20〕　勞思光：《新編中國哲學史（三上）》，頁102
〔註21〕　李道平：《周易集解纂疏》卷八「易有太極是生兩儀」，頁600～601，有引馬融、鄭玄、許慎、虞翻之說，與朱子說不同。
〔註22〕　王邦雄：〈中庸在中國思想史上的地位〉收入《儒道之間》（臺北：漢光文化出版社，1987年12月4版），頁54。
〔註23〕　王邦雄：〈中庸在中國思想史上的地位〉，頁63。

道教之系統等等質疑。〔註24〕針對陸象山的疑慮，朱子勢必有所回應，此一回應之的內容，簡單的說，除了上引勞思光闡釋朱子概念外，劉述先也認為：

> 事實上〈太極圖說〉的義理與《通書》所說，並沒有根本互相抵觸的地方。其次，朱子並無意否認濂溪太極圖係出自陳希夷，正好像康節先天圖也同樣出自陳希夷，問題在圖說的義理是否講得通，並不在乎圖的來源是否傳自道家。〔註25〕

劉先生認為學術本就有互相取捨，以互相擴大觀點的空間與必要，因此不用諱言取之異說；對此概念，杜保瑞亦有所說明：

> 哲學活動本為一哲學家之創造性活動，理論材料及歷史背景是一回事，理論目的及所建構的理論型態是另一回事。無論周惇頤之太極圖如何而來，周惇頤之宇宙論知識系統本身已經是在經驗現實上無甚知識意義的系統，因此對於太極圖之來源亦更為一無甚理論意義之事，周惇頤於〈太極圖說〉中的文字系統才是他的創作的重點。
>
> 〔註26〕

認為朱子的「太極」說，縱使是取前人之說、或異教之資材，那也是一種創造性的轉化與詮釋。相信自朱、陸爭辨以來，學者秉持與杜保瑞相同看法的人應是多數，可以說已形成學術共識；因此朱子的「太極」說，或許有源自異教之疑慮，然而卻不改變其體系建立的企圖，因此影響後世學者甚多；吾人單看之後的科舉書籍，以讀朱子學為據，即可知其效應處。勞思光說：「朱氏解經，成為官學；以致明清一般知識份子，棄經而專攻朱註或朱氏之解釋，以取科名。」〔註27〕重視朱子學，尤其是「太極」說者，的確是學術上的事

〔註24〕黃宗羲撰・全祖望補：《宋元學案》卷五十八〈象山學案〉（臺北：世界書局，1991 年 9 月 5 版），頁 1073～1074

〔註25〕劉述先：〈由朱熹易說檢討其思想之特質、影響與局限〉收入氏著《朱子哲學思想的發展與完成》之〈附錄〉（臺北：臺灣學生書局，1995 年 8 月增訂 3 版），頁 626。

〔註26〕杜保瑞：《北宋儒學》第一章〈周敦頤說聖人境界的儒學建構〉（臺北：臺灣商務印書館，2005 年 4 月），頁 4～5。又蔡仁厚先生闡述牟宗三先生之說，認為牟宗三的看法是：「吾人所重視者，只是此圖說所表示之思想。而且，雖說藉圖以寄意，而其所寄之意亦全本於通書以為說。可知濂溪並不是必須先構畫一圖，亦不是必須對應此圖纔能構造一套義理。此即表示，圖對於圖說之義理，並沒有抒意上的必然之關係。」《宋明理學——心體與性體意旨述引》（臺北：臺灣學生書局，1991 年 9 月第 6 次印刷），頁 57～58。

〔註27〕勞思光：《新編中國哲學史（三上）》，頁 318～319。

實。〔註28〕但是理應注意的是，朱子的「太極」體系之建構，「完全由『為己之學』的角度來看。」〔註29〕既是如此，則時代環境與學術風氣若有所改變，甚至能跳脫科舉利祿之限制，則朱子「太極」說廣受批評或修正，自然是為在學理發展上的必然現象了。

　　至於王夫之者，處在明、清交替之際，學術重點仍然是以朱子學為普遍概念時，必然也是積極研讀朱子「太極」說，但是由於王夫之未出仕之條件下，自然也就減少了許多官場科舉的限制，而能一掃在傳統權威與利祿的框架下，可以對朱子「太極」觀點提出更深入的修正與繼承。王夫之也主張「太極」是萬物根源，並且是在和諧中發展，在發展中變化。汪學群指出：「王夫之認為，自然界不是雜亂無章的堆積，而是一個和諧有機的整體。在這一和諧的整體中，不僅同一事物內部，而且不同事物之間，均彼此相互聯繫在一起。它們既有差別又有相一致的地方，相輔相成，相濟相協，並存而不相害。」〔註30〕另外，王夫之也說：

　　　　故周子又從而贊之曰：「無極而太極」，陰陽之本體，絪縕相得，合
　　　　同而化，充塞于兩間，此所謂太極也，張子謂之「太和」。〔註31〕

就此段之解讀，勞思光的看法認為：「此即謂『太極』只是『陰陽之渾合』，就其渾合全體而言，不能名之為陰陽，故稱『太極』。依船山說法，所謂『太極』只是贊辭，並非在陰陽外別有所指。此與朱熹之意，濂溪之意皆不同，蓋船山始終以陰陽兩種功能之流行為『道』，并無在陰陽之上立一太極之意向也。」〔註32〕勞先生不認為王夫之會以周惇頤、朱子以降之說為是，而主張是為：「『太極』為『陰陽渾合』之稱矣。」〔註33〕相較之下，汪學群則認為：「王夫之視太極為一個整體，其論證深入具體，是對張載、朱熹的繼承發展。」〔註34〕二家解讀雖有不同，但仍可從中得知，就王夫之論《易》學，除了秉持延續張載思想外，其論「太極」，亦由周惇頤開始，既是由周子開始，則其

〔註28〕以《清儒學案》為考察範圍，對「太極」說之繼續闡述者，仍不在少數，可
　　　　證朱子之影響力。
〔註29〕劉述先：〈由朱熹易說檢討其思想之特質、影響與局限〉，頁627。
〔註30〕汪學群：《王夫之易學——以清初學術的視角》，頁225。
〔註31〕王夫之：《周易內傳》〈繫辭上傳〉第十一章，頁461。
〔註32〕勞思光：《新編中國哲學史（三下）》，頁695。
〔註33〕勞思光：《新編中國哲學史（三下）》，頁696。總之，勞先生認為船山此說是
　　　　要與「乾坤並建」之理論相配合。
〔註34〕汪學群：《王夫之易學——以清初學術的視角》，頁235～236。

「前理解」的基本看法，亦與朱子在相同下的概念去作不同觀點的修正，蓋彼此之時代課題與學術用心本自不同，必會有不同解讀，然而均從「太極」概念衍生，仍是有其交集處。

至於李光地論「太極」，大抵亦是採本體論、根源說，其精神、價值均與朱子同。李光地說：

> 「上天之載」，「載」、始也，上天之始，即所謂天地萬物之根，「太極」是也。《書傳》有太始、太初，亦取此意，但不如「太極」兩字渾全的確。〔註35〕

又說：「《易》有太極此句，即其圓妙，氣根於理，理因氣見，說來渾融無迹。」〔註36〕因此，就學理的根源處討論之，則朱子與王夫之、李光地的觀點，殊無二致，完全是繼承其精神。

總之，對於「太極」概念，在中國文化傳統裏，一直將其視爲「乃天地將始未始之時，於冲漠無朕之中，寓萬象萬理於其間者是也。夫惟此無限大，乃能生廣大無邊之天地，而茫茫往古，繼繼來今，有所託始；浩浩天地，泱泱太空，有所溯源矣。」〔註37〕此爲學界普遍共識，是以三家有共同交集，乃理之必然也。

然而「太極」畢竟是「本體」，若懸而不動，不足以證明其效果之宏大，是以必須有衍化與實際之運用；於《易》學方面，則爲「太極」此一根源至六十四卦之間之衍化的過程的展現也。此依據則爲〈繫辭傳〉所云：「易有太極，是生兩儀，兩儀生四象，四象生八卦。」然而，朱子與王夫之對此句的看法，卻有明顯不同，當然說明不同，則其理論建構之目的，也必然不同；以下敘述之。朱子云：

> 一每生二，自然之理也。《易》者，陰陽之變，大極者，其理也。兩儀者，始於一畫以分陰陽，四象者，次爲二畫以分太少，八卦者，次爲三畫而三才之象始備。此數言者，實聖人作《易》自然之次第，有不假絲毫智力而成者，畫卦揲著，其序皆然，詳見〈序例〉、《啓蒙》。〔註38〕

〔註35〕李光地：《榕村語錄》卷八〈中庸〉《文淵閣四庫全書》冊725，頁129。

〔註36〕李光地：《榕村語錄》卷十一〈周易〉，頁167。

〔註37〕徐芹庭：《易學源流》上冊（臺北：國立編譯館，1987年8月），頁6。

〔註38〕朱子：《周易本義》〈繫辭上傳〉第十一章，頁133～134。

朱子此說，是就「《易》本卜筮之書」的筮法而說，討論伏羲畫卦之法，推論之則六十四卦的形成是太極之理自身展開的過程。朱子又於〈答虞大中〉文，曰：

> 太極兩儀四象八卦，此乃《易》學綱領，開卷第一義，孔子發明伏羲畫卦自然之形體，孔子而後，千載不傳，惟康節、明道二先生知之，蓋康節始傳先天之學，而得其說，且以此爲伏羲之《易》也。〈說卦〉天地定位一章，先天圖乾一至坤八之序，皆本於此。然康節猶不肯大段說破，《易》之心髓，全在此處，不敢容易輕說，其意非偶然也。
>
> 明道以爲加一倍法，其發明孔子之言，又可謂最切要矣。〔註39〕

明確的說明，朱子是採用邵雍的「加一倍之法」看法，即由一、二、四、八、十六、三十二、六十四云云。但是，就邵雍的機械式衍化，王夫之是表達強烈的反對，王夫之《周易稗疏》：

> 生者，非所生者爲子，生之者爲父之謂；使然，則是有太極無兩儀，有兩儀無四象，有四象無八卦之日矣。生者於上發生也，如人面生耳目口鼻，自然賅具，分而言之謂之生耳。邵子執加一倍之小數，立一二象之象，一純陽、一純陰，一陽上陰下，一陰上陽下，謂之四象，更加一畫而其數，倍爲八卦，遂畫四畫之象十六，五畫之象三十二，無名無義，但以八生十六，十六生三十二，三十二生六十四，教童稚知相乘之法則可，而於天人之理數，毫無所取，使以加一畫即加一倍言之，則又何不可加爲七畫以倍之，爲一百二十八，漸加漸倍，億萬無窮，無所底止，又何不可哉！不知《易》但言四象生八卦，定吉凶生大業，初不可損而爲二爻，益而爲四爻、五爻，此乃天地法象之自然，事物變通之定理，不可以算博士銖積寸參，有放無收之小術，以亂天地之紀也。四象者，通之象二，乾坤也，變之象二，陰陽六錯，震坎艮一象也，巽離兌一象也，故又曰《易》有四象。若以二畫之象爲四象，則《易》所本無，不得言有矣。要而言之，太極即兩儀，兩儀即四象，四象即八卦，猶人面即耳目口鼻，特於其上所生，而固有者，分言之則爲兩、爲四、爲八耳，邵子之術繁冗而實淺，固其不足從，以經考之自見，故讀《易》者，以不用先天圖說爲正，以其雜用京房、魏伯陽、呂巖、陳摶之說也。〔註40〕

〔註39〕朱子：《朱文公文集》卷四十五〈答虞大中〉，頁 2057。
〔註40〕王夫之：《周易稗疏》卷三〈繫辭上傳・兩儀生四象〉，頁 512～513。

王夫之認為邵雍的說法看似繁瑣，其實是寓簡易於複雜中，連童稚小孩都知是有其計算方式之所來，最糟的是，這樣的推衍方式，對天理的掌握以期許人生萬事的指導方面，完全空缺，說穿了，僅僅是數字遊戲以及僵化的宿命論而已。另外，王夫之對邵雍的最大批評是針對「生」字的掌握；依邵雍的看法，其「生」是有先後順序，而王夫之一秉「《乾》、《坤》並建」之理論，強調那是「顯、隱」之間的不同現象，其實是同時並存的，所以，說「生」是固有之生，如人面的五官，是同時並存，絕無先後順序，因此，王夫之的「生」不僅否定了時間的先後，也否定了邏輯的先後。王夫之又說：

> 《易》有太極，固有之也，同有之也。太極生兩儀，兩儀生四象，四象生八卦，固有之則生，同有之則俱生矣。故曰：「是生」。「是生」者，立于此而生，非待推于彼而生之，則明魄同輪而源流一水也。〔註41〕

畢竟王夫之也清楚知道，他的理念是開前人所未有，因此常借譬喻修辭技巧以證說抽象道理，就如同上文所引「人面五官」之譬，於此又借「月」、「水」以說；王夫之以月的明與晦、水的源與流比喻太極與兩儀等關係，如同月亮有明晦之象，水有源流與支流，但都是從源頭而來，借此譬喻，說明「生」之同有概念；於此王夫之仍要強調其同時俱存，僅是隱顯不同而已。

　　總而言之，朱子、王夫之就「太極」是萬物根源的看法雖然一致，但是就「太極」至六十四卦的衍化之過程卻明顯不同，而此一不同，最大的表現，就在於對〈序卦〉中，對於卦與卦之間開展的過程觀點，即是有明顯截然不同之理念。

　　至於李光地的「太極」觀念，完全是依循朱子系統而來，甚至又更加詳述，以便將周子至朱子一貫相承的精神，仔細闡發；李光地說：

> 問：「說太極畢，竟又說無極何也？」曰：「《易》有太極，原不須說無極，因老莊諸人，將太極說似形像未分，精氣渾然之時之謂，未免落有朕兆，故加無極二字，以明不有朕兆也。這是因時立言，看下言無極之真，不更言太極，可見太極即無極，非有二也。」〔註42〕

觀此敘述，可知就於「太極」之上為何要有「無極」的疑慮，李光地也是極為擔心，唯恐處理不當，儒學要義即滑入道家老莊之學；吾人觀看李光地之

〔註41〕王夫之：《周易外傳》卷五〈繫辭上傳〉第十一章，頁245。
〔註42〕李光地：《榕村語錄》卷十八《文淵閣四庫全書》冊725，頁267。

解釋中，即是與之前勞思光所做對朱子的闡釋相同，勞思光重點擺在「兩面描述」，而李光地則強調「因時立言」，但是，都在證明「太極即無極，非有二也。」由此可知，就「太極」之說，李光地是完全在以朱子說為據。

就「太極」說，是為宇宙本體，是萬事萬物存在的源頭與根據，這是「理學」家普遍的觀點。但是「太極」若僅懸空不創生，則「太極」就是一抽象「空理」，而顯得虛無縹緲，導致與人無涉，則此一認知，必然與中國文化特質衝突，〔註43〕是以應有一創生衍化過程，以交代出從天理至人事之間的關係；況且，〈繫辭上傳〉早有言：「《易》有太極，是生兩儀，兩儀生四象，四象生八卦。」是知「太極」混然一體，必有化生，即所謂「理一分殊」，分殊者，六十四卦即為具體表現。

討論此命題，從「太極」至六十四卦的衍化過程，就朱子與王夫之的看法中，卻又明顯有不同之處，由此可知，其間必然有不同思想義理，值得探討並比較之。又，六十四卦之卦序衍化過程，以目前之今本〈序卦〉為依據，是傳統學者首先思考之依據，是以先述〈序卦〉之卦序研究，以掌握至朱子之前的普遍觀點，以及對朱子、王夫之、李光地之影響又是如何，為首要之務。

第二節　〈序卦〉研究簡史

就〈序卦〉在整個《易》學的地位上，可說紛紜多端，單就司馬遷《史記》所云：「孔子晚而喜易序象繫象說卦文言」的述辭中，在後代學者解讀中，就可以有多種斷句、或給予書名號與否，而產生不同的觀點。以班固《漢書・藝文志》的看法：「孔氏為之象象繫辭文言序卦之屬十篇。」則知班固的理解應是：「孔氏為之〈象〉、〈象〉、〈繫辭〉、〈文言〉、〈序卦〉之屬十篇。」這是目前學界上佔大多數的共識。但是亦有學者認為班固的看法未必是司馬遷的看法。清儒・皮錫瑞就說：「太史公書成於漢武帝時經學昌明、極純正時代，間及經學，皆可信據。云『孔子晚而喜《易》，序〈象〉〈繫〉〈象〉〈說卦〉〈文言〉』，則以〈序卦〉〈雜卦〉為孔子作者非矣。」〔註44〕又認為：「十翼之說

〔註43〕 牟宗三先生強調，中國哲學以「生命」為中心，特重「主體性」與「內在道德性」。詳《中國哲學的特質》第一講，頁5～12。

〔註44〕 皮錫瑞：《經學歷史》〈經學昌明時代〉（臺北：鳴宇出版社，1980年5月），頁81。

於古無徵」〔註45〕云云。眾所週知，皮錫瑞此說當然是有其學術目的，即是要論證：「孔子作卦辭爻辭又作彖象文言是自作而自解。」皮氏此說，在後人的看法是荒誕而大膽，〔註46〕當然也就無什麼影響力；但是，可以確定的是，皮氏即在說明班固的看法是錯誤的，這一指明，仍是極有價值的。因此，金德建或許就在此基礎下，提出看法，他說：「這句話（案：司馬遷之說）當中的『序』『繫』『說』三個字實在應當作爲動詞用才對。」〔註47〕金先生的看法與皮氏雷同，都是認爲所謂的〈說卦〉、〈序卦〉、〈雜卦〉三篇都是晚出於西漢宣帝時，故絕非司馬遷所能見到。

然而，《淮南子》有云：「《易》曰：『剝之不可遂盡也，故受之以復。』」〔註48〕此與今本〈序卦〉所云：「剝者，剝也。物不可以終盡，剝窮上反下，故受之以復。」內容雖相似，但相較之下，今本〈序卦〉明顯有鋪衍義理之勢；只是，吾人也可以說《淮南子》節引今本〈序卦〉，亦未嘗不可！究竟是誰在誰之前，以現有資料，亦難斷定，因此，戴璉璋認爲：「在淮南王時代，即使還沒有《序卦傳》，也已有了與《序卦傳》類似的《易》說。它可能就是《序卦傳》的藍本，而在漢初已經流通了。」〔註49〕何澤恆則主張先假設二者皆已成書，但互不影響爲斷；何澤恆說：「淮南王於建元二年（139 年）獻其書於漢武帝，尚在武帝立《五經》博士之前三年。而〈序卦〉不比〈繫辭〉〈說卦〉，其文述六十四卦各卦先後承接之故，一貫成篇，不會是集錄諸家說雜湊而來。因此，在司馬遷以前，〈序卦〉或今本之前身應已存在。但有〈序卦〉存在是一事，司馬遷是否認爲〈序卦〉爲孔子所作又是另一事。」〔註50〕接著，何先生以司馬遷〈太史公自序〉之「正《易傳》」之「正」字，加以申明，得出：「司馬遷想要『正《易傳》』，其結果只承認〈彖〉〈象〉〈文言〉三

〔註45〕 皮錫瑞：《經學通論·易學通論》〈論卦辭爻辭即是繫辭十翼之說於古無徵〉（臺北：臺灣商務印書館，1989 年 10 月臺五版），頁 13。

〔註46〕 如章太炎《章氏叢書·文錄一》說：「謂孔子作《易》者，太史公所不著，施孟梁所不言，錫瑞直以己意，斷其有無；吾見世之妄人多矣，于皮氏得一焉。」（臺北：世界書局，1958 年 7 月）頁 650。

〔註47〕 金德建《司馬遷所見書考》（上海：上海人民出版社，1963 年 2 月），頁 95。

〔註48〕 劉安撰，高誘注：《淮南子》卷十〈繆稱訓〉《四部備要》本（臺灣：中華書局，1993 年 6 月 6 版 2 刷），頁 5。

〔註49〕 戴璉璋：《易傳之形成及其思想》〈作者的考察〉（臺北：文津出版社，1986 年 6 月），頁 14。

〔註50〕 何澤恆：《先秦儒道舊義新知錄》〈孔子與易傳相關問題覆議〉（臺北：大安出版社，2004 年 8 月），頁 45。

篇是孔子所作。」〔註51〕依此，則〈序卦〉義理，從儒門學術定義裏，是要被刪除了，縱使還不至於，則至少其儒學代表性也不大了。

　　〈序卦〉究竟與孔子是否有關，反對的人是很多，而且論證力道其實也很強；但是就於認同是為聖人所作的學者，其實對於反對意見的存在，常常是視而不見！簡單的講，對於班固擅自改變司馬遷的措辭，將「序」移自後作〈序卦〉，並於文句前改加「為之」的動詞，就文意敘述流暢度來說，是比較通順，然而，是否為司馬遷原意，至少在北宋歐陽修《易童子問》前，看來是沒有鮮明之質疑，尤其是孔穎達《周易正義》〈序卦〉疏：「序卦者，文王既繇六十四卦，分為上下二篇，其先後之次，其理不見，故孔子就上下二經，各序其相次之義，故謂之序卦焉。」〔註52〕甚至，唐李鼎祚《周易集解》還將〈序卦〉割裂，置於該卦之前，還受到程頤《易傳》沿襲，進而加以擴大解釋；這證明，〈序卦〉是聖人之作，其中充滿著豐富義理的看法，都持正面肯定。李尚信說的好：

> 今本卦序體現的是象數與義理合一的思想模式。（中略）今本卦序的建構與推演，其實質就在於通過效法、模擬宇宙天地日月的運行，與四時的變化，從中引申出人事人生的哲理內容，並達到『神以知來，知以藏往』的目的，體現了一種獨特的天人合一宇宙觀。〔註53〕

此觀點可以說是對〈序卦〉給予最高評價了；畢竟，〈序卦〉的思維特質，提供了「宇宙論」與人的存在關係，正如許倬雲所言：

> 中國人總認為宇宙秩序有條有理，時間從零點開始，而宇宙的結構是一層層的同心圓，……中國的時空觀念是由抽象形上向形下具象推衍的，因而忽略了很多不對撐不和諧的東西，但他有一個特長即整齊有序，而且容易歸本原之『一』，這與從具體形下一層層總結而上的方法不同。〔註54〕

就〈序卦〉從【乾】、【坤】為天地之始，到【咸】、【恆】的人事安排，甚至

〔註51〕何澤恆：《先秦儒道舊義新知錄》〈孔子與易傳相關問題覆議〉，頁62。
〔註52〕孔穎達：《周易正義》卷九〈序卦第十〉（臺北：臺灣中華書局，1986年8月臺5版），頁6。
〔註53〕李尚信：〈《序卦》卦序之建構及其思想〉收入劉大鈞編《象數精解》（成都：巴蜀書社，2004年5月），頁39。
〔註54〕許倬雲：《科學與工藝——談李約瑟之中國科技文明史》，收入《中國文化與世界文化》（貴州：貴州人民出版社，1991年），頁84。

到【既濟】的完成及【未濟】的未完成，即是要具體呈現許先生所謂的「整齊有序，而且容易歸本原之『一』的模式，這是符合大家共同的期待，而形成普世價值。是以這種觀點與態度，除去兩宋有所「疑經」風潮而稍起波瀾之外，至少在晚清時代前，是《易》學界大多數的共識。

　　現代學者，要討論〈序卦〉的問題，還不僅於此！託大量出土文獻之賜，吾人得以比古人掌握更多資料，然而，爭議性的觀點，並沒有得到共識，反而又添紛擾，因爲「帛書」《周易》的卦序排列，又與今本〈序卦〉不同；有人認爲「帛書」比較機械、原始、簡單，所以應較早，有人認爲「帛書」是受到〈說卦〉方位說的影響，理應較晚期。〔註55〕事實上，卦序的排列方式，擴大的說，如張其成《易圖探秘》收集所得：京房八宮卦序、北周衛元嵩《元包經》卦序、今存之《連山》、《歸藏》卦序、《古三墳》乾坤易卦序、邵雍先、後天卦序〔註56〕等等，何嘗不也是有其理則，誠如張其成所結論：「各種不同的六十四卦排列次序，反映編撰者不同的社會意識形態、倫理道德觀念，也反映卦序編撰者的歷史觀、宇宙觀、生命觀，具有重要的哲學意義。」〔註57〕只是，他們的觀點與孔子無涉，所以影響力不能與今本〈序卦〉或出土「帛書」相提並論罷了！至於其他學者，如陳鼓應就說：「本書的研究未涉及《說卦》、《序卦》、《雜卦》三篇，主要是因爲這三篇的思想內容較貧乏和單調。」〔註58〕而傅隸樸也說：「繫辭、序卦、說卦、雜卦諸篇，都是學易者的筆記，王弼所不注，故亦從略。」〔註59〕〈序卦〉價值，眞的是節節敗退，聊備一格乎？

　　以上討論〈序卦〉從先秦以來之簡史，要強調的是，對於〈序卦〉著作權屬誰，在晚清以前，雖然意見紛紜，但是，對其價值的肯定，依然是深信不疑；本研究要進一步指出的是，學者眼中的〈序卦〉，其實與他整體的學術架構仍是完整一體的，在此，本研究是認同張其成的結論，蓋其所接受的排

〔註55〕據黃沛榮：《易學乾坤》〈周易卦序探微〉（臺北：大安出版社，1998 年 8 月），頁 25～27 所列，共九家主張帛書在「今本卦序」之前。黃先生則認爲帛書在「今本卦序」之後，見同書，頁 31。

〔註56〕張其成：《易圖探秘》（北京：中國書店，1999 年 1 月），頁 1～12。

〔註57〕張其成：《易圖探秘》，頁 12。

〔註58〕陳鼓應：《易傳與道家思想》〈序〉（臺北：臺灣商務印書館，1994 年 9 月初版），頁 7。

〔註59〕傅隸樸：《周易理解》〈自序〉（臺北：臺灣商務印書館，1994 年 7 月初版），頁 5。

列法，與他的思想義理是有直接關係，否定了其排序看法，等於是全盤否定其思想義理。也因此，無論他人的論斷如何，或說孔子作、或說孔門後學作、或說與孔門無關等等，終究都與該研究者所秉持的信念，絲毫無影響力。簡單的講，《易》學研究者，以信仰態度者居多，客觀討論者是少數，既是信仰，對於雜音，自是無法接受。

本研究既以朱子《易》學爲主，並考察王夫之、李光地二人，對朱子的學術繼承與闡述，則特別要指出其三人對〈序卦〉的論點，也同樣與所要建立的學術體系是有關係的。另外，要特別指出的是，王夫之是不認同今本〈序卦〉，甚至主張於〈十翼〉的組合裏，認爲〈序卦〉是贅餘；王夫之此論，不僅與傳統不同，當然也與朱子之說迥異，是以有值得深入探討之必要，也是本研究之所以立此章節之原因。

第三節　朱子論〈序卦〉探邵雍「加一倍法」

朱子對〈序卦〉的看法爲何，可先由《周易本義》談起。朱子的《本義》以「程傳備矣」爲前提，因此精簡爲其主要特色。就〈序卦〉注中，僅於「履而泰然後安，故受之以泰」句，注曰：「晁氏曰：鄭本无『而泰』二字。」〔註60〕是唯一注解。考《程傳》就是採取「履而泰然後安，故受之以泰」之句，是知朱子於此僅就版本，對《程傳》的修正而已，絲毫無改於《程傳》義理，換句話說，也就是再強調「程傳備矣」的看法。但是這一看法於〈大象傳〉是確定的，〔註61〕而就於〈序卦傳〉裡是否也適用，實有被質疑之處，以下探討之。

由於《周易本義》相關資料欠缺，討論資料來源，次以《朱子語類》爲據；出現於《朱子語類》有關於〈序卦〉之討論者也不多，僅有五條，〔註62〕贅錄於下，以利討論：

1、問：「〈序卦〉或以爲非聖人之書，信乎？」曰：「此沙隨程氏之說也，先儒亦以爲非聖人之蘊；某以爲謂之非《易》之精則可，謂非《易》之蘊，則不可。周子分『精』與『蘊』字，甚分明；〈序卦〉却正是《易》

〔註60〕朱子：《周易本義》，頁158。
〔註61〕詳本研究第六章之述。
〔註62〕黎靖德編：《朱子語類》卷七十七〈易十三〉〈序卦〉（臺北：文津出版社，1986年12月），頁1975～1976。

之蘊，事事夾雜，都有在裏面。」問：「何謂《易》之精？」曰：「如《易》有太極，是生兩儀，兩儀生四象，四象生八卦，這便是《易》之精。」問：「如〈序卦〉中亦見消長進退之義，喚做不是精，不得。」曰：「此正是事事夾雜，都在裏面，正是蘊。須是自一箇生出來以至於無窮，便是精。」

2、〈序卦〉自言天地萬物男女夫婦，是因【咸】、【恒】爲夫婦之道說起，非如舊人分天道人事之說。大率上經用【乾】【坤】【坎】【離】爲始終，下經便當用【艮】【兌】【巽】【震】爲始終。

3、問：「〈序卦〉中有一二處不可曉處，如六十四卦，獨不言【咸】卦何也？」曰：「夫婦之道，即【咸】也。」問：「恐亦如上經不言【乾】【坤】，但言天地，則【乾】【坤】可見否？」曰：「然。」問：「不養則不可以動，故受之以【大過】，何也？」曰：「動則過矣，故【小過】亦曰：『有其信者必行之，故受之以小過。』」問：「『物不可以終【壯】，故受之以【晉】。』【壯】與【晉】何別？」曰：「不但如此壯而已，又更須進一步也。」

4、問：「『禮義有所錯』，『錯』字，陸氏兩音，如何？」曰：「只是作『措』字，謂禮義有所施設耳。」

5、問：「〈序卦〉中如所謂『緩必有所失』，似此等事，恐後人道不到。」曰：「然。」問：「『緩』字，恐不是遲緩之緩，乃是懈怠之意，故曰『解，緩也』。」曰：「緩是散漫意。」問：「如縱弛之類否？」曰：「然。」

另外，在李光地《周易折中》卷十八〈序卦傳〉於「集說」中有引所謂《朱子語類》三則，其中之一、三則，均出現於上引，至於，第二則內容如下：

或問：「《易》上經三十卦，下經三十四卦，多寡不均，何也？曰：「卦有正對，有反對：【乾】、【坤】、【坎】、【離】、【頤】、【大過】、【中孚】、【小過】八卦，正對也。正對不變，故反覆觀之，止成八卦，其餘五十六卦，反對也；反對者，皆變。故反覆觀之，共二十八卦，以正對卦合反對卦觀之，總而爲三十六卦。其在上經，不變卦凡六，【乾】、【坤】、【坎】、【離】、【頤】、【大過】是也，自【屯】、【蒙】而下，二十四卦反之，則爲十二卦，以十二而加六，則十八也。其在下經不變卦凡二，【中孚】、【小過】是也，自【咸】、【恒】而下，三十二卦，反之則爲十六，以十六而加二，亦十八也，其多寡之數，

未嘗不均也。〔註63〕

　　值得注意的是，此則並不在今流行本《語類》中出現，至於首先出現，是在胡廣的《易經大全》，是知《周易折中》是鈔錄自《易經大全》而非《朱子語錄》。〔註64〕另外，就此則來看朱子於〈序卦〉對於上經三十卦、下經三十四卦，明顯分配不均的問題，也有一解釋，朱子認爲卦象中有「正卦」八，將此八卦「反對」之後，其卦象依舊不變；有「反卦」五十六，將此五十六卦「反對」則卦象改變，兩兩一組得二十八組；上經「正卦」有八，「反卦」有十二組，共十八組；下經「正卦」有二，「反卦」有十六組，共十八組；是以，上下經，單就卦數是不平均，但是就組數來看，仍是分配平均。此爲《周易折中》所引的「朱子」的看法。因此李尚信更認爲此說是來自邵雍的說法。考邵雍有云：「重卦之象，不易者八，反易者二十八，以三十六變而成六十四也。」〔註65〕依此看來，朱子對於〈序卦〉的哲理蘊涵是很有信心的。然而有趣的是，若再注意今流行本《朱子語類》上所引之第 2 條來看，則又發現朱子對〈序卦〉的質疑是很具挑戰性的，而且是認爲說不通的，但是礙於〈序卦〉本身內容，分成天道、人事兩部份，因此下《經》不得不從【咸】卦說起，以合乎此二分法。就朱子的看法，若要合理，則「大率上《經》用【乾】、【坤】、【坎】、【離】爲始終，下《經》便當用【艮】、【兌】、【巽】、【震】爲始終。」上《經》的編排是嚴謹，但是下經要能合乎眞正的「八正卦」的條件，應以【艮】【兌】【巽】【震】爲始終，則應分居 31、32、63、64 之排序位置，然而實際情形卻是【震】在 51、【艮】在 52、【巽】在 57、【兌】在 58，明顯在排序上，是有著未按照《易》之基本「八正卦」精神來安排，如此看來，則〈序卦〉的安排，其實是非常不嚴謹嚴！〔註66〕至此吾人會發現，《周易折中》所引內容與今本流行《朱子語類》

〔註63〕李光地：《御纂周易折中》卷十八〈序卦傳〉（台中：瑞成書局，2001 年 10 月，據清康熙 54 年「武英殿」原刊本影印），頁 1692。

〔註64〕康熙帝於《周易折中·序》說：「《大全》之駁雜，奈非專經之純熟。深知大學士李光地，素學有本，易理精詳，特命脩《周易折中》，上律河洛之本末，下及眾儒之考定，與通經之不可易者，折中而取之」云云，看來並非實情，《易經大全》也非一無是處，李光地也沒那麼「素學有本，易理精詳」，是以知康熙帝在日理萬機之下，而被矇閉了一二處，則是不爭事實。

〔註65〕李尚信：〈《序卦》卦序之建構及其思想〉收入劉大鈞編：《象數精解》（成都：巴蜀書社，2004 年 5 月），頁 46 引邵雍《皇極經世·觀物外篇·先天象數第二》說。

〔註66〕黃沛榮即認爲以「以四正卦、四偏卦爲分」的看法是：「亦未必盡是。」見《易學乾坤》〈周易卦序探微〉頁 10～12。

的內容，針對〈序卦〉的排序看法及價值，是充滿著矛盾的，因此，本研究認為，寧願相信《朱子語類》現存資料，而對於《周易折中》轉引《易經大全》是抱著闕疑態度。雖然於第 1 則朱子有云：「〈序卦〉却正是《易》之蘊」，但是於第 3 條則又云：「更須進一步」的說法，如此看來，朱子於〈序卦〉的價值評分上，沒有給予很高的肯定，則是可以確定的。

至於第 3 條，就其學生所提出的「不可曉」之質疑，朱子雖然一直憑著其豐富學養，做再合理解釋；但是討論到後來，也不得不承認〈序卦〉問題真的很多，的確要「更須進一步」。本研究以為，既然須進一步再論，則旁證出朱子對於此〈傳〉，是有著深刻的疑點，但是礙於傳統，也只能說此〈傳〉是有著「蘊」義，至於「蘊」著何內容，依朱子「《易》本卜筮之書」的一貫精神，是允許學者依「時代課題」而隨人自解的。總之，由此四條內容來看，朱子是採取聖人作〈易傳〉的普遍共識觀點。至於就「禮義有所錯」的「錯」字，依韓康伯的看法是：「夫易六畫成卦，三材必備，錯綜天人，以效天人。」但是朱子秉持兩宋「疑經改經」風氣，並不依循韓注「天人」之說，而將之解為「措」字，云：「謂禮義有所施設耳」，明顯將重點擺在人事制度上。

另外，可以再討論而比較有趣的是第 1 條，朱子將〈序卦〉分成「蘊」與「精」兩範疇；考《周易正義》引韓康伯注：「〈序卦〉之所明，非《易》之縕也，」理由是：「蓋因卦之次，託象以明義，不取深縕之義。」〔註67〕朱子對於韓康伯的觀點是不認同，朱子云：「某以為謂之非《易》之精則可，謂非《易》之蘊，則不可。周子分『精』與『蘊』字，甚分明；〈序卦〉却正是《易》之蘊，事事夾雜，都有在裏面。」蓋「蘊」者，蘊藏而待挖掘；至於如何挖掘，此一理念，又可以與朱子「《易》本卜筮之書」的理念相呼應，其允許後代學者，依其學術涵養與時代課題去自我闡釋；朱子於此又取周子〈太極圖說〉為說，以便分析「蘊」與「精」之差異。至於面對學生的質疑〈序卦〉非聖人之書的問題，朱子明顯不像其他諸條所回答之乾脆，直接云「然」，可知，朱子還是很依據傳統觀點，特別是周敦頤的看法，意圖給予〈序卦〉一言之成理、前後呼應的解釋。

究竟朱子對〈序卦〉是否為孔子所作，還是僅保守認為「聖人」作，從以上資料，還是很難判定；畢竟，說「聖人」可以是對前賢的尊稱，凡是有功於《易》者均可，朱子說：「上古淳質，未有如今士人識理義嶢崎，蠢然

〔註67〕孔穎達：《周易正義》卷九〈序卦第十〉，頁6。

而已，事事都曉不得。聖人因做《易》，教他占。」〔註68〕可以爲證。然而若說「孔子」者，則必然沒有游離空間，就是明確指孔子者。因此，吾人可以由此作爲基礎，再來考察朱子此說：「《易》乃是卜筮之書，古者則藏於太史、太卜，以占吉凶，亦未有許多說話；及孔子始取而敷繹，爲〈文言〉〈雜卦〉〈彖〉〈象〉之類，乃說出道理來。」〔註69〕此段討論，不見〈繫辭〉與〈序卦〉，然而，也有可能僅是泛說，因爲，朱子有時也說：「孔子作十翼。」〔註70〕所以沒有說到〈繫辭〉與〈序卦〉，不代表朱了就是持否定，也許與班固的說法：「孔氏爲之〈彖〉、〈象〉、〈繫辭〉、〈文言〉、〈序卦〉之屬十篇」一樣，雖然沒有〈說卦〉、〈雜卦〉的敘述，但是十篇是一整體概念，讀者理應有舉一反三的素養，讀書不要受限於框架。但是，朱子又說：「上下〈繫辭〉說那許多爻，直如此分明。他人說得分明，便淺近。聖人說來却不淺近，有含蓄，所以分在上下繫也，無甚意義。聖人偶然去這處說，又去那處說，嘗說道，看《易》底不去理會道埋，却只去理會這般底。」〔註71〕對於〈繫辭〉，還是僅說「聖人」作，並未歸給孔子，則是很明確的。

總而言之，就〈序卦〉來說，可以確定的是，朱子並沒有將著作權歸於孔子，頂多僅是歸於「聖人」此一泛稱概念而已。或許，朱子對於歐陽修《易童子問》所言，對於〈繫辭〉而下「皆非聖人之作」的論點是有所接受，但也有所修止，除了「《易》本卜筮之書」外，就〈序卦〉來講，也有承繼歐陽修的見解。因此，對於〈序卦傳〉價值，看來朱子應該不會很重視，所以在討論過程，明顯看出朱子是避重就輕。

對於〈序卦〉的卦序，朱子不認同，但是朱子對於「理一分殊」的價值概念，也就不能隨今本〈序卦〉推衍了，因此必須另外建構系統；於此朱子選擇了一直不被程子注重的邵雍系統，由此可再旁證，朱子既取邵雍之說，則等於是對程子的〈序卦〉注，有著明顯的不同意見了。

朱子的卦序觀念，大致都來自邵雍之說，朱子認爲：

> 蓋有則俱有，自一畫而二，二而四，四而八，而八卦成；八而十六，
> 十六而三十二，三十二而六十四，而重卦備。故有八卦則有六十四

〔註68〕黎靖德編：《朱子語類》卷六十六〈易二〉〈綱領上之下〉〈卜筮〉，頁1620。
〔註69〕黎靖德編：《朱子語類》〈易二〉〈綱領上之下〉〈卜筮〉卷六十六，頁1626。
〔註70〕黎靖德編：《朱子語類》〈易二〉〈綱領上之下〉〈卜筮〉卷六十六，頁1622。
〔註71〕黎靖德編：《朱子語類》〈易十〉〈上繫上〉卷七十四，頁1875。

矣。此康節所謂「先天」者也。若「震一索而得男」以下，乃是已
有此卦了，就此卦生出此義，皆所謂後天之學。……以此見得康節
「先天」、「後天」之說，最爲有功。〔註72〕

朱子特別在《周易本義》前，將邵雍的「伏羲六十四卦次序」置於其中，並
說：「尤見法象自然之妙也。」〔註73〕此舉目的，在建立一個龐大的包括時間
及空間的宇宙論世界結構式之知識系統，以便設想一個天道所依的一套理性
秩序，〔註74〕朱子之所以採用理由，有著其強烈時代「焦慮感」與「憂患意
識」，即在借其架構，以呈現儒家之智性思維，並且進一步用以對抗佛老，正
如林慶彰所說：「以上各種易圖，都帶有解釋宇宙化生萬物的意義在內，理學
家用這些圖來彌補儒家宇宙論思想的不足，並作爲對抗佛、老思想的部分依
據。」〔註75〕雖然，邵雍是依照機械化的排序法，其排演各項預期結果，缺
失當然是少掉了各人的活潑性，以至於人人僅能在一定的規則內去尋求發展
而已；曾春海評論說：「邵康節添加己意，把數說得細密繁複僵硬，把自然的
變化侷限於方圓規矩之中，使宇宙生化的秩序說得如機械秩序般，與易書『神
無方而易無體』，『不可爲典要，唯變所適』之言不類，喪失大易活潑神妙的
不可測性及變易精神。」〔註76〕但是無可否認的，其積極用心，希望以「智
性」的思維，以建構系統，來掌握天地萬象，進而能夠客觀提供後人依隨根
據；這是邵雍《易》學與傳統《易》學之間，最大的不同點，也是朱子就卦
序理念之意旨所在。

　　朱子就於邵雍〈先天圖〉與周惇頤〈太極圖〉兩者視同是本體、根源，
因此也曾經加以比較，朱子云：

前書所論〈先天〉〈太極〉二圖，久無好況，不暇奉報。〈先天〉乃
伏羲本圖，非康節所自作，雖無言語，而所該甚廣，凡今《易》中，
一字一義，無不自其中流出者。〈太極〉却是濂溪自作，發明《易》
中大概綱領意思而已；故論其格局，則〈太極〉不如〈先天〉之大，

〔註72〕黎靖德編：《朱子語類》〈易三〉〈綱領下〉〈卦體卦變〉，頁1667。
〔註73〕朱子：《周易本義》，頁20～21中間插葉。
〔註74〕杜保瑞：《北宋儒學》〈邵雍易學與歷史哲學進路的儒學建構〉（臺北：臺灣商
　　　　務印書館，2005年4月），頁123。
〔註75〕林慶彰：《清初的群經辨偽學》〈考辨易〉（臺北：文津出版社，1990年3月），
　　　　頁77。
〔註76〕曾春海：《朱熹易學析論》（臺北：輔仁大學出版社，1990年9月再版），頁
　　　　26。

而詳論其義理，則〈先天〉不如〈太極〉之精而約，蓋合下規模不
同，而〈太極〉終在〈先天〉範圍之內，又不若彼之自然，不假思
慮安排也。若以數言之，則〈先天〉之數，自一而二，自二而四，
自四而八，以爲八卦；〈太極〉之數，亦自一而二，自二而四，遂加
其一，以爲五行，而遂下及於萬物。蓋物理本同，而象數亦無二致，
但推得有大小詳略耳。〔註77〕

由此可知，朱子以〈先天〉、〈太極〉爲同一宇宙論建立之依據，是以說〈太
極〉或說〈先天〉，在朱子的《易》學基礎上，是可以並論的。朱子又云：

某嘗謂康節之學與周子、程子說，小有不同。康節於那陰陽相接處
看得分曉，故多舉此處爲說；不似周子說「無極而太極」、與「五行
一陰陽，陰陽一太極」如此周遍。〔註78〕

朱子一再標榜〈先天〉、〈太極〉，其原因就在形上本體論的提供，可以建構體
系，而體系的建構，就在因佛、老學術壓力下的反應；當我們瞭解朱子時代
背景後，就能體會朱子的用心了。因此，朱子說〈太極〉、〈先天〉，接著採用
邵子卦序，就在說明「理一分殊」的具體衍化現象。

第四節　王夫之論〈序卦〉探「同時共生法」

　　王夫之論〈序卦〉有其相當特殊的見解，甚至有一反傳統的驚人之語。
就李光地雖批評朱子〈序卦〉觀，而有些新見解，但在一脈相承的精神上，
仍是相續的；但是，王夫之則要全面推翻傳統〈序卦〉觀，另造系統，王夫
之說：「善崇朱子者，舍其注《易》可也。」〔註79〕又說：「《易》之精蘊，非
〈繫辭〉不闡。」〔註80〕單看此兩句，就知王夫之的新企圖有多大。因此本
研究於此章節的安排，先討論朱子、李光地，然後在此論王夫之。
　　就〈序卦〉的存在，王夫之有兩方面的看法。以作者爲誰的問題來講，

〔註77〕 朱子：《朱文公文集》卷四十六〈答黃直卿三〉，頁2155。
〔註78〕 黎靖德編：《朱子語類》卷七十一【復】，頁1794。
〔註79〕 王夫之：《周易內傳發例》第二十四則，頁382。
〔註80〕 王夫之：《周易內傳發例》第二十五則，頁383。按、就〈繫辭〉的肯定來看，
　　　　王夫之是比較認同張載之說。張載《橫渠易說》卷三〈序卦〉云：「欲觀《易》
　　　　先當玩辭，蓋所以說《易》象也。不先盡〈繫辭〉，則其觀於《易》也，或遠
　　　　或近，或太艱難。不知〈繫辭〉而求《易》，正猶不知禮而學《春秋》也。」
　　　　（臺北：廣文書局，1974年9月），頁293。

王夫之不認爲是孔子所作、甚至也不是廣義的「聖人」之作，因爲〈序卦〉的排序及之前學者的解讀上，都沒有深刻掌握到《易》的靈活變化之道；首先，王夫之認爲：

> 〈序卦〉非聖人之書，愚於《外傳》辨之詳矣。《易》之爲道，自以錯綜相易爲變化之經，而以陰陽之消長屈伸、變動不居者爲不測之神。間嘗分經緯二道，以爲三十六象、六十四卦之次序，亦未敢信爲必然，故不次之此篇。然【需】、【訟】可以繼【屯】、【蒙】，而【訟】之繼【蒙】，以象以數，无一可者，于理尤爲不順，故確信〈序卦〉一傳，非聖人之書。〔註81〕

案：今本〈序卦〉的排序，明顯呈現的意義，依李尚信的研究所得，具有六種價值，是爲：「非覆即變原則」、「主卦統屬卦原則」、「陰陽平衡與變通互補原則」、「變通配四時原則」、「『參伍』『錯綜』原則」、「方以類聚原則」，可見李尚信是相當認同〈序卦〉義理，在精闢的詮釋後，給予相當大的評價；值得吾人重視。特別是所提的第一種，是由孔穎達所提出，但是就王夫之的看法中，那是一種「因果」系列的排法，後卦依賴於前卦，無論是相因，還是相反，主要是取卦名的義理說明了前卦和後卦的關係；諸如從【乾】代表天、【坤】代表地，因天地相交而有萬物化生；是知萬物化生是艱辛的，而且是幼稚狀態，須有啓蒙之舉，因此【屯】、【蒙】之所以繼【乾】、【坤】之理想在此，這種因果化生的具體觀點，就如同孔穎達所提出的：「非覆即變」之說，其後於程頤《易傳》更是此理念的具體實踐者，將〈序卦〉直接於本卦前注解，形成了程頤《易傳》的特色之一。〔註82〕

然而，無論程頤解釋的多精彩，仍然無法解決〈序卦〉本身自存的不周延性，從朱子學生黃榦問：「〈序卦〉中有一二處不可曉處，如六十四卦，獨不言【咸】卦何也？」〔註83〕到「古史辨派」之李鏡池提出〈序卦〉敘述現象中云：

> 物不可以終壯，故受之以【晉】。【晉】者進也，進必有所傷，故受之以【明夷】。
>
> 物不可以終止，故受之以【漸】。【漸】者進也，進必有所歸，故受

〔註81〕王夫之：《周易內傳發例》第二十則，頁374。

〔註82〕紀昀：《四庫全書總目提要》一〈經部〉〈易類二〉本書提要云：「以序卦分置諸卦之首，用李鼎祚周易集解例。」（臺北：臺灣商務印書館，1985年5月增訂三版），頁15。

〔註83〕黎靖德編：《朱子語類》卷七十七〈易十三〉〈序卦〉，頁1975。

之以【歸妹】。

李鏡池接著說：「【晉】與【漸】都解作『進』，何以一則『有所歸』，一則『有所傷』呢？」〔註84〕因此，〈序卦〉所排次序之粗糙，是備受質疑的。是以說，〈序卦〉雖然從歐陽修就開始發難質疑起，而且歷代有學人跟進；但是若要直接了當，痛快而淋漓盡致以推翻〈序卦〉說者，莫如王夫之所說：「〈序卦〉非聖人之書。」其一反傳統見解之氣勢，實令人眼界大開。

不認同今本〈序卦〉的因果排序法，因為，兩卦一組或許還解釋得通，問題是組與組之間，就卦象來說，就無法自圓其說，因此說「非覆即變」是不夠周延的；但是，王夫之批評，不代表是否認《易》應有卦序，王夫之仍然認為《周易》六十四卦，是有一種理序的，只是不應該是今本〈序卦〉所言之順序。《易》之理序，王夫之仍主張是在「【乾】、【坤】並建」理論中而有「陰陽錯綜」的情形推展而出。王夫之說：

> 【乾】、【坤】立而【屯】、【蒙】繼，陰陽之交也，無可循之序。十變而得【泰】、【否】，八變而得【臨】、【觀】，再變而得【復】、【剝】，其消長也，無漸次之期。非如京房之【乾】生【姤】、【姤】生【遯】，以漸而上變；亦非如邵子所指為伏羲之《易》，【乾】一【兌】二以漸而下變，其變動有定居也。〔註85〕

王夫之卦序觀的提出，首要之務，即是指出傳統以來學者觀點之謬，如京房以漸長、漸消的順序來解釋，致使【復】、【臨】、【泰】、【大壯】、【夬】反而在【乾】前，【姤】、【遯】、【否】、【觀】、【剝】，反而在【坤】之前，則是「本無天地，因漸而成」，根本不合乎創生道理，只是遊戲之論。至於邵雍的立場是以一分為二、為四、為八、為十六、為三十二、為六十四的編排，又是太機械化，人事義理均被規定，殊無靈活可言；因此，王夫之又說：

> 以康節之先天安排巧妙，且不足以與于天地運行之變化，況八宮世應之陋術哉！【乾】之變窮於【剝】，何以反下而為【晉】？又全反其所已變而為【大有】，無可奈何而為游魂、歸魂之說以文之，何以游何以歸也？無能言其故也。〔註86〕

〔註84〕李鏡池：〈易傳探源〉收入顧頡剛編：《古史辨》第三冊（臺北：明倫出版社，1970年3月臺初版），頁131。
〔註85〕王夫之：《周易內傳》卷六上〈繫辭下〉，頁501。
〔註86〕王夫之：《周易內傳發例》第二十三則，頁379。

又進一步批評「八宮世應」，根本僅在強詞奪理、遊戲詭辭，對於《易》理，毫無助益。王夫之認為，他們都不懂得陰陽本無損益，只是「嚮背」、「隱顯」而已，明確的講，都是「【乾】、【坤】並建」下的不同面貌表現，因此每一卦，都是完整具備各項條件。王夫之云：

〈序卦〉非聖人之書也。【乾】、【坤】並建而捷立，《周易》以始，蓋陰陽之往來無淹待，而嚮背無咎留矣。故道生於有，備於大，繁有皆實，而速行不息，太極之函乎五行二殊，固然如斯也。〔註87〕

「【乾】、【坤】並建」是王夫之的《易》學基礎，簡單的講，所謂「並建」，強調【乾】、【坤】兩卦相反相成，且不分先後。【乾】、【坤】不能分先後，這是因為天地萬物萬事都有陰陽兩方面，本無孤陰孤陽之時。朱伯崑認為，「乾坤並建」理論為三點，分從體用、隱顯、分合說明。「體用」者，謂以乾、坤為體，六十二卦為用，以邏輯上的涵蘊關係解釋乾、坤與六十二卦的關係。「隱顯」者，云任何卦都有隱顯兩面，無孤陰或無孤陽之象。這一方面說明卦爻都有兩重性，一方面表示陰陽只有消長而無生滅。「分合」者，是指同一與差別相互依存，不可分割，論證六十四卦乃一整體。〔註88〕王夫之在其《周易外卦·序卦傳》所討論的觀點可以說都是由「【乾】、【坤】並建」出發，詳細的闡述【乾】【坤】兩卦如何演變為六十二卦的過程。王夫之說：

陽節以六，陰節以六，十二為陰陽之大節而數皆備。見者半，不見者半，十二位隱見具存，而用其見之六位，彼六位之隱見亦猶是也。故【乾】、【坤】有嚮背，六十二卦有錯綜眾變，而不舍【乾】、【坤】之大宗。〔註89〕

蓋【乾】以六陽可見，但必須注意掌握的是，其背後隱藏著六陰，【坤】亦是以六陰可見，其背後隱藏著六陽；所以說【乾】【坤】十二位陰陽有顯有隱，有嚮有背，並進而錯綜開展為六十二卦。而所謂的「錯綜」者，正如汪學群所闡述著說：

船山以陰陽錯綜說解釋六十四卦的邏輯結構來源於來知德的「錯綜說」。來知德說：「錯者，陰與陽相對也。父與母錯，長男與長女錯，中男與中女錯，少男與少女錯。八卦相錯，六十四卦皆不

〔註87〕 王夫之：《周易外傳》〈序卦傳〉，頁316。
〔註88〕 朱伯崑：《易學哲學史》第四卷，頁94～97。
〔註89〕 王夫之：《周易外傳》〈序卦傳〉，頁318。

外此錯也。」又說：「綜字之義，即織布帛之綜，或上或下，顛之，倒之者也。如　乾、坤、坎、離四正之卦，或上或下，巽、兌、艮、震四隅之卦，則巽即爲兌、艮即爲震，其名則不同。」(《周易集注‧易經字義》) 八卦和六十四之象，其陰陽卦爻畫皆相反對者，則爲錯。卦畫相錯，其所取之物象亦相對錯。八卦、六十四之象，上下相互顛倒，如巽倒轉則爲兌，屯倒轉則爲蒙，卦象既相綜，所取之物象亦寓於綜中。陰陽向背説和陰陽錯綜説在船山這裡已不限於一般地描述《易》卦的邏輯結構，而是圍繞著乾、坤展開，突出乾、坤二卦在《易》卦中的地位，可以説是爲他的「乾、坤並建」説服務的。〔註 90〕

依此說，則歸根究底，王夫之論卦序，仍與「【乾】、【坤】並建」爲其基本出發點。至於【乾】、【坤】作爲《易》之大宗，是如何「錯綜」爲六十二卦，依朱伯崑先生所談有三類圖式，其一是「乾坤兩卦變爲六子卦」，可分爲四組，每組再推演可得如下：乾坤_十六卦、坎離二十卦、震艮四卦、巽兌六卦。其二是「乾坤變爲十辟卦」，亦可分爲六組，每組再推演可得如下：乾坤八卦、泰否六卦、臨觀二卦、剝復八卦、遯大壯八卦、夬姤二十卦。其三是「乾坤並建，展開八錯卦，二十八綜卦，共三十六象，六十四卦。」〔註 91〕至於，朱先生的三種圖式，究竟是否眞爲王夫之的看法，正如吳龍川作《王船山〈乾〉〈坤〉並建理論研究》認爲並不須要有第三類，〔註 92〕討論的過程，頗爲精彩，然而究竟孰爲確論，非本研究所要探討重點，在此先行擱置。但是可以確定的是，諸學者都持相同看法，就是認爲王夫之的〈序卦〉理論是：「故六十四卦之相次，其條理也，非其序也。」〔註 93〕則是大家共同見解，而此一見解，正可證明，王夫之與朱子的觀點，又是截然不同的另一種主張。而此一主張，正是王夫之的更積極性與更樂觀性的具體表現，王夫之說：

有所待非道也，續有時則斷有際，續其斷者必他有主，陰陽之外無

〔註 90〕汪學群：〈王船山易學淵源試探〉(周易研究，1998 年第 3 期，總第 37 期)，頁 36。

〔註 91〕朱伯崑：《易學哲學史》第四卷，頁 85～98。

〔註 92〕吳龍川：《王船山「〈乾〉〈坤〉並建」理論研究》(臺北：臺灣師範大學國文學系博士論文，2004 年 6 月，岑溢成教授指導)，頁 97～99。另外，第四章、第五章均有討論。

〔註 93〕王夫之：《周易外傳》〈序卦傳〉，頁 318。

　　　主也。有所留非道也；存諸無用則出之不力，出其存者必別有情，

　　　往來之外無情也。〔註94〕

如有所待，則主體性不顯，完全被動於外在條件，那麼《易》學價值不明，
人類的創生力量，也隨之失落，這是王夫之所無法接受的結果。由此看來，
王夫之的《易》學「卦序」是充滿絕對樂觀性，與其論「史事《易》學」有
異曲同功之處。

　　另外，王夫之對於上下經卦數之分配問題，也有其特殊看法，他認為：

　　　其分上下也有二。古之簡策，以韋編之，猶今之卷帙也。簡多而不

　　　可編為一，故分上下為二，其簡之多少相稱也。上《經》【乾】、【坤】

　　　二卦獨有〈文言〉，則損其二卦以為下篇，而文與簡相均。下《經》

　　　之始【咸】、【恒】，不過如此而已。〔註95〕

又說：「上下經之分，文與簡之多少相稱爾，十有八象之偶均爾，聖人何容心焉！」
〔註96〕僅是文字資料的多寡，不得不分成上下而已，沒有什麼深奧道理。對於
上引王夫之的〈序卦〉看法裏，計有兩點可論：其一、所謂「上下經之分」僅
是文字分配均勻的看法，此說是可被接受，然而，其二又云：「上《經》【乾】、
【坤】二卦獨有〈文言〉」，則此論是不合歷史真實；蓋〈文言〉附於【乾】、【坤】
二卦始於王弼，此為學界共識，〔註97〕至晚於朱子主張要「經、傳分編」版本
認定時，亦有所論述，然而，一秉反對朱子《易》學概念，於此主題上，仍要
創新說以證的態度；平情而論，王夫之於此實不需另起新說。

　　至於傳統所說上《經》論天道、下《經》言人事云云，王夫之則提出反
駁，他說：「【乾】者，萬物之資始也，父吾【乾】也；【坤】者，萬物之資生
也，母吾【坤】也。【乾】、【坤】二十八變而後有【咸】、【恒】，則詎可曰有
夫婦然後有父子哉！……以【咸】【恒】以擬【乾】、【坤】，分上下經之首，
無一而可者也。」〔註98〕完全推翻舊說，至於〈十翼〉則王夫之提出新〈十
翼〉說，大旨將原本〈象〉中有〈大象〉、〈小象〉隨經文分二，改為〈大象〉
獨立為一，〈小象〉仍分二，則〈十翼〉之說依然存在；王夫之說：

〔註94〕王夫之：《周易外傳》〈序卦傳〉，頁316。

〔註95〕王夫之：《周易內傳發例》第二十則，頁374～375。

〔註96〕王夫之：《周易內傳發例》第二十則，頁376。

〔註97〕詳張善文：〈王弼改定《周易》體制考〉收入林慶彰編：《中國經學史論文選
　　　集》（臺北：文史哲出版社，1992年10月），頁520～529。

〔註98〕王夫之：《周易內傳發例》第二十則，頁375～376。

　　若夫〈十翼〉之說，既未足據：即云〈十翼〉：〈文言〉一，上下〈象
　　傳〉二，〈大象〉一，上下〈象傳〉二，〈繫辭〉上下傳二，〈說卦傳〉
　　一，〈雜卦傳〉一。〈序卦〉固贅餘矣。〔註99〕

王夫之此舉是為新〈十翼〉說，不僅將〈序卦〉除名，又可兼顧〈大象〉為：
「與象、爻，自別為一義」之理念；王夫之此論是空前，至於現代學者討論，
也少見徵引，是知，相信此說也是絕後了！〔註100〕

　　總之，王夫之論〈序卦〉，其一、是不承認【乾】、【坤】與六十二卦是父
生子的關係，其二、是以【乾】、【坤】個體自身的嚮背關係說明陰陽相互依
存，進而論證陰陽雙重性乃絕對和普遍的法則，其三、是論證六十四卦乃一
整體，強調分中有合，異中有同。借取汪學群的理解，可以說是「兩間皆實
有」，即「事物只有體態的變化，而沒有絕對的無。自然界事物都有清濁、虛
實、動靜、聚散等特點，它們在一定條件下可以相互轉換，但都是實有，不
存在純粹的虛無。」〔註101〕所以，汪學群又說：「王夫之又賦予客觀存在的實
有以永恆性的特點，並從多角度加以論證。」即是「無生滅」、「無增減」、「無
損益」、「無始終」〔註102〕等等特質，〈序卦〉有此特質，不僅可以說明佛學之
謬誤處，也足以否定邵雍《易》學體系，當然也就否定了朱子的觀點。杭辛
齋（1869～1924）曾說：「先天之圖可駁，而先天之象數終無以易也。河洛之
名義可改，而天地之定數無可更也。彼駁斥者，亦非不知康節數理之精密，
無懈可擊也，特以漢宋門戶之不同，攻擊朱子，不能不兼及於邵子。」〔註103〕
就王夫之來看，批評邵雍、朱子並不是門戶之爭，且王夫之也不認同邵雍數

〔註99〕王夫之：《周易內傳發例》第二十則，頁376。
〔註100〕就〈十翼〉之說，有何澤恆之說，大旨有述及〈十翼〉之名稱來源，是為《易
　　　　緯・乾坤鑿度》，但是其所言之〈十翼〉乃為：「九問、十惡、七正、八嘆、上
　　　　下繫辭、大道、大數、大法、大易」，與今本之〈十翼〉說明顯不同，直至東晉
　　　　釋道安《二教論》云：「昔宓羲氏……始作八卦，……文王重六爻，孔子弘〈十
　　　　翼〉。」這才是指的世傳十傳，至孔穎達遂加沿用，成為習稱。〈孔子與易傳相
　　　　關問題覆議〉收入《先秦儒道舊義新知錄》（臺北：大安出版社，2004年8月）。
　　　　頁115～116。如此看來，自歐陽脩以來至王夫之，能夠跳脫時代意識枷鎖，去
　　　　對〈十翼〉作質疑，雖然規模不大、影響也不多，但是也顯自覺之可貴。
〔註101〕汪學勤：《清初易學》〈王夫之的易學〉（北京：商務印書館，2004年11月），
　　　　頁119。
〔註102〕汪學勤：《清初易學》〈王夫之的易學〉，頁122～125。
〔註103〕杭辛齋：《學易筆談二集》卷二〈先後天八卦平議〉（北京：九州出版社，2005
　　　　年1月），頁500。

理那裡精密，杭辛齋要闡翼朱子是無可厚非，畢竟那是他的學術立場，但是動輒言「漢宋門戶」之爭，不僅無法將問題釐清，反而更混淆了學術事實，因為，學界共識中，都認為王夫之是宋明理學繼承者，所以說王夫之批評朱子《易》學，絕非是置於「漢宋門戶」之大前提下，就可以止息的，畢竟，這是王夫之學術建構下的重要主張，也是其特色之一。

另外要特別提出討論的是，王夫之以自承張載之學為己任，言：「希張橫渠之正學，而力不能企。」但是這僅是人事義理的選擇性觀點的呈現，王夫之也並非全部概括承續；以〈序卦〉為例，張載是認為〈序卦〉無足疑的，他說：

　　〈序卦〉无足疑。〈序卦〉不可謂非聖人之蘊，今欲安置一物，猶求

　審處，況聖人之於《易》，其間雖无極至精義，大概皆有意思。〔註104〕

張載就是全面接受〈序卦〉的編排次序，認為那是聖人審思後的安排；而就王夫之採用張載「《易》為君子謀，不為小人謀」以及重視〈繫辭〉之外，於〈序卦〉則有迥異觀點。由此可見，王夫之的《易》學主張，不會因崇拜而全盤接受，是以其特點於此再增一項可也。

但是，無可否認的，王夫之仍不脫今本〈序卦〉的次序局限，因此敘述再精彩，仍有無法自圓其說，〔註105〕況且就《周易》本身來講，《乾》為首，《坤》續之者，是其基本要義，誠如柯劭忞所言：「夫之說《易》之大綱，以乾坤並建為第一義。夫地道無成而代有終，陰順從于陽，惡有所謂乾坤並建者乎，是亦蕫齋之駁義也。」〔註106〕是知，說王夫之就《易》以藉題發揮則可，說其解《經》則不可。因此，柯劭忞又說：「其言感慨淋漓，雖不必為經義之所應有，尚論者亦可以悲其志事矣。」〔註107〕就王夫之論〈序卦〉的觀點來說，是與時代的悲劇性是有直接關係，當其不幸於當下，又無力改變時，僅能將希望寄托於未來，是以柯劭忞說：「悲其志事」云云，可為定論。因此本研究強調，考察王夫之論〈序卦〉，與朱子不同處，的確要先掌握其時代課題，相信是持之有故的重要條件。

〔註104〕張載：《橫渠易說》卷三〈序卦〉，頁288。

〔註105〕朱伯崑：《易學哲學史》第四卷，頁110。

〔註106〕柯劭忞：《續修四庫全書提要》〈周易內傳提要〉（臺北：臺灣商務印書館，1972
　　　　年3月），頁43。

〔註107〕柯劭忞：《續修四庫全書提要》〈周易外傳提要〉，頁45。

第五節　李光地論〈序卦〉有繼承與創新朱子之說

　　李光地既是奉敕編纂《周易折中》，則必然要爲康熙帝的《易》學觀點，
有所闡述，因此，討論李光地對〈序卦〉的觀點前，必先掌握康熙帝的看法。
康熙帝對〈序卦〉的價值是持肯定的，在《周易折中》裡，有康熙帝〈凡例〉，
其云：

> 夫子〈十翼〉，以〈序卦〉、〈雜卦〉終編，其次第微密，錯雜成章，
> 諸儒置而不講已久。朕凡陳希夷反覆九卦之指，而思〈序卦〉之義；
> 因邵康節四象相交成十六事之言，而悟〈雜卦〉之根。始知聖意微
> 妙，聖言精深，引而不發，如眾曜之羅列，七緯之交錯，參差凌亂，
> 有待於仰觀推步者之能求其故也。故爲〈序卦〉、〈雜卦〉明義，次
> 於《啓蒙》附論之後，而終編焉。〔註108〕

不僅於〈序卦〉，對於〈雜卦〉，也頗爲重視，如此看來，其後焦循之《易》
學三書，有四條例之提出，即「旁通、相錯、時行、比例」，並云：「病寒，
十八日昏絕，至二十四日復甦。妻子啼泣，戚友唁問，一無所知；惟〈雜卦〉
傳一篇，腺腺於心。既甦，默思此傳實爲贊易至精至要之處，二千年說易之
人置之不論，或且疑之。」〔註109〕焦循對〈雜卦〉的重視與康熙帝似之，然
而，何以焦循卻無視於《周易折中》，竟然言：「二千年說《易》之人置之不
論」，此語甚有再議必要，用以探討二者是否有影響關係，是值得專文對比研
究。本研究於此仍先就《周易折中》中有關〈序卦〉主題先討論之。

　　案：〈繫辭〉有所謂的【履】、【謙】、【復】、【恆】、【損】、【益】、【困】、【井】、
【巽】等九卦，即康熙帝所謂的「九卦之旨」；依康熙帝的解讀，今本〈序卦〉
之順序，此九卦是有對等的關係，即【履】對【損】、【益】，【謙】對【困】、
【井】，【復】對【巽】等云云，因此，李光地於〈序卦明義〉篇說：

> 先儒以其卦，推配上下經，皆相對。蓋【乾】與【咸】、【恆】對，【履】
> 與【損】、【益】對，【謙】與【困】、【井】對，【復】與【巽】、【兌】
> 對，每以下篇兩卦，對上篇一卦，凡十二卦，而二篇之數適齊矣。
> 然十二卦之中，又止取九卦者，【乾】、【咸】其始也，【兌】其終也。
> 略其終始，而取其中閒之卦，以著陰陽消息、盛衰之漸，故止於九。

〔註108〕李光地：《御纂周易折中》，頁41。
〔註109〕焦循：《雕菰集》〈告先聖先師文〉卷二十四。此文大意又見《易通釋》〈敘目〉
　　　　收入《皇清經解》卷一千八十九（臺北：藝文印書館），頁877。

〔註110〕

然而此中又觸及【乾】【咸】【兌】等三卦，並不在此「九卦之旨」之列，但是，李光地認為也須一併討論，那是因為【乾】為天地之始，所以居上《經》之始；【咸】為人事之始，所以居下《經》之始。因此，李光地說：「【乾】、【咸】其始也，【兌】其終也。」有此條件，可以構成一均衡的分割圖，名曰〈序卦圓圖〉。而此一圖，又可以從「陰陽、盛衰、消長之義」去考察，得「陽卦四節」、「陰卦四節」，每節分配若干卦，或十卦、或六卦，〔註111〕依此解析後，李光地總結云：「前所推上下篇各四節，陰陽消息盛衰之次，與此圖密合。」〔註112〕李光地的解析，是合乎康熙帝的觀點，而康熙帝不僅於此，更進而以〈序卦〉與天文、曆法相呼應，而云：「如眾曜之羅列，七緯之交錯，參差淩亂，有待於仰觀推步者之能求其故也。」並且自詡是掌握、闡釋聖學的關鍵，他說：「始知聖意微妙，聖言精深，引而不發。」解《易》之鑰，就在〈序卦〉，其重視可見一斑。

對此現象，韓琦有一深刻之觀察，他就認為康熙帝時代有一天主教傳士法國人白晉（J.Bouvet, 1656～1730），其借《易》學研究以溝通耶穌《聖經》，其中引西洋曆學以解《易》學，證明彼此是有關聯，而康熙帝對此相當有興趣，因此韓琦認為：「可以想見這正是出於耶穌會士對《周易折中》編纂的影響，否則就很難解釋李光地等人將數學內容編入《周易折中》的原因。」〔註113〕至此可知，無論《周易折中》對於〈序卦〉之觀點，是否與朱子異同，是一回事；然而李光地對於朱子開放詮釋之精神，確是發揚的淋漓盡致，能夠取時代課題及新資訊，以西洋曆學融入《易》學，擴大了解釋空間，畢竟是對《易》學有正面意義，進而展現中國文化的無限蘊涵與包容，這是一種創新的繼承。葛兆光對此現象，有所說明：

> 始終生活與浸淫在傳統的文明地圖中，充滿了文明的優越感的中國士人，對於新知，常常會產生兩種態度，生出兩種應對的策略：一是把這種新知統統算在自己的賬上，既滿足自己的自信，又給予這種新知來自歷史與傳統認同的合理性。……二是把這種關於『天』

〔註110〕李光地：《御纂周易折中》卷二十二，頁 2014。
〔註111〕李光地：《御纂周易折中》卷二十二，頁 2003～2011。
〔註112〕李光地：《御纂周易折中》卷二十二，頁 2014。
〔註113〕韓琦：〈科學與宗教之間：耶穌會士白晉的《易經》研究〉收入《東亞基督教再詮釋》，頁 413～434，頁 424 引。

的知識看成是曆算實測一類的知識性學問，與傳統關於『天』的思想區分開來。〔註114〕

看來康熙帝的確是自詡爲中原文化繼承人，端看其對〈序卦〉與天文學的相互闡釋，可說是用心積極；至於李光地雖多所迎合，但也說明了研究西學已是時代趨勢，是以其積極性與普遍性已是如此，則亦可見其反應時代用心。徐世昌《清儒學案》〈安溪學案〉說：「康熙朝儒學大興，左右聖祖者，孝感、安溪先後相繼，皆恪遵程朱，而深究天人，研求經義性理，旁及曆算、樂律、音韻，聖祖所契許而資贊助者，安溪爲獨多。」〔註115〕徐世昌之說，實甚爲精準的道出李光地學術重點。又，李光地於《周易折中》〈序卦雜卦明義〉也說：

> 卦之〈序〉也、〈雜〉也，皆出於文王也。其所以序之、雜之，必有深意，亦必有略例，至夫子爲之〈傳〉，乃因其次第，而發明陰陽相生相對之義，以見《易》道之無窮。蓋文王之立法至精，而夫子之見理至大，二者皆不可以不知也。韓、孔諸儒，疑卦序，若如夫子所言，則不應卦皆反對，故《程傳》於卦下既述夫子之意，又爲上下篇義以繹其未盡之指。至歐陽修諸人，直斥〈序卦〉爲非孔子之書者，妄也！〔註116〕

此義不僅批判了韓康伯、孔穎達，更進而說歐陽修之說，均是詆毀聖人。至此可知，就〈序卦〉的價值，李光地與朱子的觀點，則是截然不同，徐世昌言李光地「皆恪遵程朱」云云，又是一明顯錯誤之論。畢竟，李光地是堅信〈序卦〉是孔子作。李光地說：

> 案：卦之所以序者，必自有故，而孔子以義次之，就其所次，亦足以見天道之盈虛消長，人事之得失存亡，國家之興衰理亂；如孔氏、朱子之言皆是也。然須知，若別爲之序，則其理亦未嘗不相貫，如著筮之法，一卦可變爲六十四卦，隨其所遇，而其貞與悔，皆可以相生，然後有以周義理而極事變，故曰天下之能事畢也。孔子蓋因〈序卦〉之次以明例，所謂舉其一隅焉爾神而明之，則知《易》道之周流，而趨時無定；且知筮法之變通，而觸類可長，此義蓋《易》

〔註114〕葛兆光：《中國思想史》第二卷第三編〈七世紀至十九世紀中國的知識、思想與信仰〉第一節〈天崩地裂（上）：當中國古代宇宙秩序遭遇西洋天學〉（上海：復旦大學出版社，2005 年 12 月第 1 版第 6 次印刷），頁 351。

〔註115〕徐世昌：《清儒學案》卷四十〈安溪學案〉，頁 1。

〔註116〕李光地：《御纂周易折中》卷二十二，頁 2001。

之旁通至極處也。〔註117〕

此段文意，可以作二段處理。就「義理」來說，孔穎達與朱子之理解，仍是有其正面洞見，即在隨時所趨，相生又相對的情況下，展示出天下事物；然而，朱子一方面雖主張「《易》本卜筮之書」，但是另一方面卻沒有從孔子〈序卦〉之排序中，悟出其觸類旁通的線索，是甚爲可惜之處。

李光地對於〈序卦〉討論，還有一點是值得再深入的。對於〈序卦〉中的【咸】卦之問題，當朱子學生黃榦提出何以不見【咸】卻時，朱子僅說是：「夫婦之道，即【咸】也。」此回答純粹是〈序卦〉本身的字句，既然朱子看到了，相信黃榦也看到了，因此，就朱子的回答，本研究認爲，並不能消除黃榦疑慮！由此又可證明，朱子並不是很在乎〈序卦〉。但是，相對於李光地，就相當有興趣的作了頗多的描述。就《周易折中》中，李光地在〈集說〉中，除了有引朱子第 4 條以外，還引了干寶與吳澄之說，內容甚多；其中兩家看法有一共同指歸，除了與朱子「夫婦之道」說同以外，還擴及「國家」、「君臣」以完構整個社會制度，誠如金春峰所說：「《序卦》的這幾句話，看來只簡單地描述了天地——禮義發生的先後順序，實際上從理論上看，卻包含著對『國家』何以『發生』的理解。」〔註118〕由此看來，李光地的注解興趣與他的政治身份仍然有直接關係，是以積極的擴大，而不是僅同於朱子簡單帶過而已。

就〈序卦〉來說，康熙帝、李光地等人，有繼承朱子義理觀點，但是亦有修正與補充朱子觀點，特別於「筮法」中的運用情形，道出了朱子所沒有注意到的活潑靈活性，以及明確相信〈序卦〉是孔子之作。當然最重要的是強調〈序卦〉與當時西學是可以接軌的，展現出《易》學的偉大與開放性；這又是因彼此時代條件不同，對於解讀《易》學有不同見解的具體表現。但是李光地加入西學概念來詮釋，其目的是要證明中國文化之權威性，以及所謂西學者，中國自古也有的優秀傳統，其企圖心當有被肯定之處；然而〈序卦〉與「西學」畢竟是不同範疇的思維，冒然相合與並論，並沒有眞正虛心去瞭解彼此文化之差異，而且也未能如實認識西學，如此一來，僅僅在比附《易》學，而不是在發揚聖學，其結果反而是徒留爭議。因此若能區分彼此，

〔註117〕李光地：《御纂周易折中》卷十八〈序卦傳〉〈案語〉，頁 1693。
〔註118〕金春峰：《周易經傳梳理與郭店楚簡思想新釋》（臺北：臺灣古籍出版公司，2003 年 4 月），頁 124。

給予應有範疇論述，相信是較合理的研究態度，誠所謂：「離之雙美，合者兩傷」。是以說，李光地之〈序卦〉觀，於目前的學術立場來看，當是要有爭議性的。

第六章 〈大象傳〉

　　傳統〈十翼〉說法中，〈大象傳〉一直是「義理」學派所著重的區塊，因為其解卦特色，乃獨具一格，並不拘限於卦辭的整體意思，能夠另闢觀點，從某一角度、某一部份，甚至某一小點出發，引申拓展，借以樹立作者個人鮮明特色。大抵上，學者多主張是以儒家義理出發，屈萬里先生（1907～1979）說：「昔人謂十翼皆孔子所作，雖未足信；然象象傳之作者，蓋深得乎孔子之道者也。」〔註1〕戴璉璋（1932～）亦說：「〈大象〉……說卦象、釋卦名不過是一種手段；論卦義才是主要目的。作者對於卦義的論述，全在闡發儒家修己安人的思想，他引導讀者完味卦象，卦名，進而領悟修己進德、治國安民的道理。」〔註2〕可爲普遍看法之代表。然而有陳鼓應先生（1935～），積極主張是爲道家義理內涵，亦別具一格；其間雖有學者持反對意見，〔註3〕但彼此均僅是部份舉例，並未能全盤解析，是以眾說紛紜，都能言之有理。就本研究立場來看，並不在斷定孰是孰佳，只是折衷諸家之說後，可以確定的共同理念是，就〈大象傳〉內容，的確擁有著豐富的「比、興」技巧，借觀天

〔註1〕 屈萬里：《先秦漢魏易例述評》〈象象傳例〉（臺北：聯經出版公司，1984年），頁41。

〔註2〕 戴璉璋：《易傳之形成及其思想》〈各篇內容的分析〉（臺北：文津出版社，1997年2月2刷），頁120～121。

〔註3〕 陳鼓應：《易傳與道家思想》〈象傳中的道家思維方式〉（臺北：臺灣商務印書館，1994年9月），頁56～64，及頁67～75。此部份專就〈大象〉解說。但是，對於陳先生不認同者甚多，試舉二例以證。臺灣方面，有顏國明作〈「《易傳》是道家《易》學」駁議〉見（《中國文哲研究集刊》，2002年9月），頁171～215。大陸方面，有陳啓智：〈論《易傳》的學派屬性——與陳鼓應先生商榷〉（《周易研究》，2002年第1期），頁8～18。

地諸象，以聯想出生命智慧、人生體驗、經綸大法等等，不僅於當下開創出宏觀格局，其後之注解者，也從中各有新的體會，足供再繼者參考與擷取。林政華說：

> 易大象的三大特點：一、義理豐富，各卦大象傳在一二十字內的精
> 簡文字中，含蘊著多少古人的生命、經驗和智慧！（中略）二、天
> 道（卦象）與人事相關，各卦卦象與其下君子所取法的行事之間，
> 其關係大抵都可由上述文字中窺知一斑；古代天人合一思想，大象
> 辭所表露的可說是一大宗。三、特重人事，各卦大象傳的重點在後
> 句的人事智識上。〔註4〕

大旨上頗能勾勒出〈大象傳〉基本特性。另外，黃沛榮（1945～）也提出看法說：「大象傳所設之辭、所法爲用者，蓋無不善焉。其卦象吉者，固多吉辭；卦象凶者，亦可反凶爲吉。」〔註5〕此說是就王夫之《易》學義理的再闡釋，充分展現出人事自主的可貴性。按、王夫之云：

> 故【否】而可以儉德辟難，【剝】而可以厚下安宅，【歸妹】而可以
> 永終知敝，【姤】而可以施命誥四方。〔註6〕

蓋此說中之卦象與卦名，均爲凶卦，然而，凶中亦有啓示作用，足以警惕人心、進而激發鬥志，反而能有好的未來結果，誠所謂「憂勞可以興國」也矣，是以王夫之要多加肯定與褒贊，且深受後代學者積極認同；總之，用此說〈大象傳〉最能呈顯《易》理價值功能論，可說是最深得研《易》的微妙之旨，因此學者樂於強調而引用不斷。

　　至於觀察者，由天象、地理之顯見，除了體悟「吉凶」轉換由「心」之外，近代研究者更深有所感的於道德啓發的闡釋，可證有其深藏豐富之哲理，更是值得吾人深入探討，誠如謝大寧所體會，說：「可以依照由『德』這個原初的象徵符號所成的意向性結構來詮釋《易》，換言之，我們乃可說『易象』事實上即是『德之象』，也就是每一個易象皆必須即是天命之象徵。」〔註7〕因天命是正

〔註4〕林政華：《易學新探》（臺北：文津出版社，1987年5月），頁126。
〔註5〕黃沛榮：《周易象象傳義理探微》（臺北：萬卷樓圖書有限公司，2001年4月），頁98。
〔註6〕王夫之：《周易內傳發例》第十九則，頁373。
〔註7〕謝大寧：〈言與意的辯證：先秦、漢魏《易經》詮釋的幾種類型〉《中國經典詮釋傳統（二）：儒學篇》（臺北：喜瑪拉雅研究發展基金會，2002年2月），頁81。

面的意義價值呈現，所以在其天象與地理的現象顯示，必然均採取爲積極的一面，所以，無論卦象是否爲吉凶，人事聯想與體會上，都將視之爲有意義的正面價值；另外，戴璉璋更指出：「作者在每一條《大象》中所設計的，由觀卦、定象、到釋名、興義的過程，其實都是有德之士類比興會的心路歷程。人們如果沒有道德實踐的基礎，在奇偶符號的組合中是看不出『自強不息』、『厚德載物』這些道理的。」〔註8〕這種觀者內在道德修養爲基礎，而投射於外在的體察萬物之人事聯想與體會，提供了〈繫辭下傳〉作者〔註9〕的具體描繪，其云：「古者包犧氏之王天下也，仰則觀象於天，俯則觀法於地，觀鳥獸之文，與地之宜，近取諸身，遠取諸物；於是始作八卦，以通神明之德，以類萬物之情。」其後更提供各種解讀空間，構成了許多的比附之學，王溢嘉說：

> 「觀象於天」的結果產生了占星術，「觀法於地」產生了堪輿術，「觀鳥獸之文」則產生了鳥占、獸骨卜等，而「近取諸身」讓我們聯想到是占夢、體相、八字、姓名學等，「遠取諸物」則有占物術、八卦卜等。〔註10〕

王先生畢竟不是《易》學家，難免會混淆本末、因果之間的關係，因此會將「八卦」納入討論，殊不知，各項聯想概出「八卦」而起；除此之外，王先生對於各種的比附之學的產生，則是有深刻的觀察，能得明顯的掌握與介紹，這代表社會上對《易》學之內容與應用上的普遍概念。由此也可以證明〈大象傳〉的「觀象聯想法」，是從天象到義理的體會，充分說明了「天垂象見吉凶」的人類主體意識，發揚了「憂患意識」的正面價值，誠如金春峰所言：「『恐懼』即是對此『天象』之恐懼，由此而企求修省以消弭天災。」〔註11〕又說：「〈大象〉之觀象進德思想，表現出從信仰、迷信到理性的過渡，生動地反映出理性因素在神道之束縛中掙扎掙脫而向前發展的歷程。」〔註12〕依此所具

〔註8〕 戴璉璋：《易傳之形成及其思想》〈各篇內容的分析〉，頁102。

〔註9〕 〈大象〉、〈繫辭〉究竟作於何時、集結於何時，各家說法或許有差異，但是可以確定的是〈大象〉成書在前，這是學界共識。至於〈繫辭〉作者有無直接參考〈大象〉或許可以質疑，但是，無可否認的是〈大象〉這種觀象聯想法，倒是反應了、甚至影響於後代，則是確定之事實，因此，〈繫辭〉作者也沿襲了此方法。

〔註10〕 王溢嘉：《命運的奧義》（臺北：野鵝出版社，1994年8月），頁51。

〔註11〕 金春峰：《周易經傳梳理與郭店楚簡思想新釋》（臺北：臺灣古籍出版公司，2003年4月），頁36～37。

〔註12〕 金春峰：《周易經傳梳理與郭店楚簡思想新釋》，頁47。

備條件，因而深受歷代從政者與研究學者重視之，探究其原因與形成條件，致使有著延續不斷的研究興建，良有以也。

　　本研究於此所要探討的是朱子、王夫之、李光地三人的〈大象傳〉論點，其基本掌握，除了有上述學者所言之外，還有其特殊見解，值得闡揚，特別是王夫之的觀點，在與朱子比較後，其精彩之處，更值得深入探究。首先就三家論作者與卦象結構，作一闡述；次之，就注解內容多有不同切入角度。在「對比視野」方法中，以見彼此之間是有著迥異觀點，而其觀點不同原因，仍可於「時代課題」範疇下，體察出治《易》者之學術用心。

第一節　三家論〈大象傳〉之作者與卦象結構

一、朱子以爲「聖人」所作而其結構是散漫的

　　朱子對於〈大象傳〉的作者與卦象結構之觀點，是採取頗爲寬鬆的角度來論述，朱子於《本義》云：「象者，卦之上下兩象之六爻，周公所繫之辭也。」這是自《漢書》以來普遍的共識，從中無法見朱子之論點；討論得另尋資料，由《朱文公易說》、《朱子語類》或有所論，以得朱子治學特旨。朱子云：

　　　　聖人作《易》有說得極疏處，甚散漫，如〈大象〉蓋是泛觀天下萬
　　　　物，取得來闊，往往只髣髴有這意思。〔註13〕

由於是寬鬆，所以從觀象到義理的闡述，那是作者的「髣髴有這意思」，因此，朱子要讀者僅就義理體認即可，不用太在意字詞的異說細節處去計較，因此朱子又云：「聖人取象，亦只是箇大約彷彿意思如此，若纏這言語窮他，便有說不去時。」〔註14〕至於具體例證，有於《語類》記載：「『澤中有火』自與『治曆明時』，不甚相干。聖人取象處，只是依稀地說，不曾確定指殺，只見得這些意思便說。」〔註15〕按、傳統見解均認爲〈大象傳〉「見象取義」是有著「道德聯想」及「引申拓展」等特點，然而朱子於此卻言兩者之間有著「不甚相干」，是以仍然主張讀者只要大概理解，不要汲汲去探求。《語類》尚有一例，更能呈顯朱子此一概念：

〔註13〕朱鑑：《文公易說》卷十八《文淵閣四庫全書》冊18，頁786。
〔註14〕黎靖德編：《朱子語類》卷七十二【損】（臺北：文津出版社，1986年12月），頁1833。
〔註15〕黎靖德編：《朱子語類》卷七十三【革】，頁1847。

問：「【坤】言地勢猶【乾】言天行，天行健猶言地勢順；然〈大象〉
【乾】不言乾而言健，【坤】不言順而言坤，說者雖多，究竟如何？」
先生曰：「此不必論，只是當時下字時偶不同，必欲求說，則鑿却反
晦了當理會底。」〔註16〕

《易》學，畢竟是「開放詮釋學」，是以若就學生董銖之質疑，依照朱子學問之
廣博，要講出一套見解，且能言之成理，並不成問題，諸如孔穎達《周易正義》：

『健』是【乾】之訓也，『順』者【坤】之訓也，【坤】則云『地勢
坤』，此不言天行【乾】而言健者，劉表云詳其名也。然則『天』是
體名，【乾】則用名，『健』是其訓，三者並見，最爲詳悉，所以尊
【乾】異於他卦。凡六十四卦，說象不同，或總舉象之所由，不論
象之實體，又總包六爻，不顯上體下體，則【乾】、【坤】二卦是也。

〔註17〕

按、孔穎達之說，其中或取劉表之說，或孔氏自作所謂：「體、用、訓」三種
進路，強調因思考角度不同，而有不同觀察點；甚至說【乾】、【坤】是發凡
起例，讀者可以由此自行參解云云；這是孔穎達相當不錯且能言之成理的見
解，對照於朱子學養，相信朱子也有此「言之成理」的能力。然而就朱子表
現來看，卻採取截斷眾流之勢，認爲那僅是當時作者撰寫時的自然、輕鬆心
態而已，箇中並沒有那麼多深奧道理，因此後人也不須去穿鑿附會，堅持以
爲其中有深意，進而強作善解。朱子這種「髣髴」意，並且跳脫《周易正義》
束縛而直接承繼更先前之講法，甚至回歸「原典」的態度，即本研究所強調
的，與朱子「《易》本卜筮之書」說的理念仍然是相符合的。

至近以來代，由於出土文物的資料出現，令吾人可得知，就董銖之提問
與朱子【乾】之「健」字解的看法是有爭議性的，結果，朱子看似截斷眾流
的輕鬆講，其實也僅是在「言之成理」的自我作解。依據廖名春（1956～）
所說：「在馬王堆三號漢墓出土的帛書《周易》經傳中，『乾』字都寫成『鍵』，
『君子終日乾乾』之『乾乾』也寫作『鍵鍵』。鍵即健之通假。所以《大象傳》
與帛書是一致的，『健』應爲卦名。」〔註18〕但是，平情而論，出土資料的取

〔註16〕黎靖德編：《朱子語類》卷六十九【坤】，頁1734～1735。
〔註17〕孔穎達：《周易正義》卷一（臺北：臺灣中華書局，1986年8月臺5版），頁5～6。
〔註18〕廖名春：《周易經傳十五講》（北京：北京大學出版社，2007年1月第5次印刷），頁243

得與否，這是朱子的時代限制性，不能過份苛求朱子，因此，本研究討論重點，只取朱子之治學精神概念，而不用對於因新證據的出現而否定其價值。

朱子的治學精神，反應於〈大象〉注，亦頗見特色。以【大畜】爲例，其象：「乾下艮上」，所以〈大象〉語：「天在山中，大畜」。《程傳》說：「天爲至大，而在山之中，所畜至大之象。」〔註19〕程子之解釋，重點是擺在後面的人事義理，是以就卦象而論，蓋因框限於〈傳〉文，而僅能傳述一遍；或許借張清子所云：「天在山中，畜其氣也。凡山中有雷雨雲風之氣，皆天也。」〔註20〕當然也是可以言之成理的；但是相較於朱子，卻說：「天在山中，不必實有是事，但以其象言之耳。」〔註21〕朱子強調，單就象言，雖不合物理，然而用以概念言之則可，若用以事實描述則不可。《語類》也記載：

問：「山下出泉。」（朱子）曰：「古人取象，也只是看大意，略如此髣髴，不皆端的；若解要到親切，便都沒去處了，如『天在山中』，山中豈有天，如『地中有山』，便只是平地了。」〔註22〕

按、〈大象傳〉取象論義，就「論義」來說，是被研究者所深深認同而廣爲闡揚，但是就「取象」來說，存在著無法理解處，畢竟仍是礙於「卦象」本身所具之架構使然；是以朱子於此提出「髣髴」概念，用以解釋【蒙】「山下出泉」、【大畜】「天在山中」、【謙】「地中有山」等等卦象，朱子認爲，若眞的要仔細探究，平情而論，眞的存在不可理解。因此朱子又說：「《易》中取象，不如卦德上命字較親切。……所以《易》中取象處，亦有難理會者。」〔註23〕再度說明，就〈大象傳〉內容，僅取其大意、掌握其義理即可，千萬不要字字計較，以爲不得字意正解不可時，反倒是會迷失治學之價值，於《易》學闡釋目的來說，並不是幸事。

朱子另外還討論到〈大象傳〉作者爲誰之問題。〈大象傳〉是〈十翼〉中之一單元，對於作者問題，朱子有時候會說：「孔子作十翼。」〔註24〕此說即與《漢書》說同，但是，朱子有時又說：「《易》乃是卜筮之書，古者則藏於太史、太卜，以占吉凶，亦未有許多說話；及孔子始取而敷繹，爲〈文言〉〈雜

〔註19〕程頤：《伊川易傳》卷三，頁229。
〔註20〕李光地編：《周易折中》卷十一【大畜】集說引，頁1181。
〔註21〕朱子：《周易本義》，頁112。
〔註22〕黎靖德編：《朱子語類》卷七十【蒙】，頁1746。
〔註23〕黎靖德編：《朱子語類》卷六十六〈易二〉〈綱領上之下〉〈象〉，頁1641。
〔註24〕黎靖德編：《朱子語類》卷六十六〈易二〉〈綱領上之下〉〈卜筮〉，頁1622。

卦〉〈彖〉〈象〉之類，乃說出道理來。」〔註 25〕此段討論，不見〈繫辭〉與〈序卦〉，則〈十翼〉之說就不完備了；然而，也有可能僅是泛說；而朱子這種泛說出現頻率也頗高。朱子言：「聖人作《易》」僅籠統歸爲「聖人」，而此「聖人」有時是指「伏羲」，如朱子說：「上古淳質，未有如今士人識理義嶢崎，蠢然而已，事事都曉不得。聖人因做《易》，教他占。」〔註 26〕因此，吾人只能說朱子並沒有指名〈大象傳〉爲孔子所作，然而，朱子說〈大象傳〉是屬於「極鬆」、「散漫」者，這又合乎「伏羲」時代要求了。

　　朱子又有〈彖〉、〈象〉互證之舉。於【小過】〈大象〉：「山上有雷，小過。君子以行過乎恭，喪過乎哀，用過乎儉。」朱子注：「山上有雷，其聲小過，三者之過，皆小者之過，可過於小而不可過於大，可以小過而不可甚過，〈彖〉所謂可小事而宜下者也。」於【比】〈大象〉：「地上有水，比。先王以建萬國，親諸侯。」朱子注：「地上有水，水比於地，不容有間，建國親侯，亦先王所以比於天下而无間者也。〈彖〉意，人來比我，此取我往比人。」即明顯採用〈彖〉、〈大象〉互證之法，而〈象傳〉者，朱子是很明確認爲是孔子所作，朱子於【乾】〈象〉有云：「〈象〉即文王所繫之辭，〈傳〉者，孔子所以釋《經》之辭也。」所謂的〈象〉是指卦辭，〈傳〉就是〈象傳〉；討論至此，大抵可知，朱子所云「聖人」與〈大象傳〉之關係時，吾人應可判爲孔子儒家學派所作，則是其基本信念。

二、王夫之以爲孔子所作純爲《易》之義理但別具一格

　　就朱子對〈大象傳〉的看法，一者、認爲僅就「聖人」義理掌握即可，而不須字字訓詁求得彼此之間的吻合，再者、主張〈象〉、〈大象〉是可爲以互證之法。此兩種概念，王夫之是有義理價值上的繼承，但是亦有所批判。首先，就義理上的闡釋，王夫之云：

> 《易》以筮而學存焉，唯〈大象〉則純乎學《易》之理，而不與於筮。〔註27〕

王夫之的《易》學，大旨上是分爲以筮爲主的「占《易》」及以義理爲主的「學

〔註 25〕黎靖德編：《朱子語類》卷六十六〈易二〉〈綱領上之下〉〈卜筮〉，頁 1626。
〔註 26〕黎靖德編：《朱子語類》卷六十六〈易二〉〈綱領上之下〉〈卜筮〉，頁 1620。
〔註 27〕王夫之撰，李一忻點校：《周易內傳發例》十九則（北京：九州出版社，2004
　　　年 6 月），頁 373。

《易》」，而「占《易》」是要借「鬼謀」以補「人謀」之不足，但是「鬼謀」並非迷信，而是要體驗天地不測之神，其終極重點仍在於人事義理，所以，王夫之說：「《易》以筮而學存焉」。誠如朱伯崑所解說的，王夫之關於占筮中，對於人謀、鬼謀之間的取捨態度要做一說明。在王夫之看來，占筮之法一方面靠人的智慧推論來事，另一方面又要承認人事有其無法掌握之偶然性，即對吉凶後果不存僥倖或尤怨心理。因為筮法有人謀，所以不尊鬼敬神；有鬼謀，則不聽天由命。此種占筮觀，強調人的理性能正確處理自己的命運。〔註28〕所以，王夫之又說：「於其善決其吉，於其不善決其凶；無不自己求之者，示人自反，而勿傲幸，勿怨尤也。」〔註29〕強調的還是在人的主體自我肯定；至於〈大象傳〉義理與占筮「鬼謀」是完全無涉，僅僅就是在人事義理上，積極闡釋正面切入點，表現出相當精闢的見解。王夫之接著闡釋著，其說：

> 若夫學《易》者，盡人之事也，盡人而求合乎天德，則在天者即為理。天下無窮之變，陰陽雜用之幾，察乎至小、至險、至逆，而皆天道之所必察，苟精其義，窮其理，但為一陰一陽所繼而成象者，君子無不可用之，以為靜存動察，修己治人，撥亂反正之道。故【否】而可以儉德辟難，【剝】而可以厚下安宅，【歸妹】而可以永終知敝，【姤】而可以施命誥四方。略其德之凶危而反諸誠之通復，則統天、地、雷、風、水、火、日、月、山、澤已成之法象，而體其各得之常。〔註30〕

除了強調「占、學」之間的關係，「占」是手段，「學」才是目的，還認為孔子作《易傳》的目的即在教人了解義理，以提高人的道德水平。至於「占」的過程，或許有凶的徵兆，但是，占者可以依其象而反省人事，得到有意義的教訓與啟示，諸如前段已有所引的卦象：【否】、【剝】、【歸妹】、【姤】等諸卦，均為凶卦，然而君子者，不僅不因凶象而心存擔憂，反而可以借此凶象來警惕自己，甚至轉危為安、轉禍為福；對此樂觀態度的轉變，朱伯崑就認為：「《周易》中所說的吉凶辭句，基於得失之理，即是非善惡的準則，合乎善者為吉，不善者為凶。吉凶之辭是令占者自我反省其行為的善惡，不存僥

〔註28〕朱伯崑：《易學哲學史》第四卷（臺北：藍燈文化公司，1991年9月），頁33。
〔註29〕王夫之：《周易內傳》卷五上〈繫辭上傳〉第二章：「是故吉凶者，失得之象也」注，頁418。
〔註30〕王夫之：《周易內傳發例》十九則，頁373。

倖之心。」又說：「周易之占不是占問個人的禍福，而是教人通曉義理，辨別義利，改過遷善，做一個道德完善的人，此即『易爲君子謀』。」〔註31〕可說是對《易》學價值，最佳的善解。以上所述，是王夫之對朱子〈大象傳〉義理之繼承性發揚，畢竟，從儒家義理來思考，這是一貫的精神，昔南宋‧項安世（？～1208）說：

> 大抵卦有吉凶善惡，而〈大象〉無不善者，蓋天下所有之理，君子皆當象之，遇卦之凶者，既不可象之以爲凶德，則必於凶之中別取其吉，以爲象焉。【剝】與【明夷】是也。人君无用陰剝陽之理，則當白【剝】以厚下；君子无用闇傷明之事，則當自晦以莅衆，凡此皆於凶中取吉也。諸〈大象〉之例皆然。〔註32〕

元‧俞琰（1258～1327）也有類似主張，說：

> 〈象〉辭、〈爻〉辭，有善有惡，或善惡相半；〈象〉辭則無有不善也。且如【剝】如【明夷】皆凶卦也，而【剝】曰：「上以厚下安宅。」【明夷】曰：「君子以莅衆，用晦而明。」必於凶中取吉，以爲之辭。卦雖凶，君子於此觀象玩辭而善用之，則亦轉凶而爲吉，蓋不待乎占也。是以每〈象〉皆著一「以」字，以者用也，用而見之於事也。〔註33〕

由此可證，觀念與信心之積極挺立，足以轉變人生所面對的各種接踵而至的挑戰，認爲困苦遭遇存有正面激勵作用，鼓舞著學人應站在制高點省視人生，這正合乎《孟子》：「天將降大任於斯人也……」云云之精神，也是儒學中所強調的「憂患意識」、「憂難興國」等概念，是最令學人欣賞的生命哲理，因而成爲民族共識；誠如牟宗三先生所云：「中國人的憂患意識（中略）是一個正面的道德意識，是德之不修，學之不講，是一種責任感。由之而引生的是敬、敬德、明德與天命等等的觀念。」〔註34〕又說：「這樣的憂患意識，逐漸伸張擴大，最後凝成悲天憫人的觀念。」〔註35〕相信牟先生所指出的精神，就是朱子至王夫之等學者，所延續的文化理念。

〔註31〕朱伯崑：《易學哲學史》第四卷，頁19～20。
〔註32〕項安世：《周易玩辭》卷五【剝】〈彖象〉，《文淵閣四庫全書》冊14，頁295。
〔註33〕俞琰：《周易集說》卷十一〈象辭〉，《文淵閣四庫全書》冊21，頁102。
〔註34〕牟宗三：《中國哲學的特質》（臺北：臺灣學生書局，1987年10月第6次印刷），頁20。
〔註35〕牟宗三：《中國哲學的特質》，頁16。

但是，就朱子〈象〉、〈彖〉互證的看法裏，王夫之則是表達強烈反對看法，有著迥然不同的主張。王夫之云：

〈大象〉之與〈彖〉，〈爻〉自別爲一義，舉〈大象〉以釋〈彖〉〈爻〉必齟齬不合，而強欲合之，此《易》學之所由晦也。〔註36〕

此「象」之意謂，可以是「卦辭」之謂、也可以是〈象傳〉，雖然，王夫之於此所言是指「卦辭」，但是，〈象傳〉所解是根據「卦辭」而來，這是學界共識，〔註37〕所以才會允許：「此『象』之意謂，可以是『卦辭』、也可以是〈象傳〉」的現象存在。就王夫之此說〈大象〉於《易》義理上，是有獨立自成一格的特質，不僅不用與〈彖〉〈爻〉內容並述，若要強作搭配解釋，必然是違背而有齟齬不合之處的理念，本研究可以將之視爲同一範疇來討論。就此看法上，王夫之並非孤明先發，項安世也曾指出：「故〈大象〉與〈彖〉无同義者，苟同義焉，則无所復用〈大象〉矣。」〔註38〕依此則知，不論於〈大象傳〉所呈現的樂觀性看法，或者於體例上異於〈象傳〉之主張，王夫之所淵源於項安世者是鮮明的。對於〈大象傳〉義理獨立性，除了項安世與王夫之的認同外，於今人的觀點中，有嚴靈峰先生也說：「〈大象傳〉的六十四卦的條文，除上面指出卦象和卦名外，在『君子』、『先王』、『大人』、『后』、『上』等以下的文字，可說和卜筮的繇辭毫無關係。」〔註39〕亦可以佐證王夫之的論點，是有一定的信服力。

除了淵源上有所承繼之外，就學理上，王夫之的見解仍有著依據的。依黃沛榮整理〈大象〉卦象敘述先後次序之所見，得出「先下卦後上卦者」有：【比】、【臨】、【咸】、【蹇】、【井】、【鼎】、【漸】、【歸妹】、【旅】、【節】、【中孚】、【小過】、【復】、【大畜】、【明夷】、【噬嗑】、【泰】，計十七卦。「上下卦同體者」有：【乾】、【坤】、【震】、【巽】、【坎】、【離】、【艮】、【兌】，計有八卦。「先上卦後下卦者」者有三十九卦。〔註40〕也就是，若採用廣義的「先上

〔註36〕王夫之：《周易內傳發例》十九則，頁373。
〔註37〕鄭吉雄：〈從卦爻辭字義的演繹論《易傳》對《易經》的詮釋〉見（台北《漢學研究》第24卷第1期，2006年6月），頁1～33。金春峰〈彖傳與小象的思想特點及成書之時代〉一文，則認爲：「〈彖傳〉在《周易》所謂「十翼」中佔有最重要的地位。……對儒家思想有精深準確的理解，又言簡意賅。」
〔註38〕項安世：《周易玩辭》卷五【剝】〈彖象〉。《文淵閣四庫全書》冊35，頁296。
〔註39〕嚴靈峰：《易學新論》（臺北：正中書局，1971年），頁178。
〔註40〕黃沛榮：《周易彖象傳義理探微》（臺北：萬卷樓圖書有限公司，2001年4月），頁92～97。

卦後下卦者」者可以再加八卦得四十七卦之多，因此，金春峰根據黃沛榮之
說法，由此斷定〈大象傳〉是來自《帛書》系統，而非「今本」之系統。金
春峰說：「《帛本》的卦序排列，以八經卦上卦爲主。……〈大象〉重卦之由
上至下，看來正是由其使用之這種卦序決定的。」〔註 41〕而王夫之使用的即
是「今本」之系統，用《帛書》系統來解，當然是「齟齬不合」。《周易折中》
有引南宋馮椅之說【謙】〈大象〉：「凡〈大象〉皆別立一意，使人知用《易》
之理；裒多益寡，稱物平施，俾小人長短，各得其平，非君子謙德之象，乃
君子治一世使謙之象也，〈彖〉與六爻無此意。」〔註 42〕馮椅之說，雖說是要
證明〈大象傳〉是要擴大《易》學視野，但是，也間接可旁證了王夫之的看
法。因此，王夫之雖然不知有《帛書》系統，但是，就〈大象傳〉要獨立於
今本〈易傳〉系統來說，是有其學理上的證據。

然而，黃沛榮雖指出〈大象傳〉卦象排列，雖然大都是「先上卦後下卦」，
但是就於王夫之所主張的「〈大象〉之與〈彖〉，〈爻〉自別爲一義」說法仍不
認同，並舉十卦之〈彖〉與〈大象〉比較，得出兩〈傳〉之間義理不僅相同，
而且有「因襲」之跡。〔註 43〕黃先生此說其實與朱子相同的，而朱子之說正
是王夫之所要修正的，所以黃先生說：「王氏所論，不盡可憑」，〔註 44〕相信
其所舉之例，仍無法令王夫之首肯的。但是，王夫之要割斷〈大象傳〉與〈彖〉、
〈爻〉之間的義理關係，平情而論，仍然有其困難，事實上，王夫之依然也
承認彼此之間是有相互影響的，如【噬嗑】卦即是一例。【噬嗑】：「噬嗑亨，
利用獄。」王夫之注：「噬嗑之義，〈彖傳〉備矣。」〈彖傳〉云：「柔得中而
上行，雖不當位，利用獄也。」王夫之注：

　　「不當位」，謂六五也。變否塞之道，柔自初而上行以得中，照其妄
　　而治以刑，合於義矣，故「利」。兩造曰「訟」，上察下惡而治之曰

〔註 41〕金春峰：《周易經傳梳理與郭店楚簡思想新釋》，頁 46～47。
〔註 42〕李光地編：《周易折中》卷十一〈象上傳〉【謙】，頁 1129。
〔註 43〕黃沛榮舉十卦：【坤】、【師】、【泰】、【否】、【晉】、【明夷】、【睽】、【解】、【巽】、
　　　　【節】以證，並認爲〈大象〉因襲〈彖〉。見《周易彖象傳義理探微》，頁
　　　　222～223。但是，廖名春、金春峰卻主張是〈大象〉早於〈彖〉之證，見廖
　　　　氏：《周易經傳與易學史新論・〈大象傳〉早於〈彖傳〉論》（濟南：齊魯書
　　　　社，2001 年 8 月），頁 81～107。及金氏：《周易經傳梳理與郭店楚簡思想新
　　　　釋・恐懼修省與觀象進德》，頁 36、40、47。此一問題非本研究主題，暫先
　　　　擱置。
〔註 44〕黃沛榮：《周易彖象傳義理探微》，頁 221。

「獄」。〔註45〕

又〈大象傳〉：「雷電，噬嗑。先王以明罰敕法。」王夫之注：

> 離明以明罰，雷動以敕法，所以制疑叛之人心而合之也，故爲「噬
> 嗑」。禁令懸於上，不率者則謹持而決之。此定法律於未犯之先，故
> 既明則必斷。〔註46〕

單就卦辭、〈象傳〉、〈大象傳〉所云，在義理上的確是有所聯繫，是以王夫之
所注，也不得不隨其所聯繫關係而加以注解，畢竟「獄」、「法」、「犯」、「斷」
等字義，本就有相互聯繫而具備同時運用的條件，則知無論是〈象傳〉在前
或〈大象傳〉在前、誰因襲誰，可以斷定的是，彼此是有直接關聯則爲不爭
事實，這在王夫之的注解中，看來他也不否認，是知黃沛榮所述是正確的，
但是，其「十卦」之數，至少可以再補【噬嗑】一卦，而王夫之「舉〈大象〉
以釋〈象〉〈爻〉必齟齬不合」的斷語，自然也就無法自圓其說了。

　　本研究重點僅在對比王夫之、朱子與李光地之間的解讀差異，因此，就
王夫之於〈大象傳〉所異於他人的主張的細部討論，只能暫且擱置，以待來
日。於此可以確定的部份是，王夫之《易》學與朱子觀點不同處，在〈大象
傳〉上的表現，則是很鮮明的。

三、李光地以爲孔子所作且在積極闡釋伏羲之《易》義

　　李光地對〈大象傳〉的看法，在《周易折中》【乾】〈大象〉有案語說明，
文辭甚長，贅引之，以便於討論。李光地說：

> 〈象傳〉釋名，或舉卦象，或舉卦德，或舉卦體。〈大象傳〉則專取
> 兩象以立義，而德、體不與焉。又〈象〉下之辭，其於人事，所以
> 效動趨時者，既各有所指矣。〈象傳〉所謂先王、大人、后、君子之
> 事，固多與〈象〉義相發明者，亦有自立一義，而出於〈象傳〉之
> 外者，其故何也？曰：象辭、爻辭之傳，專釋文、周之書，〈大象〉
> 之傳，則所以示人讀伏羲之《易》之凡也。蓋如卦體之定尊卑、分
> 比應，條例詳密，疑皆至文王而始備；伏羲畫卦之初，但如〈說卦〉
> 所謂天、地、山、澤、雷、風、水、火之象而已，因而重之，亦但
> 如〈說卦〉所謂八卦相錯者而已，其象則無所不像，其義則無所不

〔註45〕王夫之：《周易內傳》卷二下【噬嗑】，頁154。
〔註46〕王夫之：《周易內傳》卷二下【噬嗑】，頁154～155。

包，故推以制器，則有如〈繫傳〉之所陳，施之卜筮，亦無往不可以類物情而該事理也。夫子見其如此，是故象則本乎羲，名則因乎周，義則斷以己，若曰先聖立象以盡意，而意無窮也，後聖繫辭以盡言，而言難盡也，存乎學者之神而明之而已矣。此義既立，然後學者知有伏羲之書，知有伏羲之書，然後可以讀文王之書，此夫子傳〈大象〉之意也。〔註47〕

首先，就〈象傳〉與〈大象傳〉作比較，以便指出兩者之差異。李光地要先點明的是，就人事義理闡述的精神，兩者是一致的，只是抒發點有不同觀察點；至此可知，李光地也秉持朱子治《易》觀點，也認爲〈象傳〉與〈大象傳〉是有相互發明，但是，也有個別自立一義，於是，接著就是要說明，爲何有相互發明而又別立一義。李光地認爲〈象傳〉是就卦爻辭文王作，爲後來之作，因而有了卦名與義理之闡釋，又因〈象傳〉要依據文王卦辭而解，其義理僅能闡釋；至於〈大象傳〉則是依伏羲觀象的傳統精神而來，所觀之象就由原始八卦，即天、地、山、澤、雷、風、水、火，進而交叉演變成六十四象，因此他是直接由伏羲系統而來，與〈象傳〉是由後起的文王系統，本就是不同進路，所以彼此之間因「四聖一心」自然可以互證，但是系統不同，也就可以別具一義。最後，要強調的是，伏羲觀象精神，是允許無限的聯想空間，正如朱子所說的「稽實待虛」，所以隨著觀象者不同程度、用心，也就可以聯想出不同義理，《易》學的包容與活潑性，就由〈大象傳〉來呈現了。最後，對於〈大象傳〉的作者，李光地就直接歸爲孔子。

由以上討論可知，李光地就〈大象傳〉的基本看法，與朱子相較有些許不同；其一，在朱子將《易》分成「伏羲《易》」爲「象數」系統，「孔子《易》」爲「義理」系統；在李光地則直接要融合，以孔子義理解釋伏羲學。其二，朱子認爲〈大象傳〉是「散漫」的，意思是「髣髴」的，作者是「聖人」等等看法，李光地幾乎都不接受。至於，朱子認爲〈彖〉〈象〉可以互證，則李光地是認同。李光地更以朱子之「四聖一心」、「稽實待虛」精神，來闡明〈大象傳〉價值，則又超越出朱子對〈大象傳〉的價值肯定甚多。〔註48〕

〔註47〕李光地編：《周易折中》卷十一〈象上傳〉【乾】（台中：瑞成書局，2001 年10 月據清康熙54 年「武英殿」原刊本影印），頁1063～1064。

〔註48〕李光地：《周易通論》卷一有〈論經傳次序仍王本〉：「〈大象〉則卦之命名，所取爲多，故夫子特表而出之。凡〈象傳〉釋名，有兼取數義者、有直釋名

第二節　朱子與王夫之注解內容比較

一、朱子〈大象傳〉義理說多繼承《程傳》

　　學界常言「程、朱」之學，就《易》學之〈大象〉注來看，程、朱並舉，的確有其根據；朱子於【履】〈大象〉注，言：「程傳備矣。」除此之外，又相較兩家注解，義理完全相同者，尚有【坤】、【需】、【訟】、【否】、【謙】、【豫】、【蠱】、【无妄】、【大過】、【坎】、【離】、【大壯】、【晉】、【家人】、【睽】、【益】、【豐】、【巽】、【兌】、【渙】、【未濟】計 21 卦，另外無注者有：【蹇】、【剝】、【恆】、【明夷】、【解】、【姤】、【震】、【艮】、【節】、【既濟】等 10 卦，但從《朱子語類》的記載中，諸如【蹇】〈大象〉：「山上有水，蹇。君子以反身修德」為例，於《程傳》注：「君子觀蹇難之象，而以反身脩德，君子之遇艱阻，必反求諸己，而益自脩。」〔註49〕而《朱子語類》則記載：「潘謙之書曰：【蹇】與【困】相似，致命遂志、反身脩德，亦一般，殊不知不然。象曰：澤无水【困】，處困之極，事無可為者，故只得致命遂志；若【蹇】則猶可進步，如山上之泉，曲折多艱阻，然猶可行，故教人以反身脩德，只觀澤无水【困】，與山上有水【蹇】，二句便全不同。」〔註50〕另外於【噬嗑】，《本義》注僅云：「雷電當做電雷」，但於《語類》記載：

　　　　【噬嗑】明在上，動在下，是明得事理，先立這法在此，未見犯底
　　　　人，留待異時而用，故云『明罰勑法』。【豐】威在上，明在下，是
　　　　用這法時，須是明見下情曲折，方得，不然威動於上，必有過錯也，
　　　　故云『折獄致刑』。此是伊川之意，其說極好。〔註51〕

由此看來，朱子《周易本義》雖然無注解，然而就《語類》之討論是與《程傳》同，是知朱子之所以無注，仍是因為「程傳備矣」的原因。總計可斷定朱子是與《程傳》義理相同者之〈大象傳〉，計有 32 卦，均可以歸為「程傳備矣」的範疇定義裏；因此「程、朱」並說，就〈大象〉解內容，是學理上的事實。

　　　　辭者，其兼取數義者，命名之意，廣有所取也，其直釋名辭者，命名之意專
　　　　在〈大象〉也。《易》者象也，象也者，像也。此〈大象〉所以尤為一卦之要
　　　　也。」《文淵閣四庫全書》冊 42，頁 540。可知《周易折中》雖是奉敕，但是，
　　　　二者之間觀點仍是一致的。

〔註49〕程頤：《伊川易傳》卷四，頁 344。
〔註50〕黎靖德編：《朱子語類》卷七十【蹇】，頁 1831。
〔註51〕黎靖德編：《朱子語類》卷七十一【噬嗑】，頁 1780～1781。

在《易》學範疇上，朱子以「《易》本卜筮之書」說，是要補足《程傳》不論「象數」之失，但在人事義理上，朱子是非常推崇《程傳》的，是以朱子所云：「程傳備矣」，即是在義理方面的認同。然而，本研究強調「時代課題」對學者的影響之主題，則朱子必然有所不同於《程傳》時代，而有其回應於時代而於治《易》內容多所呈現，因此就〈大象〉注來說，朱子當然也有自己不同於程子的說法，如【漸】〈大象〉：「山上有木，漸。君子以居賢德、善俗。」朱子卻仍要說：「二者皆當以漸而，進疑賢字衍，或善下有脫字。」而此「疑」、「衍、脫」云云，在《程傳》中，並未有相同的概念出現，由此可知，朱子繼《程傳》之後，的確是保有自己的強烈想法的。另外，於【井】〈大象〉注，兩家亦不同，甚至說朱子已直接點出反對意了。程子注：「木承水而上之，乃器汲水而出井之象。」〔註 52〕朱子則云：「木上有水，津潤上行，井之象也。」〔註 53〕以水是「津潤上行」，而非外在人力的「器汲水而出」。《朱子語類》更詳細記載：

> 木上有水井，說者以爲木是汲器，則後面却有瓶，瓶自是瓦器。只是說水之津潤上行，至那木之杪，這便是井水上行之象。……草木之生，津潤皆上行，直至樹末，便是木上有水之義。如菖蒲葉，每晨葉尾，皆有水如珠顆，雖藏之密室亦然，非露水也。〔註54〕

所謂「說者以爲木是汲器」云云，即明確是對程子說的不認同。總之，就以上所引例，可證朱子與《程傳》就〈大象傳〉現象來看，計有三種現象可言：一、直言「程傳備矣」，二、雖不言「程傳備矣」然仍認同《程傳》者，三、朱子有其不同看法者。

因此，以下討論朱子、王夫之、李光地等三人之〈大象傳〉注解內容時，若有朱子於該卦無注時，則取《程傳》爲說，應該是合理的舉動。

二、朱子、王夫之對「情、欲」觀點之比較

宋、明「理學」各家的說法，或許有程度的差異，〔註55〕但在不同的特點

〔註52〕 程頤：《伊川易傳》卷五，頁 430。

〔註53〕 朱子：《周易本義》，頁 118。

〔註54〕 黎靖德編：《朱子語類》卷七十三【井】，頁 1844。

〔註55〕 牟宗三先生主張：「三系說。」先生云：「我在《心體與性體》中把宋明理學分爲三系：伊川、朱子是一系，陸、王是一系，胡五峯、劉蕺山是一系。這最後一系就是繼承周濂溪、張橫渠、程明道。」《中國哲學十九講》第十八講〈宋明儒學概述〉（臺北：臺灣學生書局，1989 年 2 月第 3 次印刷），

中，有一項很鮮明的共同原則，那就是「存天理、去人欲」的道德實踐。〔註56〕理學家雖論《易》學，重點仍在借取概念以說「理學」，這也是宋明理學的另一項特點，當然，就朱子來講，是此方面的佼佼者，是學界普遍共識；諸如史少博即說：「理學和易學，在朱熹的視野裡，這兩方面是相輔相成的，互相融合的，相互說明的，由此也就看出朱熹的理學有不可忽視的易學底蘊。」〔註57〕以下試以【履】〈大象〉說為例，看程、朱理學家的闡釋旨趣，並進一步取王夫之觀點與之相較，從中當可發現，由於時代環境不同，所反應於注釋經典內容中，有著不同體會處，特別是於人性中的「情欲」部份。

（一）程朱對人性「情欲」多持負面否定

於【履】〈大象〉：「上天下澤履，君子以辯上下、定民志。」朱子注：「程傳備矣。」因此，由《程傳》之說來討論，程子云：

> 觀【履】之象，以辨別上下之分，以定其民志；夫上下之分明，然後民志有定，民志定，然後可以言治，民志不定，天下不可得而治也。古之時，公卿大夫而下，位各稱其德，終身居之，得其分也。位未稱德，則君舉而進之，士脩其學，學至而君求之，皆非有預於己也。農工商賈，勤其事而所享有限，故皆有定志，而天下之心可一。後世自庶士至於公卿，日志於尊榮，農工商賈，日志於富侈，億兆之心，交騖於利，天下紛然，如之何其可一也？欲其不亂難矣！此由上下无定志也。君子觀【履】之象，而分辨上下，使各當其分，以定民之心志也。〔註58〕

頁 393。朱伯崑也說：「宋代道學的一個重要任務是為儒家學說建立一套形上學體系。但如何建立儒家學說的體係，道學內部分成理學派，氣學派，數學派和心學派，長期爭論不休。」《易學哲學史》第四卷，頁 13。

〔註56〕陳來：「以儒家的仁義禮智信為根本，以不同方式論證儒家的道德原理具有內在的基礎，以存天理、去人慾為道德實踐的基本原則。」《宋明理學》〈引言〉（臺北：洪葉文化公司，1994 年 9 月），頁 14。至於，勞思光先生以旨歸說，認為都是要返回先秦孔孟學說，因此有「一系說」。詳《新編中國哲學史》三上（臺北：三民書局，1989 年 10 月 5 版），頁 46～51。

〔註57〕史少博：〈朱熹理學的易學底蘊〉（山東：青島科技大學學報（社會科學版），第 20 卷第 1 期 2004 年 3 月），頁 64。本文是從「太極」之大方向，先分述：「理與太極」、「筮法與太極」、「太極為世界本原」，並進而言「朱熹哲學中的重要問題是從其易學命題中引申出來的」，最後說「朱熹的理學和易學是緊密相連的。」詳見頁 59～64。

〔註58〕程頤：《伊川易傳》卷一（臺北：文津出版社，1990 年 10 月 2 刷），頁 96～97。

程子此注，先秉持《論語》孔子的「正名」論，〔註 59〕以便安排各人之人倫地位與責任或權利；程子認爲「正名」下的人事制度，得以使人心不會渙散。余英時先生曾指出說：「這一節很重要。」並分三點論述，「首先，這是『理一分殊』的原則在政治、社會秩序上的具體應用。」「其次，此文從社會分工的角度說『理一而分殊』，所以士、農、工、商成爲『分殊』的四個主要範疇；不但這四大類群有『上下之分』，每一類中的個別成員也有『上下之分』。」「其三，在程頤所構想的秩序中，『位各稱其德』是一個重要的原則，這是針對著士、農、工、商每一類群中的個別成員而提出的。」「概括言之，每一個社會成員都能找到和他的才能和努力完全相符的位置。」〔註 60〕余先生的觀察可說相當精闢，道出宋代學者對於社會秩序的安排，認爲是有著穩定政治的力量。除此之外，本研究要另外指出的是，程頤之大原則仍不離「理學」所謂的：「存天理、去人欲」的看法，其討論細節則是先論定「天理」之旨歸，以作爲古代的優美形象，而接著說「人欲」，則是當今的普遍現象；進而運用了「對比法」，強調古代操守較爲合乎道德標準，而當今則是墮落的欲念橫流。

就程子的說法，幾乎是傳統以來儒學者的普遍觀點與手段，諸如孟子有謂：「言必堯舜」云云，即希望以古代標準來檢視與期許現今；但是依據程子的分析方法中，運用了古今「二分對立法」，將「志」與「欲」對照討論，以便呈現彼此之差異性。既是對比，則有明顯將其對立而有衝突之無法調解的困境，甚至因此而認爲「私欲」是萬惡之源，它的存在會導致「志」的扭曲，因此，唯有之策就是降低欲望，進而禁止而得「志」的眞自由，以合乎「天理」的實現，這大抵是兩宋理學家所公認的治學任務。

只是無可避免的，具有軀體的人性，有養生的欲望是難免，至少，必須滿足基本生存之需求，這是必然的首要之舉；朱子也曾說：「飲食者，天理也；要求美味，人欲也。」〔註 61〕足證程、朱二人並不是要迂腐的消滅一切生命欲望，但是或許吾人可以如此解讀，說所謂「去私欲」云云，是用以要求執

〔註 59〕「正名」之說，贅錄於後。《論語》〈子路〉篇：「子路曰：『衛君待子而爲政，子將奚先？』子曰：『必也正名乎。』子路曰：『有是哉！子之迂也，奚其正？』子曰：『野哉由也！君子於其所不知，蓋闕如也！名不正則言不順，言不順則事不成，事不成則禮樂不興，禮樂不興則刑罰不中，刑罰不中則民無所措手足。故君子名之必可言也，言之必可行也，君子於其言，無所苟而已矣！」

〔註 60〕余英時：《朱熹的歷史世界——宋代士大夫政治文化的研究（上篇）》〈緒說〉（臺北：允晨文化公司，2003 年 6 月 10 日），頁 228～229。

〔註 61〕黎靖德編：《朱子語類》卷十三〈學七・力行〉，頁 224。

政之領導者應該克制其欲望，〔註62〕畢竟其可享受之資源，本就比起一般庶民來得多，若無克制，勢必無限擴充，禍害難以預計；但是程子、朱子無視彼此經濟來源之差異，僅將生命個體視爲相同的單一標準，也用來要求農、工等一般庶民，這對當時經濟條件來看，莫說欲望滿足，想必連基本溫飽的達成都有問題，孟子嘗云：「樂歲終身苦，凶年不免於死亡。」〔註63〕相信是事實的描述，而非價值的誇大；當於先秦時代適用，則至兩宋時期，其經濟狀況改善情形，仍然不離貧窮；試觀王安石「熙寧變法」中，與「經濟」、「民生」有關的議題內容佔大部份時，就知道「吃飯」的民生問題，絕對是施政的當務之急；〔註64〕因此程、朱之說，雖有道德上的崇高企圖，且其訴求對象也是以「士大夫」、「學者」身份爲主的，但是能眞正認同，進而能終身執行的能有多少人，就令人懷疑了，何況是取來要求一般庶民，那更是不當且永難達成的假定命題了。程朱二人的理念，究竟是否如此，以現今的研究視野，吾人當知不應是如此，但是，無可否認的是，後續學者有如此的理解概念者，畢竟不是少數。因此，至明、清交替之時代學風，就有不斷省思宋、明「理學」的理念實施之難處，甚至言「酷吏以法殺人，後儒以理殺人」云云，〔註65〕諸如在紀昀的智性解析思考下，有了多元的觀點，會注意到因人而設「禮」，「禮」不再是僅是單一標準，甚至也要照顧到「禮教是不外乎情性」，因而能關懷一般庶民；紀昀於《閱微草堂筆記》說：

〔註62〕 余英時作〈中國近世宗教倫理與商人精神〉，其中有論及「朱陸異同──新儒家分化的社會意義」段時，即指出二家的論述對象的確不同，朱子是針對士大夫，而陸象山是對一般庶民而論。收入《中國思想傳統的現代詮釋》（臺北：聯經出版公司，1999 年初版 8 刷），頁 332～335。

〔註63〕 朱子：《四書章句集注‧孟子集注》卷一〈梁惠王上〉（臺北：大安出版社，1987 年 10 月再版），頁 211

〔註64〕 諸如「青苗法」、「均輸法」、「市易法」、「方田法」，至於其他「免役」、「保甲」、「保馬」仍間接與民間經濟有關。

〔註65〕 見戴震：《孟子字義疏證》〈理十〉，轉引自胡適：《戴東原哲學》〈附錄〉（臺北：臺灣商務印書館，1996 年），頁 256。這是乾嘉學者普遍看法。然而，依余英時的研究中，其實程、朱理論觀點，本就是針對士大夫學者以上的身份而論，並不是要求人人適用。余英時說：「無論如何，我們可以斷定，朱子的直接聽眾是從『士』到大臣、皇帝的上層社會。他的文集和語錄都可以爲之一論斷作證。」詳〈中國近世宗教倫理與商人精神〉收入《中國思想傳統的現代詮釋》（臺北：聯經出版公司，1999 年 9 月初版 8 刷），頁 332。可惜是在當時的學者沒有察覺，而至明清之際到清乾嘉時代，當然是誤會更深了，自然也就批判之聲不斷了。

飲食男女，人生之大欲存焉，干名義，瀆倫常，敗風俗，皆王法所
必禁也。若癡兒騃女，情有所鍾，實非大悖於禮者，似不必苛以深
文。〔註66〕

「禮」的內容與執行是可以區分成「應然」與「實然」二範疇，紀昀說「應
然」義，是說人之精神，應可在自我期許下之提昇，然而，理論上可提昇，
但並非人人能夠且必須提昇，因此說「實然」義，則在承認人之初生，本就
具備七情六欲，在適當的滿足之追求，是合情且合理，由此來看，只要个超
過所求，而影響他人利益，則沒有所謂「善惡」問題，因此紀昀有此是說：「春
秋責備賢者，未可以士大夫之義律兒女子。」〔註67〕又說：「必執春秋大義，
責不讀書之兒女，豈與人為善之道哉！」〔註68〕取士大夫都難以奉行的高規
格道德標準，用以要求困於飲食的庶民，豈是善道！〔註69〕況且，於《論語·
憲問》：「克、伐、怨、欲」云云，程子也說：「人而無克、伐、怨、欲，惟仁
者能之。有之而能制其情使不行，斯亦難能也。」〔註70〕尚會注意到道德要
求與情緒是有著矛盾處，何以至〈大象傳〉的觀點中，卻又無識身份之不同，
而竟視為普遍之要求！是為程子、朱子其礙於時代課題限制下之可議處。

當程、朱以此「存天理、去人欲」立場為始點時，則其討論【訟】〈大象〉：
「天與水違行，訟。君子以作事謀始」時，即是有此相應的看法。朱子注：「天
上水下，其行相違，作事謀始，訟端絕矣。」吾人再參考《程傳》之注，則
史顯其說特色，程子云：

君子觀象，知人情有爭訟之道，故凡所作事，必謀其始，絕訟端於
事之始，則訟无由生矣。〔註71〕

由於程、朱見解是採用「志」、「欲」對立，對於「欲」者，僅能採取取消或

〔註66〕紀昀：《閱微草堂筆記》〈灤陽續錄〉五（臺北：大中國圖書公司，1989 年 10
　　　　月再版），頁 425。

〔註67〕紀昀：《閱微草堂筆記》〈灤陽消夏錄〉二，頁 22。按，此說雖是引何勵菴之
　　　　說，然而紀昀以之為事件總結，自是認同其說，因此，可以說紀昀亦有此理
　　　　念。

〔註68〕紀昀：《閱微草堂筆記》〈槐西雜志〉二，頁 226。

〔註69〕拙作有〈紀昀多元觀點的現象解讀 ── 以《閱微草堂筆記》為例〉（台中：國
　　　　立台中技術學院《人文社會學報》第五期，2006 年 12 月），頁 19～47。有詳
　　　　細討論紀昀之觀點。

〔註70〕朱子：《四書章句集注·論語集注·憲問》（臺北：大安出版社，1987 年 10
　　　　月再版），頁 149。此為朱子引程子說。

〔註71〕程頤：《伊川易傳》卷一，頁 62。

克制，但是無可否認的是，取消或克制下的「欲」，它仍然是存在的；而群體之間之所以有爭訟，其箇中原因是「天地資源有限、個人欲望無窮」，再加上取得的過程產生爭議，因此解決爭議，或用原始的「多數暴力」、或用「天意神權」、或用「倫理制度」、或用「道德允讓」等等諸多方式，在歷史上都有具體的實施經驗，然而效果僅能維持一段時間後，又是紛亂不已，誠如《三國志演義》開宗明義所云：「天下合久必分，分久必合。」這樣的討論，都是只言現象，而未深入探討發生原因，是以縱使發現問題之現象，但是卻無法有解決問題之能力；因此說「人情有爭訟之道」，是確定之現象，而要解決此現象所產生之因，其實很簡單，就是個人的「欲望」究竟有無受到滿足，當未受到滿足時，則程、朱建議採用「必謀其始」的方法，本研究以爲那並不是一個好的方法，甚至說，充其量那僅是觀點，〔註72〕它絕對無法有「絕訟端於事之始」之效果的！這是宋明理學，普遍的困境，而隨之時代之演進，日漸鮮明，亟需有修正的觀念。誠如勞思光所說：「王陽明之學既代表宋明儒學之高峯，故『王學』所現出之缺陷，實亦即儒學本身之內在問題。此問題就根源處說，即是『道德心』對『認知心』之壓縮問題。」〔註73〕簡單的說，即「心」的修養，就可以控制一切「情、欲」的負面行爲，追求生命價值的主體自由；果眞如此乎？然而，歷史證明了論點，來自明代，卻有異於「理學」的不同論點，已從民間漸漸萌生了。

（二）王夫之對人性「情、欲」較持正面肯定

「禮失求諸野」，或許民間蘊有豐富學理上的證據，可以取材論述，〔註74〕考察「情、欲」在陽明學盛行後的普遍概念。以明朝小說作品《西遊記》爲例，其中的「豬八戒」形象的建構，即可略知一二。就「豬八戒」來說，他所擁有一般庶民的飲食情欲之條件，可說發揮的淋漓盡致，至於其將人性的負面條件的開展，包含自私、貪婪、推諉、爭功等等表現，可說是人類「物性」或「獸性」的極度表現。這些表現，若依宋明理學來看，就是「氣質」的濁流，絕對要立即「克己復禮」，否則將使得生命精質度受到污染，而無法成聖；諸如程子

〔註72〕詳吳有能師：《對比的視野——當代港臺哲學論衡》（臺北：駱駝出版社，2001年），頁2～3之討論。本研究於〈解易方法〉亦有引用，請參閱。

〔註73〕勞思光：《新編中國哲學史》三上，頁6。

〔註74〕葛兆光：《思想史研究課堂講錄》（北京：三聯書店，2005年4月），頁22～49。有介紹「法國年鑑學派」的理論，就在強調此概念，對筆者啓發甚大。

所說：「克去己私以復乎禮，則私欲不留，而天理之本然者得矣。」〔註75〕然而，《西遊記》中的「豬八戒」不僅沒有遭到強烈指責，甚至在有意無意間，還受到觀世音菩薩、唐三藏的允許與縱容，最後，在到達「西方極樂世界」時，仍受到佛陀給予「淨壇使者」的肯定職位，可以從事：「凡諸佛事，教汝淨壇，乃是個有受用的品級。」〔註76〕借小說中的「佛陀」解釋，我們可以嗅到庶民意識，而此意識也已連綿至於今日，仍被眾人所接受，足證已是集體價值共識了。

　　在《西遊記》的敘述裏，我們可以發現在明代，透過佛佗、觀音等小說劇情的描述，就明顯對人性的欲望，已不再視之如洪水猛獸，必然要去之而後止。林聰舜說：「明清之際儒學的人性論有兩個特色，一是主張由人生實踐或工夫見性，一是主張人欲即天理，並強調氣質是善。」〔註77〕又說：「此一重人欲的觀點，也在一定程度上表現出肯定平民生活權利的理想。」〔註78〕在「豬八戒」形象塑造中，我們的確發現，異於前代的人性論點，對於「情、欲」已有肯定其應有的空間了。

　　由此社會現象之基礎下，來觀察王夫之對人性「情、欲」的見解，即可得迥異於程、朱的「理學」態度。於【履】〈大象〉，王夫之注：

> 風、火、澤，皆【坤】之屬也，本乎地者親下；而風、火上行，唯澤流下，與上懸絕。履之爲象，一陰介五陽之間，分內外之限，上下之辨，昭然殊絕矣。君子之於民，達志通欲，不如是之間隔，唯正明定分，別嫌明微，則秩然畫一，俾民視上如澤之必不可至於天，以安其志，乃以循分修職，杜爭亂之端，所爲嚴而不傷於竣，遠而不憂其乖。〔註79〕

首先，就《易》學卦象條例來說，分陰分陽二大類，其中【坤】爲陰母、【乾】爲陽父，每卦三爻，爻少者爲主爻，是以【巽】、【離】、【兌】爲【坤】之屬也。又【巽】爲風、【離】爲火、【兌】爲澤，而風、火之性上揚，唯澤是水，其性下流。所以，【履】卦象：「下兌上乾」，兌澤往下、乾天居上；是以王夫之說：「與上懸絕。」君子觀此象而論上下之意，因而區分君民二體，誠如孟子所謂「治人者」、「治於人者」，各有其身份，而各有其職、各安其業，則天

〔註75〕 朱子：《四書章句集注‧論語集注‧憲問》，頁149。
〔註76〕 吳承恩：《西遊記》一百回（臺北：智揚出版社，1986年），頁935。
〔註77〕 林聰舜《明清之際儒家思想的變遷與發展》，頁278。
〔註78〕 林聰舜《明清之際儒家思想的變遷與發展》，頁280。
〔註79〕 王夫之：《周易大象解》，頁404。

下萬民依其規定之職、行其應盡之份,當倫理制度建全,天下也自然太平。
接著,就倫理制度來看,王夫之此注與《程傳》、朱子之說,大抵相近;然而
時代演進,已非兩宋之時,對於個人的權利、欲望的重視,已多有萌生,所
以王夫之不僅於此,還提出:「君子之於民,達志通欲,不如是之間隔。」對
於個人的意圖及其私人之欲望,給予相當大的容許與肯定,此是爲明、清之
際,普遍以來的風潮,王夫之自必於其著作反應之。當然,就社會制度安定
大原則之下,有些是絕不可改變,如君民關係、上下之辨等等,但是就於個
人的情欲需求,不妨予以肯定。此明,清交替的思潮,直至清末時代,由於
又是另一種天崩地解環境,特別敏銳於此看法,如皮錫瑞(1850~1908)也
闡揚《易》學精神,主張:

> 畫卦之功首在厚君民之別,故曰:上天下澤,【履】:君子以辨上下,
> 定民志。而地天爲【泰】,天地爲【否】,似與此義相反,蓋【泰】
> 之得在天地交,【否】之失在天地不交。【履】以位言,【泰】、【否】
> 以情言;所謂言豈謂一端而已。後世尊卑闊絕,而上下之情疏,禮
> 節繁多,而君臣之義薄(四語本蘇子瞻),昧者欲矯其敝,遂議盡去
> 上下之分,豈知作易垂教所以理人倫而明王道之義乎!〔註80〕

又說:

> 不變者道也,當變者法也,亦即易以變易爲義,而有不變者在也。
> 今之學者,不知窮變通久之義,一聞變法,群起而爭,反其說者,
> 又不知變易之中有不易者在,舉天地君臣子不可變者亦欲變之,又
> 豈可訓乎!〔註81〕

在論變與不變之間,皮氏看似頗有權變改革之氣勢,其實僅在維持君主制度
的思考中,借《易》來應證其說;相較於二百多年前的王夫之,雖也講制度
不可易,但個人之權利、欲望之允許與重視,足見明、清時代思潮之活潑性。
　　由於王夫之重視「達志通欲」,所以在【訟】〈大象〉注,亦有與程、朱
不同理念之說。王夫之云:

> 人與己違則訟人,道與欲違則自訟,君子之用訟也,不以訟人,而
> 以自訟,善於訟矣。雖然,事之向成,欲妨於道而始愧,害生於利

〔註80〕皮錫瑞:《經學通論・易學通論》第二章(臺北:臺灣商務印書館,1989 年
　　　　10 月臺 5 版),頁 4。
〔註81〕皮錫瑞:《經學通論・易學通論》第一章,頁 2。

而始悔，愧悔生恚懟，恚懟生妄動，未見自訟之爲益也。作事之始，

兩端之謀，皆似可行，心意交爭，辨其貞勝，是非得失，較然畫一，

天高水流不相膠涸，無愧無悔，乃以坦然行於至正而不疑。〔註82〕

王夫之雖重視「達志通欲」的態度，但是不代表就允許、鼓勵無限的擴大，
畢竟，社會制度之所以要有制度，就是在安排下，允許個人之利益，但也要
注意別人之利益也必須照顧；然而「天地資源有限、個人欲望無窮」的不變
困局下，程、朱觀點是希望人人是君子操守，以降低欲望，而減少對天地資
源的擷取；對於程、朱的價值觀，王夫之也認同的，但是，那僅能是君子之
期許，而無法要求長期困頓的小民，所以王夫之說：「君子之於民，達志通欲，
不如是之間隔。」就是在強調一般的民眾的基本要求。畢竟，教育要循序漸
進，「庶矣而後教矣」，此爲孔子昭示之語，因此當庶民有能力之後，也必須
注意到其社會責任，也就在自我要求，所以就於【訟】的解讀上，王夫之有
「人與己違則訟人」與「道與欲違則自訟」之區分，而王夫之鼓勵「君子之
用訟也，不以訟人，而以自訟，善於訟矣。」先由自己自我要求起，則社會
眾人之紛爭也較能減少。因此，由程、朱與王夫之對於【訟】〈大象〉解來看，
程、朱僅能就目的論而籠統敘述與期待，而王夫則提出方法進程與階段要求，
在循序漸進的步驟下，個人可以由欲望之人，轉化成高度操守，進而關心他
人，以達聖境。

　　當然這是明、清之際社會風潮的普遍「私利觀」，但是王夫之畢竟是學者，
仍然可以在此「私利觀」下，不忘導入儒學君子標準，合乎人性的原本需求；
陳來曾深刻指出，說：「船山所謂情和欲包含頗廣，決不能簡單的僅僅理解爲
一般意義上的一種情欲。也因此，就不能把他對他所謂情和欲的這些肯定簡
單地理解爲無分別地對於一切感性情欲的肯定。」然而，陳來也不否認王夫
之是有「私利觀」此意念之體會，因此，陳來接著又說：「無論如何，船山在
這裏對情和欲是肯定的，船山的理欲論也是在這樣的盡己論背景下展開的。」
〔註83〕所以，本研究言「王夫之對『情、欲』較持正面肯定」之「較」字用
語，相信是持之有故的。這是王夫之在《易》學上的重要特色之一。〔註84〕

〔註82〕王夫之：《周易大象解》，頁400。
〔註83〕陳來之說，俱見《詮釋與重建——王船山的哲學精神》第五章〈船山思想的
　　　　理欲觀〉（北京：北京大學出版社，2004年11月），頁145。
〔註84〕說王夫之對情欲的肯定，是相較而來的，若與清代戴震來比，可能又是屬於
　　　　保守的。因爲在某種程度來看，他也認爲人欲是有所妨於天理的，這與朱子

　　王夫之「達志通欲」觀念，其實也是「時代課題」下的基本任務，即是用來批評「佛、老」思想的基準點。對於佛、老在思想上的盲點，由於宋明理學長期的研究與對抗，大旨上，已為世人所理解，但是，就於佛、老其制度上的對人性的限制，仍然有再申明清楚的必要，最主要的是，其對人性基本欲望的否定，這在王夫之的看法裏，是無法認同的。依汪學群的研究所得，認為其是「空尋本體忽視其用」、主張「至柔逆來順受」、「空談虛無」、「戕害性道」，汪學群總結說：「佛老共同的本質弱點，就是不太關心人事，即便關心人事，也是消極，趨向虛無，缺乏一種積極用世的經世致用精神，在王夫之看來，這種佛道思想被明代心學家用來解釋易學，使易學走上歧途，也是明亡的一個原因。」〔註85〕因此，在〈大象傳〉中，可以觀察到王夫之注有許多對佛、老的批判，於【乾】〈大象〉注：「天體不可以人能效，所可效者，其行之健也。唯異端強肖天體，而君子安於人道而不敢妄。乾道大矣，君子僅用之於『自強不息』，不敢妄用之也。妄用天者為妄人。」〔註86〕於【升】〈大象〉注：「小德之積，以善養心，德既在我，義類必充。馴至其積，下學上達，蓋因心理漸開之自然也。若老氏以至柔馳騁天下之至剛，是謂逆理。」〔註87〕於【損】〈大象〉注：「夫【損】者損情而已矣。若道，則不可得而損也。……釋氏所為戕性殘形以趨涅槃，老式所為致柔守純以保嬰兒，皆不知【損】而戕道以戕性矣！」〔註88〕就〈大象傳〉本身來看，本就是人事義理的發揮，是道德的教材與德行的準則與啟導，因此各時代之《易》學者，均樂於抒發其義理；當然於程、朱「理學」立場，自是亦多加闡述，只是就王夫之批判佛老觀點的內容來看，相較於程、朱之注解，又是王夫之〈大象〉注之特色之一。

的持論仍比較相近。參張麗珠師《清代的義理學轉型》第八章〈結論：從「宋明理學」到「明清氣學」的儒學嬗變〉（臺北：理仁書局，2006年10月），頁381。因此，學界多將王夫之歸為「宋明理學」的範疇，而不是歸為「清代新義理學」；如侯外盧、邱漢生，張豈之主編：《宋明理學史》第三十二章〈王夫之理學〉（北京：人民出版社，1997年10月第2版），頁933～934。也就是說，王夫之若是重視情欲，僅僅是發萌而已，我們於《易》學上可得是證。

〔註85〕汪學群：《王夫之易學——以清初學術為視角》，頁49～50。
〔註86〕王夫之：《周易大象解》，頁394。
〔註87〕王夫之：《周易大象解》，頁440。
〔註88〕王夫之：《周易大象解》，頁435。

第三節　李光地對朱子觀點之繼承與創新

　　李光地論〈大象傳〉之內容，從其《折中》18 卦〈案語〉，可見大略，此 18 卦是爲：【乾】、【謙】、【蠱】、【臨】、【恆】、【遯】、【損】、【益】、【夬】、【姤】、【井】、【震】、【艮】、【漸】、【歸妹】、【節】、【中孚】、【小過】；與朱子相較之下，有繼承有創新。李光地之所以有創新見解，原因是其政治身份、時代學風，都不同於朱子，當然在解讀上也就有所差異，是以無關於二人孰優孰劣的判斷必要，畢竟，此種精神，就朱子「《易》本卜筮之書」的概念主張下，是樂見其成的，況且，李光地本來就不是僅在作朱子主張再傳述的工作之繼承者而已。以下，先述：「取〈繫辭〉、〈彖〉與〈大象〉義理互證」一點，爲其繼承部份，接著再述「以君王尊嚴爲重的注解內容」、「以西學角度注解」、「取象角度與朱子不同」、「取義蘊涵與朱子不同」等四點，爲其創新部份；又因其「取象」、「取義」角度與朱子不同，自然是要對朱子有所批判，乃在所難免。是以說李光地對朱子《易》學，是有著「繼承、批判與發展」，就於〈大象傳〉主題中，亦有所論述依據也。

一、繼承：取〈繫辭〉、〈彖〉與〈大象〉義理互證

　　朱子取〈彖傳〉以證〈大象〉之義理，基本理念是認爲〈十翼〉是一體的，胡自逢先生說：「自十翼據卦象繫辭以說經，易遂富有哲理，其境域益高，其爲用亦彌宏深。」〔註 89〕就在闡揚此種精神，這是深受《易》學者普遍的認同，李光地自也不落人後，而強力繼承。於【艮】〈大象〉：「兼山，艮。君子以思不出其位。」李光地《周易折中》案語云：

　　　　「思不出位」，諸家皆作「思欲不出其位」，「思」字不甚重，今觀
　　　　【咸】卦云：「貞吉，悔亡，憧憧往來，朋從爾思」，而夫子以「何
　　　　思何慮」明之，則此「思」字蓋不可略。雜擾之思，動於欲者也；
　　　　通微之思，濬於理者也。〈大學〉云：「安而后能慮。」蓋思不出
　　　　位之說也。〔註 90〕

案：此〈大象傳〉，朱子無注，因此可用《程傳》之說：「君子觀艮止之象，而思安所止，不出其位也。」此注對於「思」字，沒有妥爲善解，李光地多

〔註89〕胡自逢：《先秦諸子易說通考》〈自序〉（臺北：文史哲出版社，1989 年 8 月 3 版），頁 1。
〔註90〕李光地編：《周易折中》卷十二，頁 1299。

加著墨以證此字之重要，所引爲〈繫辭下傳〉第五章之內容，不僅如此，還引〈大學〉以論。由此看來，李光地不僅視〈十翼〉爲一體，可以互證，甚至強調，群《經》都是一體，也是可以互證。

以〈十翼〉互證，就李光地〈大象傳〉案語討論裡，還有【井】卦。【井】〈大象〉：「木上有水，井。君子以勞民勸相」朱子注：「木上有水，津潤上行，井之象也。勞民者，以君養民；勸相者，使民相養，皆取井養之意。」李光地案語：「〈大象〉木上有水，須以朱子之說爲長。〈象傳〉巽乎水而上水，則鄭氏桔槔之說不妨並存也。勞民者，如巽風之布號令，勸相者，如坎水之相灌輸。」〔註91〕

除了認同朱子說以外，又取〈象傳〉及鄭玄之說，以加深義理上的力道。由此以證，朱子解《易》方法上，李光地是有積極之繼承精神。

二、創新一：以「君王尊嚴」爲重的注解內容

李光地的政治身份，一直反應於其治學理念中，再加上君王喜怒好惡的情緒不定，致使李光地在學術反應上，也必然要汲汲投合於君王，以求自保與得寵。就〈大象傳〉的案語中，我們的確可以發現，李光地是如何用心的假借以論述政治，並進而用以褒讚君王。

事實上，借《易》來展現政治看法，一直是《易》學史上，學者的普遍共識，在朝廷內，君臣也習慣借《易》論國事；朱伯崑說：「這種附會反映了一種易學觀，即把《周易》看成是封建統治者治理國家的一部教科書，這樣，就更增強了《周易》一書在經學中的地位。」〔註92〕所以，不僅李光地是如此，朱子亦是如此；況且，〈大象傳〉本身中就是充滿著對政治的指導性，云「先王」、云「后」、云「君子」等等，即可得知；因此，學者推波助瀾，也可說持之有據。諸如【師】〈大象〉：「地中有水，師。君子以容民畜眾。」朱子注：「水不外於地，兵不外於民，故能養民，則可以得眾矣。」強調「養民」之責任。又如【中孚】〈大象〉：「澤上有風，中孚。君子以議獄緩死。」朱子注：「風感水受，中孚之象；議獄緩死，中孚之意。」注解簡略，無助於瞭解，依朱子意，仍應以「程傳備矣」爲前提；試取《程傳》注以補證之：

> 君子觀其象，以議獄與緩死，君子之於議獄，盡其忠而已；於決死

〔註91〕李光地編：《周易折中》卷十一，頁1282。
〔註92〕朱伯崑：《易學哲學史》第一卷，頁22。

極於惻而已。故誠意常求於緩，緩、寬也。於天下之事，无所不盡
其忠，而議獄緩死，最其大者也。〔註93〕

所謂「議獄緩死」，自非一般庶民所能置喙者，必然是執政者的工作與權責，
而依程子的論點，此執政者僅是奉命的有司之官；相較於李光地，其論【中
孚】〈大象〉，就不同於程子，而是站在政治最高點，即君王的角度來討論「議
獄緩死」。李光地說：

風之入物也，不獨平地草木爲之披拂，巖谷竅穴爲之吹吁，即積水
重陰之下，亦因之而凍解氷釋焉。此所以爲至誠無所不入之象也，
民之有獄，猶地之有重陰也，王者體察天下之情隱，至於議獄緩死，
然後其至誠無所不入矣。〔註94〕

李光地特別將「議獄緩死」的權責，提升至君王階層，並強調君王的治國細
心度。事實上，李光地的強調與康熙帝的治國特質，是頗能相符的，史書有
載：「（康熙）四十三年甲戌春正月辛酉，詔曰：『朕諮訪民瘼，深悉力作艱難。
耕三十畝者，輸租賦外，約餘二十石。衣食丁徭，取給於此。幸逢廉吏，猶
可有餘。若誅求無藝，則民無以爲生。是故察吏所以安民，要在大吏實心體
恤也。』」〔註95〕可見康熙帝無論對群臣、或民間的關切細心度，的確是積極
且持續的，猶如李光地的譬喻「風之入物」已達「至誠無所不入之象也」，並
不是過份之譽；康熙帝是當之無愧也。

以君王立場來看君子、小人之分，與學者相較，也有明顯的差異。於【遯】
〈大象〉：「天下有山，遯。君子以遠小人，不惡而嚴。」《程傳》注：「遠小
人之道，若以惡聲厲色，適足以致其怨忿，惟在乎矜莊威嚴，使知敬畏，則
自然遠矣！」〔註96〕朱子注：「天體无窮，山高有限遯之象也。嚴者君子自守
之常，而小人自不能近。」就程子與朱子的看法是一貫的，只是，程子尚有
提出具體策略者，以教導讀者如何去遠離小人；然而，程、朱二人的觀點，
仍是一貫以君子、小人二分法，而這種分法，積極義當就君子不被污染，然
而消極上，則先已承認君子是容易被影響，更糟的是僅能以隔絕方式來圍堵
小人，至於無形中，也默許小人是無法改善的一群，甚至，不使小人有進步

〔註93〕程頤：《伊川易傳》卷六，頁 540～541。
〔註94〕李光地編：《周易折中》卷十二，頁 1340。
〔註95〕據《清史稿校注》卷八〈本紀八〉〈聖祖三〉，頁 254。
〔註96〕程頤：《伊川易傳》卷四，頁 294。

與改變氣質之機會。《論語》記載：「互鄉難與言，童子見，門人惑？子曰：『與其進也，不與其退也，唯何甚！人潔已以進，與其潔也，不保其往。」〔註97〕由此看來是不合乎孔子教義，但是就〈大象傳〉之原意來看，可能是比較合乎的注解，而程、朱之注也不得不順著〈大象傳〉之義順勢而下了；〔註98〕然而，李光地以君王立場，能包容天下之宏觀雅量之勢，並不隔絕所謂「小人」。李光地案語：

> 天下有山，以山喻小人，以天喻君子，似未切。蓋天下有山，山之高峻極於天也，山之高峻者，未嘗絕人，而自不可攀躋，故有不惡而嚴之象。楊氏之說蓋是此意。〔註99〕

案：《折中》有引楊時之說為旁證，其曰：「天下有山，其藏疾也。無所拒然，亦終莫之陵也，此君子遠小人，不惡而嚴之象也。」可知，李光地以君子本不遠小人，而是小人自絕於君子；李光地以君王包容思考，則天下萬民具為其責任，是不取隔絕之說。李光地於【乾】〈象〉案語說：

> 以天之元亨言之，其以一時統四時之德者莫如元，至於澤流萬物則亨也。以君之元亨言之，九五以一位統六位之德，是亦天之元矣，澤流萬民是亦天之亨矣。〔註100〕

是「澤流萬民」乃君王秉持天道流行之責任。可是，如果小人要自絕於進步之路，那就不在此限了，正如《論語・雍也》：「冉求曰：『非不悅子之道，力不足也。』子曰：『力不足者，中道而廢，今汝畫。』」〔註101〕因此，就李光地之解，不僅褒讚君王之雅量，也有孔子義理之肯定，實比程、朱觀點來得嚴謹與具說服力。

李光地這種護衛君王尊嚴與雅量的用心，於【臨】〈大象〉案語最能作為總結，其說：

> 臨者大也，澤上有地，澤之盛滿，將與地平，大之義也。教思无窮，容保无疆，蓋言王澤之盛大，所以淪浹之深，而漸被之廣者。〔註102〕

〔註97〕朱子：《四書章句集注・論語集注》〈述而〉，頁100。
〔註98〕由【遯】〈大象〉與《論語》義理來比較，則明顯不同，此是否也可以證明〈大象〉與孔門無涉，至少【遯】就是乎？值得再深論。
〔註99〕李光地編：《周易折中》卷十一，頁1213。
〔註100〕李光地編：《周易折中》卷九，頁874～875。
〔註101〕朱子：《四書章句集注・論語集注》〈雍也〉，頁87。
〔註102〕李光地編：《周易折中》卷十一，頁1149。

幾乎對康熙君王之功德之稱呼，已達千古獨一人，並真正能合乎〈大象傳〉
價值的境界了；足見李光地為君王服務之積極性。

三、創新二：以「西學」角度注解

　　李光地就政治角度，說康熙帝不僅勤政愛民，其仔細程度亦能普及每一
階層；另外，李光地還要借〈大象傳〉注，來迎合康熙帝對科學知識的熱衷
度。如韓琦所言：「康熙十八年（1679）年在太和殿召徵博學鴻儒，其中試題
之一為〈璿璣玉衡賦〉；璿璣、玉衡通常被看作中國古代的天文觀測儀器，因
此，此一題旨之目的，可以想像是康熙帝以此要考察考生科學修養，當然，
也可佐證康熙帝對西學的熱衷。」〔註103〕即是一例。

　　注解〈大象傳〉，李光地用科學立場，與程、朱用道德角度的案例，可就
【小過】〈大象〉來作對比。【小過】〈大象〉：「山上有雷，小過。君子以行過
乎恭，喪過乎哀，用過乎儉。」無論是《程傳》注：「雷震於山上，其聲過常，
故為小過。天下之事，有時當過而不可過甚，故為小過。君子觀小過之象，
事之宜過者，則勉之，行過乎恭、喪過乎哀、用過乎儉是也，當過而過，乃
其宜也，不當過而過，則過矣。」〔註104〕或是朱子注：「山上有雷，其聲小過，
二者之過，皆小者之過，可過於小而不可過於大，可以小過而不可甚過，〈象〉
所謂可小事而宜下者也。」〔註105〕都是採取「理學」角度，將重點擺在「修
身養性」人事義理的要求上。然而，李光地案語卻說：

　　　雷出地，則聲方發達而大，及至山上，則聲漸收斂而微，故有平地
　　　風雷大作，而高山之上不覺者，此【小過】之義也。〔註106〕

並沒有順承朱子的人事義理闡釋，而是就「物理學」之角度來說明。按、就
「聲」的傳遞，須借空氣當媒介體，而隨著空氣的振動，自可傳至人類耳朵
上的共鳴，而使聽者能聽到「聲音」，當然，隨著空氣的傳播，必隨著空間的
加大與加遠，以及各種阻力的干擾，聽者隨其所處地點的遠近，必與發「聲」
點產生反比的效果，即越離發生點近者聲音越大、越遠者聲音越小；以上所
述，是一種簡單物理學，於今普遍教育下，或許可說是殊無深奧之處，然而

〔註103〕韓琦：〈君王和布衣之間：李光地在康熙時代的活動及其對科學的影響〉（清
　　　　華學報，新26卷第4期，1996年12月），頁422～425。
〔註104〕程頤：《伊川易傳》卷六，頁549。
〔註105〕朱子：《周易本義》〈象下傳第四〉，頁121。
〔註106〕李光地編：《周易折中》卷十二，頁1345。

於李光地時代，有此抒發，實屬特殊與不易。畢竟傳統學者，治學重點一直擺在「生命的學問」的著重，因此，對於「自然科學」的重視，一直比較薄弱，〔註107〕相較之下，李光地的特色即由此明顯呈現。

至於李光地治學特色，又與當時學風有關。中國對西方科學的積極接觸，直至明末耶穌會士來華，傳入西方的科學與宗教，而康熙帝又對於科學，可說相當熱衷，因此，李光地以御纂學士資格，必然多加迎合，適當機會，即表達其對「西學」與《易》學的串連，進而誇示其學，如【坤】六二：「直方大」的注解，與此〈大象〉案語，即是有明顯之意圖。然而，李光地空有其心，卻無學力的窘態，在其說解中，反倒是凸顯其無知！以現代科學所釋，「雷」者：「空中帶的雲在大量放電時伴隨的響聲。」〔註108〕「閃電沿其路徑加熱了空氣，使空氣驟然膨脹，因而產生聲波，由此發生的聲音。」〔註109〕是知，「雷」在空中也；而李光地卻仍說「雷出地，則聲方發達而大，及至山上」，僅就【小過】艮下震上之卦象來論，因【艮】為山則可，說「雷出地」則不可；由此可知，李光地的科學知識，說企圖則可，若說知識者，還是不合乎學理要求的，唯一可以確定的是，他僅在迎合康熙帝的喜好而已！

四、創新三：取「象」角度與朱子不同

〈大象傳〉的特性是取象以論理，雖然依黃沛榮整理，說〈大象〉之排列：「先下卦後上卦者」有：計十七卦，而「先上卦後下卦者」者有三十九卦，因此黃沛榮說：「綜觀敘述次序，大多由上而下。」〔註110〕但是這種「大多由上而下」，畢竟是一種統計現象，並沒有強制力，所以，注解者也可以因其學理建構的需要，而有不同的取象排列法。諸如【噬嗑】〈大象〉：「雷、電，噬嗑。先王以明罰敕法。」案：【噬嗑】震下艮上，如依「先上卦後下卦者」，當云：「電、雷」，是以朱子注：「雷、電，當作電、雷。」否則就與【豐】〈大象〉：「雷、電皆至，豐」所云相同，因此當如朱子之改為是。至於《程傳》說：「象无倒置者，疑此文互也。」也認為〈大象傳〉的取象順序，是應該「先

〔註107〕詳牟宗三：《中國哲學的特質》第一講〈中國有沒有哲學〉，頁8～12 第二講〈中國哲學的重點何以落在主體性與道德性〉，頁15～16。

〔註108〕劉振強等編：《學典》（臺北：三民書局，1998年9月3版），頁1360。

〔註109〕陳國成編：《圖解科學大辭典》（永和：華文圖書公司，1987年2月再版），頁942。

〔註110〕黃沛榮：《周易象象傳義理探微》，頁98。

上卦後下卦者」，只是有所保留，僅說「疑」應該「文互」。而李光地《周易折中》引張氏清子曰：「蔡邕《石經》本作電、雷。」〔註111〕可爲程子、朱子之疑說而改者，提供了附議者。對此主題的深入研究有廖名春，其自言在黃沛榮的研究基礎下，更深入探索，斷言〈大象傳〉除了【泰】卦以外，其他卦都是採取「自上而下之序」。〔註112〕此可證程、朱治學之「疑」的可貴處。

朱子這種「疑」的精神，也被李光地給延續繼承了，就〈大象傳〉的案語中，李光地有時也會改變取象排列，而作其言之成理的闡述。於【歸妹】〈大象〉：「澤上有雷，歸妹。君子以永終知敝。」案：【歸妹】兌下震上，所以說「澤上有雷。」是以程子說：「雷震於上，澤隨而動。」朱子也說：「雷動澤隨。」因此程、朱說是合乎〈大象〉之取象通例。李光地案語卻說：

> 澤上有雷，不當以澤從雷取象，當以澤感雷取象，蓋取於陰氣先動，
> 爲歸妹之義。〔註113〕

李光地僅就取象來論，此解違反〈大象〉之取象通例。蓋〈大象〉取象以先上卦、後下卦爲說，李光地卻反而不合體例，並且反對程子「陽動於上陰說而從」之論。不僅於此，李光地甚至不取象以說「歸妹」，反而就「歸妹」字意來源解釋，他認爲，這樣才能呈現合理意義，李光地於【歸妹】卦案語云：

> 【歸妹】文意，如《春秋》歸地、歸田之例，以物歸於人，非其人
> 來取物也。【歸妹】所以失者有二，一則、不待取而自歸，失昏姻之
> 禮；以卦象，女先於男，與【咸】之男下女相反也。一則、以少女
> 歸長男，失昏姻之時，與【咸】兩少之交相反也。故不曰妹歸，而
> 曰歸妹，以明其失禮。不曰歸女，而曰歸妹，以見其失時。〔註114〕

就「歸妹」詞意，就能解出何以卦辭是：「征凶，无攸利。」相較於程、朱是就爻位以證凶象來看，就另有旨趣了。李光地的看法與王夫之相較，二人觀點也很相似。首先，王夫之就認爲〈大象〉是獨立之義理，本就可以允許有新解。二者，王夫之說：「以少女歸長男，有不能偕終之嫌焉。」〔註115〕又《周易內傳》云：「但舉卦名，已知爲不祥之至。」〔註116〕於此可知，王夫之、李光地

〔註111〕李光地編：《周易折中》卷十一，頁 1157。
〔註112〕廖名春：〈彖傳大象傳釋卦次序考〉見《周易研究》（1995 年第 3 期），頁 27。
〔註113〕李光地編：《周易折中》卷十二，頁 1308。
〔註114〕李光地編：《周易折中》卷七，頁 749～750。
〔註115〕王夫之：《周易大象解》，頁 448。
〔註116〕王夫之：《周易內傳》，頁 346。

可以就卦名解，王夫之亦可用證「卦變」說與爻位解；至於朱子純就爻位解釋，導致無法呈現「征凶」之意是如何而來。而會有不同詮釋之原因，當然是因其身份與目的之迥異，所衍生的必然結果。畢竟，李光地是以維護執政者心態，要求社會秩序的穩定，也就不容許過於自由；另外，李光地雖是學者，理應想法會較理性，但是，礙於時代限制，於性別、身份等階級觀念仍然強烈著存在「三綱」規定，將女人視為財物的一環，於今讀之，實甚感無奈。

說「三綱」制度，其視臣、視子、視女人，為君、為父、為夫的附屬物，這是負面的形象，然若就正面來看，給予君、父、夫的肯定，肯定其勇氣、肯定其能力，這依心理學所謂「比馬龍效應」（Pygmailon effect）[註117]理論：「人的潛力與能力，是可以被期待與激發的」來看，是會造就獨立勇敢的承擔體，足以面對各項挑戰；這在早期人類生存條件，無論是狩獵時代、或是到了農業時代，以勞力為主的經濟模式，必然是要以力大者為主，而事多紛擾，必須要有領導體系以整合團體，因此，以男性為主的英雄般崇拜，是一種時代性的需要，依此，男人，被社會期待，在由男人再挑英雄，以領導團體，所以此男人是勇敢的、智慧的、積極的，簡單的講，將是集正面期待於一身的「比馬龍」。

李光地於此也借【震】〈大象〉來表達此觀念。【震】〈大象〉：「洊雷，震。君子以恐懼脩省。」朱子於此無注。《程傳》云：

> 洊，重襲也。上下皆震，故為洊雷，雷重仍則威益盛，君子觀洊雷威震之象，以恐懼自脩飭循省也。君子畏天之威，則脩正其身，思省其過咎而改之，不唯雷震，凡遇驚懼之事，皆當如是。[註118]

因有「雷震」在先，則君子以觀象，而聯想警惕應恐懼自修；是為程子之意。李光地案語則云：「恐懼脩省者，君子之洊雷也，非遇雷震而恐懼也。」[註119]是君子先常存「恐懼脩省」，而後再借天象，隨時鞭策自己；二人之說明顯有異，依金春峰的觀點：「〈大象〉強調的觀象而『恐懼修省』，所謂的『象』基

〔註117〕比馬龍效應，又稱自我效能或自我預言（Self-fulfilling prophecy）效應。英國蕭伯納（George Bernard Show，1856～1950）曾根據希臘神話故事，以《比馬龍》為名寫過一齣喜劇。大意是藝術家比馬龍愛上自己手刻的美女雕像，朝思暮想的一直觀賞，結果雕像變成了活人，美夢成真，有情人終成眷屬云云。詳參張春興：《現代心理學》（臺北：東華書局，1991年4月），頁585。

〔註118〕程頤：《伊川易傳》卷六，頁460。

〔註119〕李光地編：《周易折中》卷十二，頁1295。

本上是指『天垂象見吉凶』之象。「恐懼」即是對此『天象』之恐懼，由此而企求修省以消弭天災，故『省』主要是對自己為政過錯的反省。這種觀象修省，在春秋及春秋前是甚為流行的風氣。」〔註120〕依此，則程子以學者觀點，較合乎原意，而李光地是以從政者氣勢心態，是為引申意。但是，由此可證，觀象而產生之道德修養，可以允許仁智互見的，甚至，為了其學理的建構，其觀象採用順序，也並非牢不可破的。這又證明，《易》學詮釋，一直是開放且包容的。

　　至於〈大象〉解讀上，大抵是可分「取象」與「取義」二部份，解讀者大都在證明「因有此象是以有此義」之間的縮合，程、朱解讀亦不離此態度，然而李光地卻能進一步，以更詳細的說明此二部份的關聯，呈現出與朱子不同的說法，試觀李光地於【損】〈大象〉主張：「凡〈大象〉配兩體之德者，皆先內後外，故當以虞氏之說為是。」〔註121〕即是充滿新見解。

　　案：【損】〈大象〉：「山下有澤，損。君子以懲忿窒欲。」是【損】象為「兌卜艮上」，是以說：「山下有澤」，仍是屬於黃沛榮所說之「先上卦後下卦者」條件。《程傳》云：「山下有澤，氣通上潤，與深下以增高，皆損下之象。君子觀損之象，以損於己，在脩己之道，所當損者，唯忿與欲，故以懲戒其忿怒，窒塞其意欲也。」〔註122〕朱子注：「君子修身，所當損者，莫切於此。」程、朱二人，注解重點均以人事義理的「懲忿窒欲」，討論如何才能「懲忿窒欲」，這是程、朱一貫風格，而也可以呈顯此【損】之義理，可說非常清楚。然而，李光地說：「凡大象配兩體之德者，皆先內後外，故當以虞氏之說為是，【益】象亦然。」要進一步縮合卦象與義理之間的必然結構，而在《易》學史上，汲汲於此企圖者，首屈一指，當以虞翻為是；李光地於是言卦象：「先內後外」，而其理由是因要證明「懲忿窒欲」是為「配兩體之德者」。為了達成此論述成立，棄「義理」派之程、朱說而取「象數」派之虞翻說。

　　考《周易集解》引虞翻說：「君子泰乾，乾陽剛武為忿；坤陰吝嗇為欲。【損】乾之初成兌說，故懲忿；初上據坤，艮為山，故欲窒也。」簡單的說：「兌、說，故懲忿。艮、止，故窒欲。」〔註123〕因此李光地即先依〈大象〉

〔註120〕金春峰：《《周易》經傳梳理與郭店楚簡思想新釋》〈恐懼修省與觀象進德〉，頁 36～37。
〔註121〕李光地編：《周易折中》卷十二，頁 1249。
〔註122〕程頤：《伊川易傳》卷五，頁 365。
〔註123〕李鼎祚著・李道平疏：《周易集解纂疏》卷五（臺北：廣文書局，1989 年 6

「懲忿窒欲」，以證「兌先艮後」，由此得「凡大象配兩體之德者，皆先內後外」的結論。不僅於此，李光地為了增強論點，又取【益】以為說。蓋【益】〈大象〉云：「風雷，益。君子以見善則遷，有過則改。」則「風」前「雷」後；而李光地案語卻云：「雷者動陽氣者也，故人心奮發，而勇於善者如之。風者散陰氣者也，故人心蕩滌，以消其惡者如之。」〔註124〕即先言「善」則為「雷」，後言「散」是改之則為「風」云云，則用意為「雷」前「風」後，明顯與〈大象〉順序不同。李光地為了堅信其說，於〈集說〉部份，特別引胡炳文之說為旁證：「胡氏炳文曰：雷與風自有相益之勢，速於遷善，則過當益寡；決於改過，則善當益純，是遷善改過，又自有相益之功也。」〔註125〕對於「遷善改過」之解云云，姑且不論，但是胡炳文說：「雷與風自有相益之勢」，則亦是「雷」前「風」後，正合乎李光地立場。至此李光地的〈大象〉與「德」配，以證「凡大象配兩體之德者，皆先內後外」之論點，實有「言之成理、持之有故」之氣勢。

雖然，朱子治〈大象傳〉也有類似「大象配兩體之德者，皆先內後外」之例，諸如於【賁】〈大象〉：「山下有火，賁，君子以明庶政无敢折獄。」《語類》記載朱子云：「『明庶政』是就【離】上說，『無折獄』是就【艮】上說。」〔註126〕但是於【損】〈大象〉：「山下有澤，損，君子以懲忿窒欲。」《語類》又記載朱子云：「某看來，只是懲忿如摧山，窒欲如填壑」〔註127〕云云，則仍是「先外後內」；就此現象可知，就「象」與「義」之間的對等關係上，朱子尚未有明確自覺概念，是以隨「象」解「義」；則與李光地相較，彼此不同觀點也就明顯呈現。

李光地不僅於此，更於各卦「集說」中，採用了多家之說，以強調其「凡大象配兩體之德者，皆先內後外」之觀點。本研究初步檢索，計有【訟】引吳澄說、〔註128〕【蒙】引徐幾說、〔註129〕【蠱】引李舜臣說及楊文煥說、

月再版），頁 475。
〔註124〕李光地編：《周易折中》卷十二，頁 1253。
〔註125〕李光地編：《周易折中》卷十二，頁 1252～1253。
〔註126〕黎靖德編：《朱子語類》卷七十一【賁】，頁 1782。
〔註127〕黎靖德編：《朱子語類》卷七十二【損】，頁 1833。
〔註128〕吳澄：「水行而下，天行而上，其行兩相背戾，是違行也。」案【訟】〈大象〉：「雲雷屯君子以經綸。」吳澄先言「水」後言「天」。
〔註129〕徐幾：「蒙而未知所適也，必體坎之剛中，以決果其行而達之；蒙而未有所害也，必體艮之靜止，以養育其德而成之。」案【蒙】〈大象〉：「山下出泉蒙君

〔註130〕【頤】引馮椅說、〔註131〕【大過】引趙汝楳說、〔註132〕【損】引王申子說、〔註133〕【困】引馮當可說、〔註134〕【豐】引朱震說〔註135〕等等，以佐證李光地此說是前有淵源而足以堅信論點，〔註136〕其不僅異於程、朱觀點，且又能在《易》學史上普遍對於虞翻「象數」持否定的學潮下，却能特別引用，以爲論斷依據之證詞，單就此項，即可說明其所稟持的《易》學，是擁有著開放詮釋的特質，而且也可以合乎《周易折中》的「折中」立場；當然即在贊許康熙帝是擁有包容之雅量，也就不言可喻了。

五、創新四：取「義」蘊涵與朱子不同

李光地解〈大象傳〉，除了因爲要鞏固君王立場，而解釋與朱子不同之外，於一般所謂的儒學「義理」闡釋，亦有與朱子有明顯不同。考【漸】〈大象〉：「山上有木，漸。君子以居賢德善俗。」朱子注：「二者皆當以漸而進，疑賢字衍，或善下有脫字。」〔註137〕朱子此「疑」蓋有所據，其一，就〈大象〉所述，均爲兩兩對仗，諸如【蒙】：「果行，育德」、【需】：「飲食，宴樂」、【比】：

子以果行育德。」徐幾先言「坎泉」配「果行」，後言「艮山」配「育德」，更合乎李光地所言之虞翻說。

〔註130〕李舜臣：「振民者猶巽風之鼓爲號令也，育德者猶艮山之養成材力也，易中育德多取於山，故蒙亦曰果行育德。」楊文煥：「振萬物者莫如風，育萬物者莫如山。」案【蠱】〈大象〉：「山下有風蠱君子以振民育德。」李舜臣先言「巽風」後言「艮山」，更取【蒙】以旁證。楊文煥亦是。

〔註131〕馮椅：「法雷之動，以愼其所出；法山之止，以節其所入。」案【頤】〈大象〉：「山下有雷頤君子以愼言語節飲食。」馮椅先言「雷」對「愼」，後言「山」對「節」。

〔註132〕趙汝楳：「獨立如巽木，无悶如兌說。」案【大過】〈大象〉：「澤滅木大過君子以獨立不懼遯世无悶。」趙汝楳先言「巽木」對「獨立」，後言「兌說」對「无悶」。

〔註133〕王申子：「和說則無忿，知止則無慾，故曰脩德之要也。」案【損】〈大象〉：「山下有澤損君子以懲忿窒欲。」此同虞翻說。

〔註134〕馮當可：「體坎險以致命，體兌說而遂志。」案【困】〈大象〉：「澤无水困君子以致命遂志。」馮當可先言「和說」澤，後言「知止」艮。

〔註135〕朱震：「電明照也，所以折獄；雷威怒也，所以致刑。」案【豐】〈大象〉：「雷電皆至豐君子以折獄致刑。」朱震先言「電」後言「雷」。

〔註136〕筆者目前有一假設，即初步認爲李光地的「集說」，其實都是選擇性思維，僅在歷代各家說，選取合乎其學術觀點，以便在成立其「折中」表象，進而構成康熙帝聖朝包容雅量之假象。至於此一假設之詳細說明，有待來日專題探討。

〔註137〕朱子：《周易本義》，頁119。

「建萬國，親諸侯」等等，則知「居賢德善俗」是有疑慮所在，不僅如朱子所提，若「居」字亦可言：「疑居字衍，或善上有脫字」；其二，又據《經典釋文》有載：「善俗，王肅本作善風俗。」〔註138〕而「王肅本」是朱子常所引據資料來源，就此朱子應知有此注，但是於《本義》之說卻不直接點出，卻僅是以「闕疑」語氣，或許是《經典釋文》之影響力不大，是以朱子不明確點出乎？本研究於此尚無法提出旁證，僅能點到爲止。至於李光地對於朱子此說，並沒有延續其說，李光地：

> 案：地中生木，始生之木也。山上有木，高大之木也。凡木始生，枝條驟長，旦異而夕不同，及旣高大，則自拱把而合抱，自搹手而干霄，必須踰年積歲，此【升】與【漸】之義，所以異也。居德善俗，皆須以漸；又居賢德，然後可以善俗，亦漸之意也。〔註139〕

首先，李光地於「集說」部份採用「楊氏」之說：「地中生木以時而升，山上有木其進以漸。」其目的即在點出記載於《朱子語類》朱子所說的：「山上有木，木漸長則山漸高，所以爲漸」〔註140〕云云之謬論，依照常理而論述，云「木漸長則山漸高」並沒有一定邏輯進程，若云：「山高則木漸長」，則較令人可以理解，畢竟，土地是根基，土地厚實，其提供條件方能令樹木有往上增高之可能，吾人從盆栽作以對照，即不勞費辭；是以說朱子此說實有盲點所在，李光地不取，良有以也。其次，李光地更取楊氏【升】與【漸】二卦之義合論，以爲「居德善俗」或「居賢德善俗」均可，就此等於是不同意朱子之說，明矣。

另外，於【夬】卦，兩者亦有不同之闡釋。【夬】〈大象〉：「澤上於天，夬。君子以施祿及下，居德則忌。」朱子注：「澤上於天，潰決之勢也。施祿及下，潰決之意也。居德則忌，未詳。」〔註141〕就「施祿」與「居德」兩方面討論之；蓋澤水有下決之勢，現又有高居於天，則必然潰決下流。然而朱子之解「施祿及下」，頗難理解之，甚至又云：「居德則忌，未詳。」又與上述【漸】卦同，直言不諱「未詳」！然而，李光地卻自有主張：

> 案：澤上於天，所謂稽天之浸也，必潰決無疑矣，財聚而不散，則悖出，故君子以施祿及下，居身無所畏忌，則滿而溢，故君子之居

〔註138〕陸德明：《經典釋文》〈周易音義〉（臺北：學海出版社，1988年6月），頁28
〔註139〕李光地編：《周易折中》卷十二，頁1303。
〔註140〕黎靖德編：《朱子語類》卷七十三【漸】，頁1859。
〔註141〕朱子：《周易本義》，頁117。

德也，則常存畏忌而已，《禮》曰：「積而能散。」《書》曰：「敬忌
而罔有擇言在躬。」夫如是，則何潰決之患之有。〔註142〕

不僅詳述「施祿及下」之由，也闡釋了「居德則忌」之因，等於是說朱子之
「未詳」說，是疑所不用疑；李光地爲了堅守其說，更引《禮》〔註143〕、《書》
〔註144〕以相呼應，足證李光地於〈大象〉義理，是有迥異於朱子，而有著創
新之作。

〔註142〕李光地編：《周易折中》卷十二，頁 1258～1259。

〔註143〕孔穎達：《禮記正義》卷一〈曲禮上〉阮元編：《十三經注疏本》（臺北：藍燈
出版社），頁 12。

〔註144〕孔穎達：《尚書正義》卷第十九〈呂刑〉，頁 299。孔傳：「後爲甫侯，故或稱
甫刑。」又原爲：「敬忌罔有擇言在身。」不知李光地何以改「身」爲「躬」？

第七章　《易》學史觀

　　所謂的《易》學史觀是指對《易》成書、內容、性質、宗旨的看法，透過對歷來重要易學家研究方法及成果的檢討和批判，建立自家的易學研究價值觀和易學研究的方法和綱領；〔註1〕易言之，即是學者對《易》學源流的探討、說明、解釋與批評，進而取之合我所用者，以建立個人學術架構，更有進者，期望指導未來等等相關理念的過程。

　　《易》書，為一部年代久遠的典籍，是被標榜為聖人經典的代表著作；然而此項觀點到了民國（1911）以來，開始有著不同見解，甚至質疑其正面價值，如唐君毅先生（1908～1978）就曾指出：「易經一書中經文中，所繫于卦爻之辭，是否皆依一定而前後一致之原則而作，一一皆確定不移，則是一根本之問題。」〔註2〕但是此質疑，仍然不能否定《易》於歷史上之影響力；畢竟早在春秋、戰國時期，就受到學者們的推崇，無論是政事、祭祀、兵戰、婚姻等項目，都有著先占而後行動的記載，構成《易》學解釋學的重要概念根據，〔註3〕推衍至漢代時，被尊推為「五經之首」，〔註4〕在長期的歷史朝代

〔註1〕　曾春海：〈船山易學與朱熹易學觀之比較研究〉收入《哲學與文化》月刊 20 卷第 9 期，1993 年 9 月〉，頁 870。曾先生說：「易學觀涉及……」云云，本研究認為可以更縮小範圍，專論「易學史觀」，因此引用以為說。

〔註2〕　唐君毅：《中國哲學原論原道篇（二）》第六章〈漢代易學中之易道及其得失與流變〉（臺北：臺灣學生書局，1986 年 10 月全集校訂版），頁 291。

〔註3〕　廖名春說：「先秦時期流傳下來的易學論著，儘管數量不多，但它們在易學發展史上的影響卻是深遠的。後代易學發展的兩大派別，無論是占筮角度治易的卜筮派，還是從義理角度治易的哲理派，無不肇始於這一時期。」見廖名春・康學偉・梁韋弦合著：《周易研究史》（長沙：湖南出版社，1991 年 7 月），頁 10。

〔註4〕　楊家駱主編，班固《新校漢書・藝文志》云：「六藝之文，《樂》以和神，仁

中，無論是於指導政治、學術解釋，一直是歷久不衰而被奉爲無可替代的神聖地位。對此一典籍的流傳與演變研究，包括辨僞與考證、解釋與闡發，形成了一種蔚爲壯觀的專門之學，並根深柢固的發展出特有的思維，指導著眾人生活價值的依歸，王葆玹說：「中國人的⋯⋯思維方式，即不論思考何種問題，都要先想到經書怎麼說，接著想到傳、記、注、疏怎麼說，最後才考慮自己應當怎樣認識。」〔註5〕對於歷史經典的肯定，王先生此說是合乎歷史實情。考察學者生活上的《易》思維，亦如斯選擇；〔註6〕是以，胡自逢先生云：「諸子立言著論、或引易文以證己說，或取易義以敷暢事理。」〔註7〕有先秦諸子等人開創風氣之先，是以後人接踵而至，推波助瀾，形成系統化的《易》學史。至於處於不同時代之學者，因其時代環境、治學用心，及其自覺洞見等等複雜因素，在考察《易》之原典及歷代治《易》學者之觀點後，必然會有一種迥異於他人的新論點，以便從中汲取素材，去應用於其所處之時代課題，或解釋目前現象、或支撐未來判斷；諸如林忠軍說：

> 在易學詮釋中，這種創造綜合表現在易學解釋者把前人的成果納入
> 自己的視野下進行檢討，分析其詮釋思路方法，批判其詮釋過程中
> 的『過失』，尋找合乎或貼近自己詮釋的觀點和成果，爲我所用，建

之表也。《詩》以正言，義之用也。《禮》以明體，明者著見，故無訓也。《書》以廣聽，知之術也。《春秋》以斷事，信之符也。五者、蓋五常之道，相須而備，而《易》爲之原。」（臺北：世界書局，1985年3月5版），頁20。

〔註5〕 王葆玹：〈經學的形成與中國文化的問題——關於中國文化經學模式的研究〉收入沈清松編：《詮釋與創造——傳統中華文化及其未來發直展》（臺北：聯經出版公司，1985年元月），頁19。

〔註6〕 試舉一生活例證。假設有一人因病亟須手術，蓋手術必有風險，其親人若能力所及，必探聽那位醫師操刀成功率較高者，以求病人與家屬之心理建設、增強信心；然而，就醫師角度，每一次手術，其實都爲二種結果，即成功、或失敗，是以所謂成功率，即是此醫師的成功次數多，但是成功次數多，畢竟都是過去累積現象，就此次手術之結果如何，仍是未知，換句話說，其實都爲二種結果，即成功、或失敗；所以說，尋求過去成功率較高之思維模式，與尋求「歷史」的結果現象，其目的是一樣的，都在增強對未來不可知的虛無縹緲些許信心。由此可證，人是生活在「歷史」中，先想到「歷史」再想自己如何自處。又此「醫生手術」例證，乃參考楊士毅：《邏輯·民主·科學—方法論導論》第二章第三節（一）〈醫生動手術成功的機會與Z值的意義〉（臺北：書林出版公司，1992年10月2刷），頁53～59。

〔註7〕 胡自逢：《先秦諸子易說通考》〈自序〉（臺北：文史哲出版社，1989年8月3版），頁1。

立既不同於前人又與前人有著千絲萬縷聯繫的易學系統。〔註8〕

也就是說，學者的《易》學史觀，其實就是一種承先啓後的經典詮釋學，但是並非全盤接受，而是一種「選擇性思維」下的「洞見與不見」；〔註9〕這種治學特色之一，借取黃俊傑先生的看法，那是詮釋者在：

> 面對複雜的政治世界，中國經典的解釋者常常不直言之，而或比興以言之，或借古以諷今，經典的再詮釋乃成爲解釋者提出政論之重要途徑。他們面對萬壑爭流的思想世界，也常常返本以開新，藉解經而曲折言之，婉轉批駁異端，證立己說。〔註10〕

換言之，無論是借《史》以論事，或探討學術源流，都是在「不直言之，而或比興以言之，或借古以諷今」的手段之下，借經典的再詮釋以成爲解釋者提出政論之重要途徑。因此當本研究取此概念用來考察王夫之、李光地二人之《易》學史觀，除了要指出其所針對與朱子有關異同方面之外，並要說明二人不同史觀之產生，是與其時代課題、身份、治學興趣等等不同條件，而導引產生出不同的學術看法；如此一來，方能掌握彼此之間的差異性，以及見其論點之價值處與精湛點。

總之，於《易》學史觀，探討《易》學源流之主題上，王夫之、李光地均是有著對朱子《易》學史觀的繼承、批判與發展的明顯現象。以下所述，即是分別介紹三家基本觀點，並在「對比視野」的方法中，以呈顯彼此之用心，實與其「時代課題」有著必然之直接影響關係。

第一節　朱子的《易》學史觀

一、伏羲到孔子是「四聖一心」然制作用意不同

《易》的「經、傳」作者、創作時代和闡述過程，是《易》學史上的重要問題，因爲這關係到學派屬性和思想內容。就朱子的看法來說，「四聖一心」

〔註8〕 林忠軍：〈從詮釋學審視中國古代易學〉收入《文史哲》（2003 年第 4 期），頁73。

〔註9〕 「洞見與不見」云云，乃參考葛兆光《思想史研究課堂講錄》（北京：三聯書店，2005 年 4 月），頁 74～97。第三講〈後現代歷史學的洞見與不見〉之概念而來，其實若以本研究所強調的葛達瑪之「前理解」概念，彼此仍有相通之處。

〔註10〕黃俊傑：《中國孟學詮釋史論》（北京：社會科學文獻出版社），頁 421。

是最足以代表之學術理念。朱子於〈易五贊・述旨〉說：

> 昔在上古，世質民淳，是非莫別，利害不分。風氣既開，乃生聖人，
> 聰明睿智，出類超羣，仰觀俯察，始畫奇耦，教之卜筮，以斷可否，
> 作爲君師，開鑿戶牖，民用不迷，以有常守。降及中古，世變風移，
> 淳澆質喪，民僞日滋，穆穆文王，身蒙大難，安土樂天，惟世之患，
> 乃本卦義，繫此彖辭。爰及周公，六爻是資，因事設教，丁寧詳密，
> 必中必正，乃亨乃吉，語子惟孝，語臣則忠，鉤深闡微，如日之中。
> 暨乎末流，淫于術數，僂句成欺，黃裳亦誤。大哉孔子，晚好是書，
> 韋編既絕，八索以袪，乃作彖象，十翼之篇，專用義理，發揮經言，
> 居省象辭，動察變占，存亡進退，陟降飛潛，曰毫曰釐，匪差匪謬，
> 加我數年，庶無大咎。恭惟三古，四聖一心，垂象炳明，千載是臨。

〔註11〕

朱子此說，首先要闡明的是《易》的形成過程，其大抵依據〈繫辭傳〉而來，並稟承自班固《漢書・藝文志》、馬融、孔穎達以來的普遍觀點，其中蘊涵著許多文化價值下的集體共識。蓋伏羲之於《易》，是卜筮而作，以爲庶民斷定吉凶之用；周文王之於《易》，因劫難有囚於羑里之困，而憂患中作卦辭；至周公輔政，仍是內憂外患，是以續文王精神，之於《易》時，則再作爻辭；孔子之於《易》，則發揮人事義理，以進而提供讀者於紛亂多變的世界裏，有一明確指導，甚至達到自我體驗下的人文化成的境界。就以上朱子之概念，可借戴君仁先生之說爲要，即從伏羲卜筮《易》至〈易傳〉，是：「用天人合一之道，來改造這部從西周傳下來的卜筮之書，用哲理的觀念，來代替神權的觀念，這應該說是一個大進步。」〔註12〕再者，朱子要強調此四聖之用心，是有著鮮明的時代性特色，伏羲是處於「世質民淳」的情況，借神秘濃厚的「卜筮」行爲，以指導民情依歸，是其強調重點；文王是居於「惟世之患」，「憂患」是其敘述所在；周公是子承父業，所以對「政治倫理」特別強調；流衍於春秋之時，巫風又起，喪失周文王、周公等人教化之意，至孔子晚年因讀《易》之勤而有「韋編三絕」的積極情形，因而體悟出「周文化」是有著「郁郁乎文哉」之價值所在，而有著「吾從周」的強烈責任意識，進而闡

〔註11〕 朱子：《朱文公文集》卷八十五〈易五贊・述旨〉。戴揚本、曾根美校點：《朱子文集》（上海：上海古籍社，2002 年 12 月），頁 3998～3999。

〔註12〕 戴君仁：《談易》（臺北：臺灣開明書店，1982 年 2 月 7 版），頁 20。

發其義理。就以上所述，朱子深信文化傳承不絕，因此說《易》在時間流衍中，是有著累積性、包容性和階段性。最後朱子更要說明指出四聖人，雖是各處不同時代，但其為廣大庶民謀福祉的用意，關懷生命為起點，是彼此一致，絲毫無別，所以說：「四聖一心」。就此說之要義，闡釋精闢者，有牟宗三先生所言：「中國哲學，從它那個通孔所發展出來的主要課題是生命，就是我們所說的生命的學問。它是以生命為它的對象，主要的用心在於如何來調解我們的生命，來運轉我們的生命、安頓我們的生命。」〔註13〕說中國古代政治的開頭點、或學問的開頭點，就是建立在對生命的尊重，然後再以「推己及人」之心擴大於全體庶民，所以是一種「民本主義」；此一概念，就成為真理的普遍性，不僅朱子認同，而是代代學者均認同，甚至說是治學生命的信仰所依歸，形成了一種堅信的共識。

朱子所謂「四聖一心」指謂，既是為關懷庶民的「一心」是彼此有著相同旨趣，但是仍要強調的是，時代課題絕對有不同著力點，所以，在區別四聖彼此解《易》的內容上，必然會針對時代課題去作不同程度的取捨，因此，後人就不是僅僅為前人闡釋而已，它是有著其個人創發性，以便適應時代課題的關切性。朱子〈易五贊·警學〉說：

> 理定既實，事來尚虛，用應始有，體該本無，稽實待虛，存體應用，
> 執古御今，由靜制動，潔靜精微，是之謂易，體之在我，動有常吉。

〔註14〕

朱子認為，聖人《易》學見解，雖是一脈相傳、延續不斷，但是卻非僅是一脈相傳，倘若是一脈相傳，則只能承續前說，如此說，是伏羲氏作《易》，早就把各種可能性道盡，後人僅是依從，這在時代發展現象來說，絕對不可能、而且也不需要；畢竟社會的發展取向，必然是由簡單到複雜，後人也有其創發性，以迎合其有的時代課題；伏羲既是先民之祖，自然只能就其當時之簡單社會，提出簡單的作法，以便解決簡單的事情如此而已；就此理論的說明，朱子曾就學生之發問而有了具體詮釋，據《語類》記載：

> 聖人作《易》，只是說一箇理，都未曾有許多事，卻待他甚麼事來湊。
> 所謂「事來尚虛」，蓋謂事之方來，尚虛而未有；若論其理，則先自

〔註13〕 牟宗三：《中國哲學十九講——中國哲學之簡述及其所涵蘊之問題》第一講〈中國哲學之特殊性問題〉（臺北：臺灣學生書局，1989年2月第3次印刷），頁15。
〔註14〕 朱子：《朱文公文集》卷八十五〈易五贊·警學〉，頁4000～4001。

定，固已實矣。「用應始有」，謂理之用實，故有。「體該本無」謂理
之體該萬事萬物，又初無形迹之可見，故無。下面云，稽考實理，
以待事物之來，存此理之體，以應無窮之用，「執古」，古便是《易》
書裏面文字言語，「御今」，今便是今日之事，「以靜制動」，理便是
靜底事，便是動底。〔註15〕

簡單的說，即在強調伏羲《易》是概念性的提示，是「空底物事」的包容，
因此，後人無論採取什麼立場、發生什麼事，都可以符應於《易》學道理；
但是，「符應」不代表實際的現象完全符合伏羲，而是詮釋者與伏羲《易》的
心靈交契。昔宋儒・王應麟（1223～1296）說：「伏羲之《易》，當以圖觀；
文王以後始有書。」〔註16〕清儒・陳澧（1810～1882）亦曾質疑說：「伏羲作
八卦，其重爲六十四卦者何人則不知可矣。然必在倉頡造文字之後也。八卦
之爲數少，可以口授卦名，至六十四卦，若無文字以標題卦名，上古愚民安
能識別乎？」〔註17〕王、陳二家，就文字上的討論，這都是合乎進化過程的
階段演變下觀點，理應是合乎實情，況且隨著社會的複雜化，必然產生非先
民所能掌握的新事件，因此後代自覺之聖人，亦能秉持伏羲精神，可再提出
新的觀點與方法，於是每時代之聖人，憑據其時代特殊性去理解與詮釋《易》，
而再從中體會出其個人之《易》學價值觀，用以處理「時代課題」，不僅合乎
當下，亦能點撥未來；是以朱子要強調著云：「伏羲《易》自是伏羲《易》、
文王《易》自是文王《易》、孔子《易》自是孔子《易》」等等意思，就在說
明不同時代環境下及其個人理解的獨創性；所以，後人在解讀上，一方面要
有相同包容的欣賞心胸，另一方面更要釐清那僅僅是其一家理解之特點，不
要將其特點認爲唯一，而且僅僅就是伏羲一脈相傳的唯一眞傳。是以朱子要
語重心長的指出，後人解讀常會有誤解之事，朱子云：

　　某近看《易》，見得聖人本無許多勞攘。自是後世一向亂說，妄意增
　　減，硬要作一說以強通其義，所以聖人《經》旨愈見不明。〔註18〕

〔註15〕黎靖德編：《朱子語類》卷六十七〈易三〉〈綱領下〉〈朱子本義啓蒙〉（臺北：
　　　　文津出版社，1986 年 12 月），頁 1656。
〔註16〕王應麟撰、翁元圻注《翁注困學紀聞》卷一〈易〉（臺北：臺灣商務印書館，
　　　　1978 年 4 月臺 1 版），頁 61。
〔註17〕陳澧：《東塾讀書記》四〈易〉，收入《續經解諸經總義彙編》原《皇清經解
　　　　續編》卷九百四十八（臺北：藝文印書館），頁 1075。
〔註18〕黎靖德編：《朱子語類》卷六十六〈易二〉〈綱領下〉〈讀易之法〉，頁 1661。

這就是橫亙以一家權威之言，而來限制後人之創造性，進而產生的封閉缺失；畢竟一家之注是否合乎《易》書原意，本就有質疑處，後學者倘若無此自覺，將其尚有質疑處，卻視爲《易》意本有，那麼，年代越後，則《易》旨越不明而混淆，絕對是必然之事了；這也是朱子所要強調的「《易》本卜筮之書」的最初衷心。

　　總而言之，朱子不僅尊重伏羲創作之功，也允許後人有進步空間；再者，更鼓勵人人都應回到原典，從中體會具有獨創性的發揮，以及富有包含性的雅量，如此可以棄除權威與傳統，達到「開放詮釋」的無限進步與相互欣賞的學術境界。當吾人掌握此一觀念後，就可以知，朱子何以在《易》學史中，採取久已不論的「經、傳分編」版本的觀點，在看似復古的手段裏，其實是要表現出每位學者的時代創造性。〔註19〕黃沛榮先生曾指出說：「前賢治《易》，常有二種錯誤之觀念：或混《易》之經與傳爲一；或雖以經、傳分立，然視諸傳爲一整體，而強爲牽合。前者經、傳不分，故述其義例則不分內容，論其思想則不分時代，自屬嚴重錯誤；後者亦因昧於諸傳時代及作者容或有異，致逕以眾說爲一談。」〔註20〕楊慶中也說：「毫無疑問，『經傳分觀』論，是 20 世紀易學研究中出現的新話題。」〔註21〕假使本研究的理解沒有錯的話，那麼就朱子《易》學觀點上，其實就是現代學者努力的方向了。

二、從《經》、〈傳〉分編說伏羲《易》與孔子《易》

　　說「經、傳」版本的分合問題，是有著不同的《易》學史觀進路。朱子把《易》的產生與發展，分爲「卜筮」爲教和「義理」爲教兩大階段，前者是以《經》爲說，後者以《傳》爲要。另外，「卜筮」還要分成兩階段，前者是伏羲僅有卦爻象，續者是文王、周公依據卦爻象作卦爻辭；至於「義理」之教，是經過孔子的洞見表彰後，方賦予價值義理與應用判斷。朱子云：

> 《易》之爲書，更歷三聖，而制作不同。若庖羲氏之象，文王之辭，皆依卜筮以爲教，而其法則異。至於孔子之贊，則又一以義理爲教，而不專於卜筮也；是豈其故相反哉？〔註22〕

〔註19〕本研究之〈卜筮〉章「朱子」部份，有詳細說明，請參閱。

〔註20〕黃沛榮：《周易象象傳義理探微》（臺北：萬卷樓圖書公司，2001 年 4 月），頁9。

〔註21〕楊慶中：《二十世紀中國易學史》（北京：人民出版社，2000 年 2 月），頁 6。

〔註22〕朱子：《朱文公文集》卷八十二〈書伊川先生易傳板本後〉，頁 3842。

所謂的「制作不同」，是說就《易》理的表現方式，採取不同的進路。朱子對於時空背景的掌握是非常清晰，並一再強調著不同時空的人事，必然會有不同的處理重點，認為「上古民淳，未有如今士人識理義嶢崎，蠢然而已，事事都不曉得。聖人因作《易》，教他占，吉則為，凶則否。」〔註23〕因此，採用的方式以簡單為要的占筮，至於應如何之行動，則要給予確定方向與答案；之後，「理義明，有事則便斷以理義。」「盡人謀，然後卜筮以審之。」〔註24〕畢竟，經驗累積是會帶動斷事的成長，漸漸會舉一反三、從簡單到複雜，作推理情事，此時之聖人，必然率風氣之先，將抽象《易》理給予具體化，並且積極表現人的主體價值性，是以「卜筮」地位，也由第一考量的地位，轉化成參考作用而已，這在《左傳》案例中，就有許多敘述。〔註25〕但是，無論如何引申，其所述之根據，都是由《易》而出發，這是朱子所要強調的時空不同的階段用心。因此，朱子要說：

> 今人讀《易》，當分為三等，伏羲自是伏羲之《易》，文王自是文王之《易》，孔子自是孔子之《易》。……文王之心，已自不如伏羲寬潤，急要說出來，孔子之心，不如文王之心寬大，又急要說出道理來，所以本意浸失，都不顧元初聖人畫卦之意，只認各人自說一副

〔註23〕黎靖德編：《朱子語類》卷六十六〈易二〉〈綱領上之下〉〈卜筮〉，頁1620。
〔註24〕黎靖德編：《朱子語類》卷六十六〈易二〉〈綱領上之下〉〈卜筮〉，頁1620。
〔註25〕例如《左傳・昭十二年》所載『南蒯之將叛也，遇【坤】之【比】，曰：「黃裳元吉。」以為大吉也。示子服惠伯曰：「即欲有事何如？」惠伯曰：「吾嘗學此矣。忠信之事則可，不然必敗，外強內溫，忠也。和以率貞，信也。故曰黃裳元吉。黃、中之色也；裳、下之飾也。元，善之長也；中不忠，不得其色；下不共，不得其飾。事不善，不得其極，外內倡和為忠，率事以信為共，供養三德為善，非此三者弗當。且夫《易》不可以占險，將何事也？且可飾乎？中美能黃，上美為元，下美則裳，參成可筮，猶有闕也。筮雖吉，未也！』筆者按，「遇坤之比」，是【坤】之六五變九五，然而又僅引【坤】六五爻辭為說，不知與【比】何關？再者，就爻辭內容的解讀上，是沒有具體根據，可以隨個人去作開放詮釋；另外，南蒯是官長，子服惠伯應僅是解卦專家、或是其下屬，然而，子服惠伯卻勇於提出與南蒯預期答案的不同看法，甚至直接斷定，其政治之意圖行為，不合乎職位與體制，因此說：「忠信之事則可，不然必敗。」是不會成功的，足見其開放的言論空間，專就此點，足證當時之尊重觀念是普遍的，是令後人瞠乎其後的。至於《易》作為筮斷未來之行為，僅能提供道德上的參考指標，不能作為孤注一擲的冒然依據；足見，《易》已從天意之虛無縹緲之揣測，進步到人事義理之價值掌握。另外，穆姜說「【隨】元亨利貞」例，亦可為證。

常道理。〔註26〕

強調因時制作，三聖之間彼此是有不同意圖，是以不得將之視爲僅在抒發同一個《易》理而已；此即錢穆先生所說：「此條可寬看，可緊看。若不泥殺看，只是分別《易》之三層次而依序讀之，斯可矣。若必緊看，必確認其是伏羲《易》、文王《易》與孔子《易》，則又復引人入歧。又必謂《易》經三聖，其義則一，則是歧而又歧也。」〔註27〕錢先生在此即強調，彼此之間的時空意識，所逼顯的論學斷事之進路。另外，朱子於此條特別要指出，由於時空意識的橫亙，導致文王、孔子之治《易》學，僅關心於當下，而忽略了《易》學本意，因此其包容度不似伏羲寬廣；至於，朱子要接著特別強調，後人治《易》都是時空條件下的一家之言；既是一家之言，則各有特殊性，但是也有其不完整性。朱子就是在這種觀點下說「經、傳分編」的版本文獻學意義，因爲〈傳〉既是孔子時空條件下的作品，他就不是《經》的爲唯一觀點，甚至，文王之卦爻辭，也不是《易》的唯一觀點了。總之，朱子認爲《易》的原初開放性格，是要比起文王、孔子所理解的更加寬闊的。

三、從伏羲《易》到邵雍《易》用以建構「象數」系統

朱子既說文王卦爻辭不是伏羲《易》唯一的觀點，僅是文王的一家之言，則伏羲《易》的多元性究竟是如何，是爲朱子在「經、傳分編」的版本說法後，亟待解釋的一項命題。

按、朱子《周易本義》前的九《易》圖，即是在說明此一觀點。強調《易》有兩種不同進路，一是無文字的伏羲系統，一是有文字文王、孔子系統。另外，朱子還作《易學啓蒙》，也是可以從這個觀點衍生的成果。而這些意見的根據，眾所皆知的，都與邵雍的《易》學圖式架構有直接的繼承關係。

雖然，就邵雍的《易》學體系，在北宋當時，並不受到同時的《易》學家給予青睞，如程明道云：「堯夫欲傳數學于某兄弟，某兄弟那得工夫。」〔註28〕誠如勞思光所指出的，說：「蓋康節之學主要爲一極特殊之宇宙論，而以河圖洛書之說爲依據，與二程之純粹形上學理論相距極遠。且此種學術之學所代表之

〔註26〕 黎靖德編：《朱子語類》卷六十六〈易二〉〈綱領上之下〉〈卜筮〉，頁 1629～1630。

〔註27〕 錢穆：《朱子新學案》〈朱子之易學〉，頁 22。

〔註28〕 黃宗羲・全祖望：《宋元學案・百源學案下》（臺北：世界書局，1991 年 9 月 5 版），頁 275。

精神方向，尤與儒學之精神方向大有衝突。」〔註29〕但是朱子卻無視二程概念，卻反向操作，以慧眼獨具之心而鍾愛有加，特別提出闡揚，以建構其學術系統。朱子云：

> 然此非熹之說，乃康節之說，非康節之說，乃希夷之說，非希夷之說，乃孔子之說；但當日諸儒既失其傳，而方外之流，陰相付受，以爲丹竈之術，至於希夷、康節，乃反之於《易》，而後其說始得復明於世。然與見今《周易》次第行列多不同者，故聞者創見多不能曉，而不之信，只據目今見行《周易》，緣文生義，穿鑿破碎，有不勝其杜撰者，此《啟蒙》之書，所爲作也。若其習聞易曉，人人皆能領畧，則又何必更著此書？以爲屋下之屋，牀上之牀哉！〔註30〕

就《易》〈圖〉而言，朱子的看法，主張是由伏羲開始至孔子時之一脈相傳，雖然，中途有被方外之士取爲鍊丹養生之術，但是其間之人事價值義理，並未中斷，而且是相傳不絕；從宋代起，有希夷、邵雍等人之闡揚，此過程是歷歷可考。然而與朱子同時之學者，如袁機仲者，就提出相當大的質疑，認爲所謂《易》〈圖〉，其遠離儒學精神甚遠，不僅於此，而且符合方外煉丹之術之條件又甚爲緊湊與貼合，因此，對於朱子的說法有恐於誤解儒學，著實令人焦慮不已。袁機仲的質疑，幾乎是凡是自詡爲儒學者普遍的看法；但是，唯獨朱子卻不爲所動，且大力支持，甚至又說：

> 來教疑《河圖》《洛書》是後人僞作。熹竊謂，生於今世而讀古人之書，所以能別其眞僞者，一則、以其義理之所當否而知之，二則、以其左驗之異同而質之；未有舍此兩塗，而能直以臆度懸斷之者也。熹於世傳《河圖》、《洛書》之舊，所以不敢不信者，正以其義理不悖，而證驗不差。爾來教必以爲僞，則未見有以指其義理之繆，證驗之差也，而直欲以臆度懸斷之。此熹之所以，未敢曲從而不得不辨也。」〔註31〕

雖說在某方面，朱子亦知邵雍學是存有爭議的，〔註32〕然而，在建構學術系

〔註29〕 勞思光：《新編中國哲學史（三上）》，頁156。又說：「皆可知二程始終認爲康節之學非正道所在。」同書，頁154。

〔註30〕 朱子：《朱文公文集》卷三十八〈答袁機仲三〉，頁1668。

〔註31〕 朱子：《朱文公文集》卷三十八〈答袁機仲三〉，頁1664。

〔註32〕 朱子說：「康節說伏羲八卦，乾位本在南，坤位本在北，文王重易時，更定此位，其說甚長，大概近於附會穿鑿。」見朱鑑編：《文公易說》卷二《文淵閣

統方面，朱子於此仍然堅信著邵雍《易》學的。朱子此用心，受到王應麟肯定，說：「伏羲之《易》，當以圖觀；文王以後始有書。」〔註33〕以及朱彝尊（1629～1709）《經義考》引魏了翁之說：「朱文公《易》得於邵子爲多，蓋不讀邵《易》，則茫然不知《啓蒙》、《本義》之所以作。」〔註34〕諸如此說，的確是簡要並且觸及朱子《易》學中之〈易圖〉之重點，值得重視。朱子於〈易學啓蒙・序〉也說：

> 聖人觀象以畫卦，揲著以命爻，使天下後世之人，皆有以決嫌疑、定猶豫，而不迷於吉凶悔吝之塗，其功可謂盛矣。然其爲卦也，自本而幹，自幹而支，其勢若有所迫而自不能已。其爲著也，分合進退，縱橫順逆，亦無往而不相值焉。是豈聖人心思智慮之所得爲也哉？特氣數之自然形於法象見於圖書者，有以啓於其心而假手焉耳。近世學者，類喜談《易》而不察乎此。其專於文義者，既支離散漫而無所根著，其涉於象數者，又皆牽合傅會，而或以爲出於聖人心思智慮之所爲也。若是者，予竊病焉！因與同志頗輯舊聞，爲書四篇，以示初學，使毋疑於其說云。〔註35〕

考《易學啓蒙》計有四章，是爲〈本圖書〉、〈原卦畫〉、〈明著策〉、〈考變占〉，此書之完成，依林文彬先生之研究觀點，說：「不只是在探索《周易》的原旨，它也標識著朱子自身學術體系的建立。」〔註36〕其內容包括「改造周敦頤的太極之說，融合邵雍的先天之學，來詮釋《周易》『太極生兩儀』之義，而創造了新的理學內容。」〔註37〕因此，錢穆先生說：「朱子治《易》既重象數，乃亦深信邵康節之〈先天圖〉。」〔註38〕又說：「要之朱子論《易》圖，實自有其一番高情遠寄，既非當時理學所能限，亦非後來考據所能拘。朱子之意，《易》只是

四庫全書》冊 18，頁 448。可見朱子對於邵雍《易》學，並非全然無疑，只是，朱子要建構思想體系，於此先引用。

〔註33〕 王應麟撰、翁元圻注《翁注困學紀聞》卷一〈易〉（臺北：臺灣商務印書館，1978 年 4 月臺 1 版），頁 61。

〔註34〕 朱彝尊：《經義考》卷三十一，朱子《著卦考誤》〈提要〉引魏了翁之說。（臺北：臺灣中華書局，1979 年 2 月台 3 版），頁 2。

〔註35〕 朱子：《朱文公文集》卷七十六〈易學啓蒙・序〉，頁 3668。

〔註36〕 林文彬：〈朱子《易學啓蒙》初探〉（台中：國立中興大學《中文學報》，1996 年 1 月），頁 231。

〔註37〕 林文彬：〈朱子《易學啓蒙》初探〉，頁 232。

〔註38〕 錢穆：〈朱子之易學〉，頁 40。

箇空底物事，未有此事，先有此理。有此理則可因以有此事。象數然，卜筮亦然。後人苟有另創新圖，只求較自然，較無造作模樣，亦將爲朱子所不棄。」〔註39〕是知朱子「理學」體系之建構，具有開放與包容之雅量，是以可知，朱子此種精神之蘊涵，不僅於「《易》本卜筮之書」概念時顯見，於「象數」理論上亦顯見，足證朱子思想體系，在《易》學方面，是有一套完整性的。

另外，還有一點應指出的，朱子之所以堅定意志，大力汲引邵雍《易》學，這又與朱子《易》學中的伏羲《易》之主張，是息息相關的，即在建構儒學新體系，以便對抗佛、老之學；〔註40〕這就是「時代課題」的特色。是以對邵雍學理與《易》學的闡述的其間是否吻合此一問題，當在「時代課題」的範疇下來討論。杜保瑞說：「邵雍的先天易圖事實上與《周易》卦序排列不同，因爲思考的邏輯本來就不相同，因此它在易學史上的適用意義恐怕還是只有在邵雍自己的問題意識脈絡下的哲學理論中才有實效。」〔註41〕當系統不同，其所要呈現的價值，也必然隨之不同。

考察邵雍《易》學體系，本來就不能以傳統《易》學概念來檢視，畢竟，彼此之間是不同的思考進路；就〈繫辭傳上〉來說：「易有太極，是生兩儀，兩儀生四象，四象生八卦，八卦定吉凶，吉凶生大業。」〈繫辭傳下〉則說：「八卦成列，象在其中，因而重之，爻在其中矣。」是知，傳統《易》學是採用類似所謂「等比」數學觀念，由一而二而四而八而六十四，其中，由八至六十四之演化，是活潑的生機盎然，〈繫辭傳上〉說：「化而裁之存乎變，推而行之存乎通，神而明之存乎其人。」就在說明個人在「變」、「通」的萬象中，隨其體驗、各有所悟，進而開展不同生命價值。至於邵雍的《易》學體會，誠如杜保瑞（1961～）所說的：

> 在易學史上的知識意義爲建立認識卦象的最簡易的排列序，即一分爲二的加一倍法的序列，一方面表現在易圖中，另方面表現在以四象說天地萬物中。至於這樣的易學與儒學理論關涉的知識意義，則

〔註39〕錢穆：〈朱子之易學〉，頁 42。

〔註40〕林慶彰說：「以上各種易圖，都帶有解釋宇宙化生萬物的意義在內，理學家用這些圖來彌補儒家宇宙論思想的不足，並作爲對抗佛、老思想的部分依據。」《清初的群經辨僞學》〈考辨易〉（臺北：文津出版社，1990 年 3 月），頁 77。林先生之說是當時的普遍性，朱子的說法是其個人的特殊性。

〔註41〕杜保瑞：《北宋儒學》〈邵雍易學與歷史哲學進路的儒學建構〉（臺北：臺灣商務印書館，2005 年 4 月），頁 124。

是藉由聖人對天地萬物的知識的掌握，從而作為治國用世之資訊依

據，在知識掌握上盡知，這就是邵雍的宇宙論建構的目的。〔註42〕
邵雍是依照機械化的排序法，其排演各項預期結果，缺失當然是少掉了各人的
活潑性，以至於人人僅能在一定的規則內去尋求發展而已；〔註43〕但是，其積
極用心，希望以「智性」的思維，以建構系統，來掌握天地萬象，進而能夠客
觀提供後人依隨根據；這是邵雍《易》學與傳統《易》學之間最大的不同點。
所以，當我們看到朱子極力認同邵雍《易》學時，就必須先掌握朱子《易》學
的區分，他有時是採用傳統〈易傳〉學觀，有時是借取邵雍之說來論證伏羲《易
經》學。朱子《本義》前之九圖按語，即明確講出此種概念，朱子云：

> 右《易》之圖九，有天地自然之《易》，有伏羲之《易》，有文王、
> 周公之《易》，有孔子之《易》。自伏羲以上，皆無文字，只有圖書，
> 最宜深玩，可見作《易》本原精微之意；文王以下，方有文字，即
> 今之《周易》。然讀者亦宜各就本文消息，不可便以孔子之說，為文
> 王之說也。〔註44〕

不僅於此，朱子又很有理序的提出二點分析，其一是為「以為義理可行」、其二
是為「實驗無誤」，有此二點，因而斷言《易》〈圖〉是可信而深富價值。對於
此現象，錢穆先生仍依朱子包容、開放之精神來說朱子，錢穆說：「其果為出於
伏羲、抑出於魏伯陽、陳摶、周濂溪、邵康節，此等皆非必究。朱子治《易》
境界，實有超出宋儒義理、清儒考據之外者。然朱子所論，亦非於義理有背，
亦未嘗置於考據於不問，此正其不可及處。至於其《本義》前之九圖，亦當憑
此目光加以評判，其果為朱子作與否，亦是一次要問題也。」〔註45〕錢穆先生
此說，只取朱子治學目的，不從方法枝節上敘述，頗有截然不同的風貌，堪為
探驪得珠是也。事實上，若吾人掌握到，朱子是就伏羲《易》的開放與多元性
來考察，則朱子的論述意圖，也就明顯可見了，畢竟，那是朱子僅從《易》卦
爻象來說明，它與周文王所作的卦爻辭、或是更後的孔子作《易傳》的義理，

〔註42〕 杜保瑞：《北宋儒學》〈邵雍易學與歷史哲學進路的儒學建構〉，頁 127。
〔註43〕 曾春海《朱熹易學析論》說：「邵康節添加己意，把數說得細密繁複僵硬，把
　　　　自然的變化侷限於方圓規矩之中，使宇宙生化的秩序說得如機械秩序般，與
　　　　易書『神無方而易無體』，『不可為典要，唯變所適』之言不類，喪失大易活
　　　　潑神妙的不可測性及變易精神。」（臺北：輔仁大學出版社，1992 年），頁 26。
〔註44〕 朱子：《周易本義》，頁 28。
〔註45〕 錢穆：〈朱子之易學〉，頁 42。

其實是無涉的。因此，當明瞭朱子此點用心後，也就不用焦慮著說朱子是《易》學歧出者，畢竟，那是朱子時代課題下，所呈顯的治學特點。

四、從孔子《易》到程頤《易》用以建構「義理」系統

朱子將《易》學區分成「象數」與「義理」二系統，乍看之下，與傳統以來說法無異，即《周易正義》為代表的「義理」派，與《周易集解》為代表的「象數」派云者；〔註46〕然而仔細辨析，朱子「象數」，已非漢、魏學者所云的「象數」內容矣。蓋朱子的「象數」系統之說，是從伏羲到邵雍，乃因邵雍體系建立而完備，此即為上文所述重點。至於朱子《易》學「義理」系統的開展，則是要從孔子《易傳》而來，至程子《伊川易傳》而達到完備。據《語類》記載：

> 問：「看《易》如何？」曰：「詩、書執禮，聖人以教學者，獨不及於易，至於『假我數年，五十以學《易》』，乃是聖人自說，非學者事。蓋《易》是箇極難理會底物事，非他書之比，如古者先王『順詩、書、禮、樂以造士』，亦只是以此四者，亦不及於《易》。蓋《易》只是箇卜筮書，藏於太史、太卜，以占吉凶，亦未有許多說話及，孔子始取而敷繹為十翼，彖、象、繫辭、文言、雜卦之類，方說出道理來。〔註47〕

朱子就於孔子所曰：「假我數年，五十以學《易》」的說法是認同的，甚至於《論語集注》更認為「假」是「加」之聲誤、「五十」是「卒」字的形誤，〔註48〕原文應是「加我數年，卒以學《易》」；〔註49〕以上的說法，無論如何推衍，

〔註46〕屈萬理《古籍導讀》云：「初學可先讀魏王弼與晉韓康伯之周易注，讀王韓注如有不能瞭解處，可參閱唐孔穎達等之周易正義。如欲略知漢易，可取唐李鼎祚之周易集解。」（臺北：臺灣開明書店，1985年10月18版），頁27。即是分成兩項。

〔註47〕黎靖德編：《朱子語類》卷六十七〈易三・綱領下・讀易之法〉，頁1658。

〔註48〕朱子《論語集注》卷四〈述而〉注云：「劉聘君見元城劉忠定公自言嘗讀他論，『加』作『假』，『五十』作『卒』。蓋『加』、『假』聲相近而誤讀，『卒』與『五十』字相似而誤分也。愚按此章之言《史記》作：『假我數年，若是我於《易》則彬彬矣。』『加』正作『假』而無『五十』字，蓋是時孔子年已幾七十矣，『五十』字誤，無疑。」頁97。顧炎武《日知錄》卷七〈必有事焉而勿正心〉條，更支持朱子的看法，其云：「《論語》五十以學易，朱子以為『五十』當作『卒』，此皆古書一字誤為二字之證。」頁162。

〔註49〕詳細討論可參閱何澤恆：〈孔子與易傳相關問題覆議〉收入《先秦儒道舊義新

可以確定的是，朱子深信孔子與《易》是關係密切的，是以朱子又云：「學《易》，則明乎吉凶消長之理，進退存亡之道，故可以無大過。蓋聖人深見《易》道之無窮，而言此以教人，使知其不可不學，而又不可以易而學也。」〔註50〕其重視程度可見。

　　針對孔子與《易》的關係，由於 1973 年湖南長沙馬王堆三號漢墓中出土六篇帛書《易傳》，其中〈要〉篇的內容，深受近來學者認為是證明孔子的確是與《易》有深人研究的明證。例如廖名春研究所說：「如《論語・述而》上述所載，孔子惜其好《易》之晚，這既是對其晚年易學觀的肯定，也是對其以前易學觀的檢討。正因為以前輕《易》，視《周易》為卜筮之書，對其『德義』忽而不察，所以『老而好《易》』之後才『覺今是而昨非』，故有『假年』之嘆。所以，對孔子易學觀的轉變，《論語》和帛書〈要〉所載，都可相互證明。」〔註51〕姑且不論廖名春所理解的與朱子觀念是否相同，但是，他們都有共同傾向，那就是均指出，《易》是卜筮之書，並不妨礙其具有「人事義理」之體會依據，況且，從卦爻象中所呈現的「象數」變化，它的確是充滿著各種詮釋條件，畢竟「要想既發揮語言表述的功能，又能免除伴隨該功能而來的拘限性，惟有採取象徵式的語言才是最佳途徑，因為這種語言在認知過程中只有居於啟發指點的助緣地位，主動力還在於心靈，而心靈正也是無所方，善於化裁通變的，足以與混混乾坤相應。」〔註52〕所以早於孔子之前的《左傳・昭公二年》，就記載著韓宣子觀書，見《易象》與《魯春秋》時，才會說：「周禮盡在魯矣，吾乃今知周公之德，與周之所以為王矣。」足見卜筮之《易》，雖僅是卦爻象之抽象形式，但是仍然可以提供「義理」思索的。因此朱子之認同孔子《易》學，認為孔子將卜筮之《易》作了很適當的人事義理之闡釋，影響後世是非常巨大的。這種價值信念，直至清末皮錫瑞《易學通論》就仍依循此論，主張：「論《易》至孔子始著，於是學士大夫尊信其書。」〔註53〕戴君仁先生則說：「十翼借卦爻辭發揮義理，化迷信為哲理，這是了不起的轉

　　　知錄》（臺北：大安出版社，2004 年 8 月），頁 64～81。其中收有六種說法。
〔註50〕朱子《論語集注》卷四〈述而〉注，頁 97。
〔註51〕廖名春：〈從帛書《要》論孔子易學觀的轉變〉，收入《帛書易傳初探》（臺北：文史哲出版社，1998 年 11 月），頁 178～179。
〔註52〕朱曉海：《讀易小識》參〈今本易傳與先秦儒學關係的再審〉，（臺北：文史哲出版社，1988 年元月），頁 100。
〔註53〕皮錫瑞：《經學通論・易學通論》〈台北：臺灣商務印書館，1989 年 10 月臺 5 版〉，頁 10。

變。」〔註54〕這些看法都是從孔子所曰「加我數年，五十以學《易》」的智慧
啓示下，所衍生的具體見解。是知，朱子亦有此基礎信念，以作爲其「前理
解」。

朱子還認爲此一治《易》精神，在漢、魏之際，由費直發其端，王弼則有
創造性的繼承之，是其功勞；但是王弼解《易》，缺失仍有，朱子說：「《易》本
卜筮之書，後人以爲止於卜筮；至王弼用老莊解，後人便只以爲理。」〔註55〕
就明確指出王弼礙於時代玄風之限制，以道家消極義理說《易》，雖說也有其洞
識，但是，無法貼近孔子《易》之積極義，是王弼欠缺處；〔註56〕直到北宋程
頤，方才呈顯儒門義理。朱子說：「伊川晚年所見甚實，更無一句懸空說底話，
今觀《易傳》，可見何嘗有一句不著實。」〔註57〕又說：「看《易傳》若自無所
得，縱看數家反被其惑。伊川教人看《易》只看王弼注、胡安定、王介甫解，
今有伊川《傳》且只看此尤妙。」〔註58〕朱子就是指出《易》學中的義理系統，
特別是《程傳》，更是「義理」發揮最淋漓盡致的代表作，因此，朱子於《周易
本義》說：「程傳備矣。」又作〈書伊川先生易傳板本後〉，其說：

> 後之君子，誠能日取其一卦若一爻者，熟復而深玩之，如已有疑，
> 將決於筮而得之者，虛心端意，推之於事，而反之於身，以求其所
> 以處此之實，則於吉凶消長之理，進退存亡之道，將無所求而不得。
> 邇之事父，遠之事君，亦無處而不當矣。〔註59〕

讀《程傳》之價值在於社會倫理、人際關係、趨吉避凶等方面，都有相關的
提示，特別是個人的道德修養方面，絕對可以依循而從「道」，使人能順性命
之理，通曉變化法則，窮盡事物之眞實本性，以達成「開物成務」的宗旨。
再者，《程傳》又有學術史上的經驗傳承，朱子說：「求其因時立教，以承三

〔註54〕戴君仁：《談易》（臺北：臺灣開明書店，1982年2月7版），頁12。
〔註55〕黎靖德編：《朱子語類》卷六十六〈易二‧綱領上之下‧卜筮〉，頁1622。
〔註56〕簡博賢師作〈王弼易學研究〉云：「王弼豈以義理，以發覆易蘊；是其特識也。
　　　然儒道異趨，有無殊尚；弼舉而通之，以老入易，而易爲糟粕矣。是取其義
　　　理者，亦取所非取矣。」見《魏晉四家易研究》（臺北：文史哲出版社，1986
　　　年元月），頁82。又云：「王弼既謬於體無之思，復不悟九六大用，宜其等子
　　　爲經，以老氏無爲無先爲九六之用也。」頁88。可補充朱子之概念者，可參
　　　之。
〔註57〕黎靖德編：《朱子語類》卷六十七〈易三‧綱領下‧程子易傳〉，頁1649。
〔註58〕黎靖德編：《朱子語類》卷六十七〈易三‧綱領下‧程子易傳〉，頁1650。
〔註59〕朱子：《朱文公文集》卷八十二〈書伊川先生易傳板本後〉，頁3842～3843。

聖，不同於法而同於道者，則惟伊川先生程氏之書而已。」〔註60〕總之，讀《伊川易傳》，不僅是上承孔子《易傳》所傳儒學義理，又續王弼一掃讖緯、巫術之風，標誌著正宗《易》學之學術風貌；可說是進入《易》學廣闊「義理」領域中，最好的提攜書。以上所述，是朱子對「義理」《易》學系統的肯定與看法。

五、朱子與漢魏「象數」觀之比較

強調《易》學研究應重視「義理」之價值，是比較合乎治學需要，畢竟，讀書目的本就是要：「究天人之際，通古今之變，成一家之言。」這是歷代學者之普遍共識。誠如南宋・章如愚所談：

> 《易》以理傳。三《易》同祖伏羲，而文王之《易》獨以理傳；五家同傳《周易》，而費氏之學，獨以理傳；馬王諸儒同釋《易》之學，而王弼之注獨以理傳；然則明《易》之要在理而已矣。《易》理無盡，以象談《易》，占筮者之事也；以數談《易》推筮者之事也；以理談《易》，學士大夫之事也；然而不可不兼也。〔註61〕

是自居為學士大夫者的肯定，也標示治學之要與標準。「蓋《易》廣大，含藏萬理，然而，《易》變無方，而理潛無形，所以有貴於窮理盡性，而示開物成務之道也。」〔註62〕但是，《易》學之面貌中，有「象數」者，是與其他經典、書籍明顯不同處，讀者又豈能視若無睹？所以，章如愚強調說：「不可不兼。」畢竟，《易》它是以卦爻、象數來開展，所謂：「《易》者象也，《易》而無象，是失其所以為《易》。」〔註63〕學《易》者大都能詳言之矣。〔註64〕然而開展「象數」依據為何，卻又眾聲喧嘩，言人人殊，以致於皆可援以為說，並且都能言之成理、持之有故。〔註65〕朱子面對此學術傳統，以其自覺而敏銳的

〔註60〕朱子：〈書伊川先生易傳板本後〉，頁3843。

〔註61〕章如愚：《群書考索》〈續集〉卷之一《文淵閣四庫全書本》冊938，頁11。

〔註62〕簡博賢師：《王弼易學研究》「緒論」語，頁73。

〔註63〕張惠言：《茗柯文集》〈序丁小疋鄭氏易注後定〉，轉引自《清儒學案・茗柯學案》卷一百十七，頁21。

〔註64〕程子《易傳・序》雖然強調此書的重點是：「所傳者辭也。」但是，他也有所說明：「君子居則觀其象而玩其辭，……至微者，理也；至著者，象也。」頁1～2。是知，《易》學二途，均是重點，學者都視為不可忽略。

〔註65〕諸如「卦變」一項，有京房、荀爽、虞翻、李之才、朱子、俞琰、來知德等說，據學者研究，其人都有一套見解。詳張其成：《易圖探源》（北京：中國

學術性格，自不能籠統而無視此紛亂現象；劉述先曾說朱子之治學特點：

> 朱子一生強探力索，決不肯止於龐侗的了解，故其思想屢經轉折，歷經辛苦，最後才完成他自己思想的獨特型態。正因他肯去作眾端參觀的努力，絕不拘泥於一家之說，所以其思想的規模宏大，這是他的長處。然又因他經歷得多，慢慢培植一種自信，也不免顯露一些短處。他的思想自成一系，毫無問題。〔註66〕

就《易》學來看，朱子的確是要展現「思想自成一系」，因此不會「拘泥於一家之說。」錢穆先生也強調著說：「朱子之易學，多創闢深通之見。」〔註67〕當我們從朱子就《易》學「象數」與「義理」兩方面來考察，的確是可以發現朱子之企圖心的。首先，朱子說：「讀《易》，當分為三等，伏羲自是伏羲之易，文王自是文王之易，孔子自是孔子之易。」先區分彼此不同之處，從不同之處論彼此時代用心。因此，朱子說：「孔子只於義理上說，伊川亦從孔子。今人既不知象數，但依孔子說，只是說得半截，不見上面來歷。」〔註68〕又說：「《易傳》義理精，字數足，無一毫欠闕，他人著工夫補綴，亦安得如此自然。只是於本義不相合，《易》本是卜筮之書，卦辭、爻辭無所不包，看人如何用，程先生只說得一理。」〔註69〕單就「義理」來看《易》並不是不好，只是不完整，「只是說得半截，不見上面來歷」，因此，不得以《程傳》就認為是為唯一的標準說法，另外還要掌握「象數」體系，它才是「義理」上面的來歷依據，所以，朱子說：「以上底推不得，只可從象下面說去。王輔嗣、伊川皆不信象。如今却不敢如此說，只可說道，不及見這箇了。且從象以下說，免得穿鑿。」〔註70〕強調先說「象數」，再論「義理」，才不會失其根源，導致穿鑿附會。因此，朱子首先從伏羲《易》學說起，至邵雍《易》學止，就在論證「象數」之必要與其價值；再者由孔子《易傳》論述，直至程子《易傳》止，強調「義理」的廣大人生表現。在雙管其下、兩者兼具的敘述中，呈現朱子「思想自成一系」與「創闢深通之見」的學術建構體系。

　　　書店，2005年1月第5次印刷），頁34～62。

〔註66〕劉述先：《朱子哲學思想的發展與完成》（臺北：臺灣學生書局，1982年2月），頁69。

〔註67〕錢穆：《朱子新學案》第四冊〈朱子之易學〉，頁1。

〔註68〕黎靖德編：《朱子語類》卷六十六〈易二‧綱領上之下‧象〉，頁1642。

〔註69〕黎靖德編：《朱子語類》卷六十七〈易三‧綱領下‧程子易傳〉，頁1651。。

〔註70〕黎靖德編：《朱子語類》卷六十六〈易二‧綱領上之下‧象〉，頁1640。

有元儒・趙采（生卒年不詳）作《周易程朱傳義折衷》，其〈序〉文說得好：

> 《易》更三聖，而象數、義理始備。自夫子歿，千數百年論《易》
> 者各據已見，泥象數者流於詭怪，說義理者淪於空寂，而聖人憂患
> 作《易》之旨昧矣！至宋有康節邵子，推明羲文之卦畫，而象數之
> 學著；有伊川程子，推衍夫子之意，而卦畫之理明。洎武夷朱文公
> 作《本義》，釐正上下《經》、〈十翼〉而還其舊，作《啟蒙》本邵子
> 而發「先天」。雖《本義》專主卜筮，然於門人問答，又以為《易》
> 中先儒舊說皆不可廢，但互體、五行、納甲、飛伏之類，未及致思
> 耳。故愚以為，今時學者之讀《易》，當由邵、程、朱三先生之說，
> 泝而上之，以會羲、文、周、孔之心，庶幾可與言《易》矣。〔註71〕

此說即明確點出朱子《易》學的兩方面進路，堪稱是最早之理解者，值得重
視。至於今人有蔡方鹿之說，亦頗有中肯看法，其說：「朱熹提出理、象、數、
辭未嘗相離的思想，既肯定《易》的占筮本義，又不停留於此，而是主張於
象數、占筮中發揮出義理來，強調義理建立在卜筮之辭的基礎上，不得與象
數相脫離，分別吸取了邵擁的象數易學和程頤的義理易學，並把兩派綜合起
來加以發展，從而集宋代易學之大成。」〔註72〕蔡先生此說，的確點出一項
朱子《易》學所著重之現象，後代學者，諸如王夫之、李光地等人，就是在
此現象體認中，來理解朱子，而各有褒貶。〔註73〕

然而，就「象數」的範疇討論中，其間尚有一重大問題，必須釐清。按、
朱子一再強調「象數」是解《易》者之根基，朱子云：

> 此書本為卜筮而作，其言皆依象數以斷吉凶。今其法已不傳，諸儒
> 之言象數者，例皆穿鑿；言義理者，又太汗漫，故其書為難讀。此
> 《本義》、《啟蒙》之所以作也。〔註74〕

依此則知朱子是相當重視《易》學「象數」，自不在話下；但是朱子又認為現
今所流傳自漢、魏以來之「象數」說法，皆是皆穿鑿附會，所以才作了《本

〔註71〕趙采：《周易程朱傳義折衷》〈序〉《文淵閣四庫全書》冊23，頁2～3。。

〔註72〕蔡方鹿：《朱熹經學與中國經學》（北京：人民出版社，2004年4月），頁323。

〔註73〕朱子就「義理」來論《程傳》，王夫之與李光地的述說是正確的，但是，朱子
就「象數」的觀點，諸如「《易》本卜筮之書」，本研究認為王夫之與李光地
的掌握是錯誤的，至於朱子就「漢魏學人說象數」看法，本身就是歧見，因
此王夫之與李光地在敘說朱子「象數」觀時，也就隨著朱子的歧見中又歧出。
詳細說明，將於專節討論之。

〔註74〕朱子：《朱文公文集》卷六十六〈答劉君房（二）〉，頁3102。

義》、《啟蒙》，其用心與目的即是要將真正的《易》學「象數」表現出來。然而，考《漢書・藝文志》一方面說：「及秦燔書，而《易》為筮卜之事，傳者不絕。」且在另一方面又說先秦至漢初，也有一《易》學傳承系統，其人物是為：「魯商瞿→魯橋庇子庸→江東臂子弓→燕周醜子家→東武孫虞子乘→齊田何子裝」，至於田何又傳三家：「丁寬、施讎、孟喜」云云；此一傳承《史記》亦載，雖順序些許不同，但是仍可察見的是，此系統是兩漢時期之普遍共識。由此看來，《易》學根本沒有斷層的現象，則朱子說：「象數其法不傳」云云，根據為何？若說《漢書》正確，則朱子背景知識有誤；若說朱子持之有故，則《漢書》記載應被批評；〔註75〕兩者之間是有著無法調停的矛盾處！但是，考歷來《易》學家大都深信《漢書》之說，認為秦火是不焚《易》，包括朱子亦是持此看法；在矛盾下，卻又僅取其一而暢談者，則知朱子唯一目的，是在否定漢、魏象數《易》例，以建構其新「象數」《易》例，即其所謂「《本義》、《啟蒙》之所以作也」的真正用心。

　　治《易》者不離「象數」之說，漢魏學人說「象數」，兩宋時期之邵雍、朱子等人也說「象數」，但是仔細區分以探討，其實彼此之間的「象數」內容與目的是截然不同的，也就是說在定義上，是有著「名同而實異」的範疇差距；因此，簡博賢師曾論朱子《易》學，意圖融合「象數」與「義理」，然而仍有觀念上的歧出，是以簡博賢師說：「（朱子）雖似持平之論，實亦不知象數之所以為象數。」〔註76〕蓋簡博賢師言「象數《易》學」有一明顯要義：

> 夫象數易學，旨在推象通辭，而論者病之，是未究其說也。蓋推象通辭者，所以驗易辭之義，實卦所本有；以明此卦之必有此辭，而辭之義必蘊於此卦；因以證成卦與卦辭之必然綰合，而卦辭之所陳，遂為一理義自明而無須經驗證明者。其說立而易道定，蓋實研易之本也。〔註77〕

卦爻辭與卦象彼此之間，是有必然綰合之處，這是漢、魏《易》學者，特別是虞翻治《易》用心所在；雖然，虞翻《易》例，難免有無法自圓其說之譏，諸

〔註75〕徐復觀先生就認為：「此一故事的本身斷難成立。」那是「田何為了推尊其術，故偽造此傳承統緒。」見《中國經學史的基礎》〈西漢經學史・易在漢初以前的單線傳承問題〉（臺北：臺灣學生書局，1990年7月初版2刷），頁92。

〔註76〕簡博賢師：《魏晉四家易研究》〈虞翻易學研究〉（臺北：文史哲出版社，1986年元月），頁5。

〔註77〕簡博賢師：《魏晉四家易研究》自序，頁1。

如程石泉先生說：「吾人於虞氏易說既感穿鑿附會，支離煩瑣，似又感其言之成理，持之有故。蓋虞氏具有如許多方便法門，足以掩飾其乖亂，彌逢其破綻也。」〔註78〕但是，不能因此就否定其學術目的之企圖心！依虞翻此義，則是求《易》辭與《易》象綰合，此實爲《易》學準的也，而紛紛擾擾的各偏一見者之說法，實可止息矣！這也是簡博賢師所積極並強調者，其云：「余爲虞氏辨，亦所以爲《易》道辨也。」〔註79〕反觀，朱子說「象數」，其實是邵雍體系下的「圖書學」範疇，而其目的是要建構「宇宙論」以對抗佛學，〔註80〕因此，朱子的時代課題背景所產生的思想是濃厚的；是以當彼此之間既是不同價值依歸，則朱子必然會有其價值概念而要批評漢、魏「象數」之說是穿鑿附會；然而，時過境遷，至清儒黃宗羲、胡渭等人，能跳脫出時代限制性，重新而客觀看朱子所謂的「象數」說，必然要指出是爲「圖書學」而非《易》學象數了；胡渭說：

> 卦主象，著主數，二體六畫，剛柔雜居者，象也；大衍五十，四營
> 成易者，數也。經文粲然，不待〈圖〉而明。若朱子所列九〈圖〉，
> 乃希夷、康節、劉牧之象數，非《易》之所謂象數也。三聖人之言，
> 胡爲而及此乎。〔註81〕

當然就胡渭所提之劉牧「圖書」其實並非朱子所採納的系統，〔註82〕但是就整體精神導向來看，仍可歸爲一類，因此胡渭的點明，仍是客觀的而具公信力。甚至如王夫之，就明確說「圖書學」是「畸人」〔註83〕不知從何所得云云，此論點是有著客觀事實根據的。因此雖然此一說「象數」、彼亦說「象數」，同樣說「象數」云云之現象，其實是有著不同指謂與論學目的，這是研究之

〔註78〕程石泉：《雕菰樓易義》（臺北：臺灣商務印書館，1975年12月臺2版），頁25。

〔註79〕簡博賢師：《魏晉四家易研究》〈虞翻易學研究〉，頁33。

〔註80〕劉述先〈由朱熹易說檢討其思想之特質、影響與局限〉說：「朱子從來就有宇宙論的欣趣。」又說：「朱子並不是不知道，由考據的觀點看，二圖並不是不可懷疑。……吸納後儒陰陽、五行之說，建構一個龐大的宇宙論的系統。由這樣的觀點出發，則《圖》、《書》即使來源有問題也不足爲患。」見《朱子哲學思想的發展與完成》，頁618～621。

〔註81〕胡渭：《易圖明辨》卷十〈象數流弊〉《皇清經解續編》（臺北：藝文印書館），頁530。

〔註82〕劉牧說：「洛十河九。」朱子取僞書關朗所作云：「河十洛九。」詳林文彬〈朱子《易學啓蒙》初探〉，頁2～3。

〔註83〕王夫之云：「又從曠世不知年代之餘，忽從畸人的一圖、一說，而謂爲伏羲之《易》，其大謬不然，審矣。」見《周易內傳發例》第一則，頁346。

前必須先確定被研究者其「定義」的重要步驟，方不至於「歧路亡羊」，林麗眞教授作〈如何看待易「象」〉一文，就認爲：「從虞翻、王弼與朱熹對『易象』的不同看法中，約可歸納爲以下四點。」簡述之爲：「從對易象的寬嚴定義看」、「從對易象的認識方式看」、「從對易象的價值判斷看」、「從對易象的取從態度看」云云；〔註84〕林麗眞即是在標示諸家是有著賦予不同觀點，是以必然有著不同指歸與論學目的。至此可以確定，倘若未掌握此「名辭定義」概念者，卻又自以爲是的交互比較，甚至分判優劣，此皆爲錯誤之擧。

六、從漢至唐之《易》學史觀

朱子的《易》學史觀，除了上述以先秦「四聖一心」，以及至宋代程子、邵雍等學者之肯定以外，對於漢、魏以降之《易》學者，亦略有討論，從中亦見對當時學者之看法。

首先，朱子云：「自晉以來，解經者却改變得不同，如王弼、郭象輩是也。漢儒解經，依經演繹，晉人則不然，捨經而自作文。」〔註85〕朱子所說的「捨經而自作文」，即是相當於所謂的「寄言出意」之謂，乃晉人郭象注《莊子》時所提之概念；在〈逍遙遊〉：「藐姑射之山，有神人居焉」句，郭注：「此皆寄言耳。夫神人即今所謂聖人也。」〔註86〕換言之，「寄言出意」乃注解者認爲作者所要表達的意思，並非文字的表面意義而已；是以作注者，便有了自由發揮的可能。對於這些特點，朱子統稱爲：「捨經而自作文。」雖然戴君仁就此持正面肯定，其云：「做學問本有兩種態度，一種客觀的，一種主觀的；求眞須用客觀，求善求美，則往往爲主觀。只要他說得對，有價值，即使曲解經文，我們當如朱子所說『自有用處，不可廢也。』」〔註87〕但是，本研究以爲此槪皆爲「藉題發揮」者，非所以解經；〔註88〕因此，對於晉代學者說，

〔註84〕林麗眞：《義理易學鉤玄》〈如何看待易「象」〉（臺北：大安出版社，2004 年 11 月），頁 63～64。然而林教授將朱子《易》「象」認爲是有著：「宗教性質的徵兆符號」云云。對於此說，本研究稍有質疑，認爲朱子是在建構中華文化新系統，其中是「開放詮釋」性格，沒有任何宗教神秘色彩。

〔註85〕黎靖德編：《朱子語類》卷六十七〈易三‧綱領下‧論後世易象〉，頁 1675。

〔註86〕郭慶藩：《莊子集釋》（臺北：漢京文化公司，1983 年 9 月），頁 28。

〔註87〕戴君仁：《談易》，頁 24。

〔註88〕簡博賢師作《今存南北朝經學遺籍考》〈述例〉第 6 則云：「凡非解經釋義，或於經文無所繫屬之說；雖或原本經義，要皆藉題發揮，非所以說經也。如近人論『民主立憲』，則擧《易》之【大有】象；論『君主立憲』，則引《易》

可以不論。至於，朱子對於王弼《易》學之討論，如「初上無陰陽定位」、「不用互體」云云，學界已多有論述，〔註89〕是以本研究不再贅述。

值得注意的是，朱子對王肅（195～256）《易》學的重視，特別是「字義」等版本方面，則頗為認同，多引以為說；就此方面討論，是目前學界少以觸及者，是以有必要闡述之區塊。今輯引《周易本義》得有三處：

1、【隨】〈彖〉：「大亨貞无咎而天下隨時。」朱子注：「王肅本『時』作『之』，今當從之。釋卦辭言能如是，則天下之所從也。」〔註90〕

2、又同上：「隨時之義大矣哉。」朱子注：「王肅本『時』字在『之』字下，今當從之。」〔註91〕

3、【升】〈大象〉：「地中生木升君子以順德積小以高大。」朱子注：「王肅本『順』作『慎』。今按他書引此，亦多作慎意，尤明白；蓋古字通用也，說見上篇【蒙】卦。」〔註92〕考【蒙】六三〈小象〉：「勿用取女，行不順也。」朱子注：「『順』當作『慎』，蓋『順』、『慎』古字涌用，《荀子》『順墨』作『慎墨』。且『行不慎』，於經意尤親切，今當從之。」〔註93〕

是知，朱子對於王肅之認同度是頗高的，朱子曾說：「漢魏諸儒，正音讀、通訓詁、考制度、辨名物，其功博矣。學苟不先涉其流，則亦何以用力於此。」〔註94〕畢竟，這是掌握、詮釋經典的基本憑藉，特別在字辭考據上，多為朱子所信任；朱子又說：「王肅所引證，也有好處。後漢鄭玄與王肅之學，互相詆訾；王肅固多非是，然亦有考據得好處。」〔註95〕雖然，朱子對於鄭玄、王肅於經學上之爭的內在辨別處，並未深入探析，而也只能就傳統之見，予以評判優劣；〔註96〕但就於《易》之文字考證上，甚至版本的選擇，朱子多

之【同人】為說，義同把取於《易》；然非說《易》也。」（臺北：黎明文化公司，1975年2月），頁2。

〔註89〕諸如簡博賢師：〈王弼易學研究〉、曾春海：《朱熹易學述論》均有觸及；至於清儒顧炎武《日知錄》卷一，也早有發端，可參。

〔註90〕朱子：《周易本義》，頁94。

〔註91〕黎靖德編：《朱子語類》卷七十【隨】：「『天下隨時』處，當從王肅說。」頁1771。

〔註92〕朱子：《周易本義》，頁117。

〔註93〕朱子：《周易本義》，頁106。

〔註94〕朱子：〈語孟集義序〉見《朱文公文集》卷七十五，頁3631。

〔註95〕黎靖德編：《朱子語類》卷八十三〈春秋・綱領・經〉，頁2171。

〔註96〕針對「鄭、王之爭」的命題，簡師博賢作《今存三國兩晉經學遺籍考》第二

取王肅之說，則是立場鮮明；是以，王應麟（1223～1296）說：「愚按《釋文》
云：『王肅本作〈繫辭上傳〉，訖於〈雜卦〉，皆有「傳」字。』《本義》從之。」
〔註97〕馬國翰亦說：「肅注在魏立學，頗著盛名。文自解說，雖與康成殊異，
要皆偶據。朱子《本義》，每稱王肅本，蓋深有所取也。」〔註98〕確為實情，
有此亦可見，朱子學術見解，不僅是建立在堅實的依據外，其對學術之包容
性亦頗廣；此亦合乎「《易》本卜筮之書」說之蘊涵。

　　至於，朱子對於孔穎達《周易正義》之觀點亦有所論述，進而有所取捨。
《朱子語類》記載：

> 至之曰：「《正義》謂『《易》者變化之總號，代換之殊稱，乃陰陽二
> 氣，生生不息之理。』竊見此數語，亦說得好。（朱子）曰：「某以
> 為《易》字有二義，有變易、有交易，〈先天圖〉一邊本都是陽，一
> 邊本都是陰，陽中有陰，陰中有陽，便是陽往交易陰，陰來交易陽，
> 兩邊各各相對，其實非此往彼來，只是其象如此。」〔註99〕

考《周易本義》要強調《易》之二義，曰「其卦本伏羲所畫，有交易、變易
之義，故謂之《易》。」〔註100〕而《周易正義》所云「三易」者，此為《易緯·
乾鑿度》之說；又曰：「易簡也，變易也，不易也。」此鄭玄之說。然而，鄭
玄之說亦本《易緯》，蓋「易者」言其德，乃寂然無為，亦稱「易簡」；「變易
者」，言其氣也；「不易者」，言其位；故一名而含三義，於〈繫辭傳〉已有之。
然而，朱子本「經、傳分編」的文獻資料，強調「《易》分三等」之說，區分
伏羲《易》與孔子《易》，因此其說「交易、變易」之目的，是要證成伏羲《易》

　　　　章〈鄭王之爭〉：（臺北：三民書局，1986年2月），頁179～278。多有
論及學者所未觀察之現象；簡單的講，鄭玄是以「尊尊」系統，而王肅則以「親親」
觀點。「尊尊」必崇君權，「親親」則重親情，當觀點不同，自然注解內容勢
必迴異，因此不得輒稱：「子雍繼起，動與鄭違。」如此簡單二分。因此，朱
子仍礙於習見，而未能明辨其間差異；或許，古代君王體制，對於學者壓力
必然較重，因此，無形中常有「以尊統親」的傾向，是以吾人處在今時，得
以有「時間間距」的客觀點，自能體察二者些微之異。以此再來看朱子引王
肅說，的確是超出一般學者的洞見矣。

〔註97〕王應麟撰、翁元圻注《翁注困學紀聞》卷一〈易〉（臺北：臺灣商務印書館，
　　　　1978年4月臺1版），頁25。

〔註98〕馬國翰：《玉函山房輯佚書·經編易類》〈周易王注〉卷上〈序〉，收入《續修
　　　　四庫全書·子部·雜家類》（上海：上海古籍出版社，1995年3月），頁625。。

〔註99〕黎靖德編：《朱子語類》卷六十五〈易一·綱領上之上·陰陽〉，頁1605。

〔註100〕朱子：《周易本義》，頁30。

學，因此，朱子概念是不取孔穎達以孔子〈繫辭傳〉三易之說。至於何謂「交易、變易」？《朱子語類》記載：

> 問：「《易》有交易、變易之義，如何？」（朱子）曰：「交易，是陽交於陰，陰交於陽，是卦圖上底；如『天地定位。山澤通氣』者是也。變易，是陽變陰，陰變陽，老陽變爲少陰，老陰變爲少陽，此是占筮之法，如『晝夜寒暑，屈伸往來者』是也。」〔註101〕

由此可證，朱了言「交易、變易」者，均是要說明伏羲《易》之〈先天圖〉與「《易》本卜筮之書」之系統，所以是迥異於孔穎達《周易正義》的看法；然而，其迥異並非另創新說，而是在不同思維觀點下的推衍；朱子爲了避免混淆，於是多加說明。〔註102〕

　　以上所述，爲朱子《易》學史觀之大概，即從「伏羲」到唐《周易正義》之簡述；至於北宋《易》學史中之周子、邵子、程子、歐陽脩等等相關議題，是爲朱子《易》學基礎，本研究於其他相關章節多有敘述，因此，於此不再贅言。

第二節　王夫之的《易》學史觀

一、四聖同揆、象爻一致

　　對於《易》的起源與傳承，在「義理」學的說解者來看，是有著一份前續後繼的價值；就王夫之來說，那是聖人治世的積極用心之所托付，王夫之《周易內傳發例》第一則云：

> 伏羲氏始畫卦，而天人之理盡在其中矣。上古簡樸，未遑明著其所以然，以詔天下後世，幸筮氏猶傳其所畫之象，而未之亂。文王起於數千年之後，以「不顯亦臨，無射亦保」之心得，即卦象而體之，乃繫之〈彖辭〉，以發明卦象得、失、吉、凶之所繇。周公又即文王之〈彖〉，達其變於〈爻〉，以研時位之幾，而精其義。孔子又即文、

〔註101〕黎靖德編：《朱子語類》卷六十五〈易一・綱領上之上・陰陽〉，頁1605。

〔註102〕筆者曾作〈吳曰愼《易》學述論〉一篇發表於《國立台中技術學院學報》第四期（2003年6月），頁37～57。其中有論及朱子此一概念，並認爲朱子不需自創新說云云。經這幾年之研讀，方知朱子此「交易、變易」之說並不是如此之意，顯見當時說法之錯誤，足證學術必然要「盈科而後進」。

周〈彖〉、〈爻〉之辭，贊其所以然之理，而爲〈文言〉與〈彖〉、〈象〉
之傳；又以其義例之貫通與其變動者，爲〈繫辭〉、〈說卦〉、〈雜卦〉，
使占者、學者得其指歸以通其殊致。蓋孔子所贊之說，即以明〈彖
傳〉、〈象傳〉之綱領，而〈彖〉、〈象〉二傳即文、周之〈彖〉、〈爻〉，
文、周之〈彖〉、〈爻〉即伏羲之畫象，四聖同揆，後聖以達先聖之
意，而未嘗有損益也。〔註103〕

就「彖爻一致」的「象」字，王夫之解爲可以是文王所作的「卦辭」，也可以
是一般所說的孔子《易傳》中的〈象傳〉。王夫之認爲，伏羲畫卦，透過卦爻
變化，已將天下萬理盡涵其中，後人，如文王作卦辭、發明卦象，周公作爻
辭、釋爻位變化之理，孔子作〈彖〉、〈象〉、〈繫辭〉等傳者、更是闡揚微旨，
所以，他們是「四聖同揆，後聖以達先聖之意，而未嘗有損益也。」因此，
王夫之積極認爲，唯有透過孔子的《易傳》解說，才能獲悉文王、周公，甚
至是伏羲《易》理之義，王夫之云：

昔者夫子既釋象、爻之辭，而慮天下之未審其歸趣，故〈繫傳〉。
求象、爻之義者，必遵〈繫傳〉之旨，舍此無以見《易》，明矣。
〔註104〕

此處之言，王夫之以爲孔子作《易傳》，乃爲使研《易》者把握全《易》之歸
趣而明象、爻辭之義者也，即邱黃海所說的：「先聖的創作不可棄，且先聖的
密意是透過後聖的觀點來理解。這個後聖在船山的心目中是特指孔子，而落
實到文本上即是《易傳》。」〔註105〕是以總結王夫之釋《易》，以「象、爻一
致，四聖同揆」爲基本法則，乃即伏羲所畫卦卦象以見文王之彖辭，即文王
之彖辭以明周公之爻辭，即文周之象、爻辭以明孔子所贊之《易》傳。由此
層層相因，後聖以達先聖之意，所謂「四聖同揆」也，其於《易》道大道上，
前後連貫，合爲一軌。王夫之此說是於孔穎達、張載等人之進一步發揮，其
以此爲據，對割裂《經》、《傳》以及用「圖書」解《易》之作法，進行一番
評議也。針對此點，即知王夫之《易》學評判重點要以兩宋爲主，特別是朱
子，與朱子所汲引的邵雍之說的否定，爲其治學的重要任務。

〔註103〕王夫之：《周易內傳發例》第一則，頁345。
〔註104〕王夫之：《周易內傳發例》第九則，頁358。
〔註105〕邱黃海：〈船山《易》學的原理與方法——〈周易內傳發例〉的解析〉發表於
（臺北：《鵝湖學誌》28期，2002年6月），頁155。

二、兩宋《易》學史觀

　　王夫之說《易》學傳承，就「四聖同揆」是堅持的，乍看之下，與朱子「四聖一心」說好像殊無二致，其實仍大異其趣、旨歸有別；王夫之其主要目的，就是要糾舉朱子「《易》本卜筮之書」、「《易》分三等」、「經、傳分編」說之謬。另外，王夫之就於孔子作〈十翼〉中的〈序卦〉說法，也有持反對意見。王夫之的兩宋《易》學觀，就是取張載《易》學，以反對朱子《易》學，至於反對朱子《易》學的另一方面看法，就是否定邵雍《易》圖。王夫之首先說：

> 朱子學宗程氏，獨於《易》焉，盡廢王弼以來引伸之理，而專言象占，謂孔子之言天、言人、言性、言德、言研幾、言精義、言崇德廣業者，皆非羲、文之本旨，僅以為卜筮之用，而謂非學者之所宜講習。其激而為論，乃至擬之於火珠林卦影之陋術，則又與漢人之說同，而與孔子〈繫傳〉窮理盡性之言，顯相牴牾而不恤。由王弼以至程子，矯枉而過正者也，朱子則矯正而不嫌於枉矣。若夫《易》之為道，即象以見理，即理之得失以定占之吉凶，即占以示學，切民用，合天性，統四聖人於一貫，會以言、以動、以占、以制器於一原，則不揣愚昧，竊所有事者也。〔註106〕

王夫之認為朱子可以盡棄王弼引「老學」玄虛入《易》之缺失，那是朱子在儒門義理上的優勝處，然而，王夫之非常不贊成朱子僅將「卜筮」作為《易》學之本，如此一來，將使「聖學」淪落與一般術數、迷信同等地位，這是王夫之所無法諒解的，甚至，措詞強烈的說：「朱子師孔子以表章六藝，徒於《易》顯背孔子之至教。故善崇朱子者，舍其注《易》可也。」〔註107〕全面否定朱子在《易》學史上的地位！〔註108〕

　　破除學術迷思，進而提出理論建構，是為學者治學用心之所在。王夫之既說朱子《易》學之謬，接著，要提出其《易》學目的，即「四聖同揆」、「占學一理」。所謂的「四聖同揆」，就是認為伏羲畫卦而天人之理已盡在其中，

〔註106〕王夫之：《周易內傳發例》第三則，頁349。

〔註107〕王夫之：《周易內傳發例》第二十四則，頁382。

〔註108〕紀昀編：《四庫總目提要》《易類提要》有所謂「兩派六宗」之說，其中並不提朱子，但是另一方面又承認朱子《易》學對元、明、清初時期影響甚大；因此產生的矛盾點不小。或許，撰寫〈提要〉者，其想法與王夫之同乎！是乎？此細節之探討有待專題再論。

文王、周公、孔子就是將此「微言大義」闡揚出來；所謂的「占學一理」，則是指《易》的兩項重點，一者學《易》，即領會卦爻象和爻辭的深層內涵；一者占《易》，即觀察卦爻象的變化。朱伯崑說：「王夫之提出的『四聖一揆，占學一理』，其中心觀念是力圖將《周易》一書從古化神秘主義思想中解脫出來，使其高度哲理化。」也就是說，避免令後學者將《周易》視爲卜筮迷信之書。朱伯崑對於王夫之此一理論，相當認同的稱讚說：「如果說，將《周易》哲理化始於孔子所說『不占而已矣』，後經過王弼和程頤易學的闡發，到王夫之發展到高峰。」因此，朱伯崑特別總結，認同其爲「義理」學派的最三大名著。至於，王夫之「占學一理」的依據，朱伯崑也歸納後提出三點說明。第一、王夫之十分推崇張載的『易爲君子謀，不爲小人謀』，認爲《周易》不是引導人們趨吉避凶，避禍求福，使個人得到切身的利益，而是教人懂得是非得失之理，以提高人的思想境界。王夫之說：

> 《易》之爲書，言得失也，非言禍福也。占義也，非占志也。此學《易》者不可不知也。〔註109〕

此說顯然是對儒家提出的道德原則即義利之辨，在《易》學中闡發。第二、證明「占、學」之間的關係，「占」是手段，「學」才是目的。王夫之取《論語》中孔子的說法爲敘述依據，王夫之說：

> 子曰：卒以學《易》可以無大過。言寡過之必於學也。又曰：不占而已矣。言占之則必學以有恒也。〔註110〕

認爲孔子作《易傳》的目的即在教人了解義理，以提高人的道德水平；另外，本研究要指出一點，就王夫之於此也遵循著朱子的觀點，將「五十以學《易》」之「五十」解爲「卒」字，故云：「卒以學《易》」云云。由此看來，王夫之對於朱子《易》學與《論語》學二書之觀點，是頗有不同，蓋對其《易》學觀多採駁斥，但至少於《論語》本條之注解上則是有直接迴護；有一點必須提及的是，針對朱子「卒以學《易》」之說，在後人的觀點上，大都不被認同，〔註111〕然而，王夫之卻遵循，足證就於「孔子與《易》」關係密切上的認同命題上，王夫之與朱子二人觀點是一致的。至於王夫之於「占」的過程解讀上，一直深具

〔註109〕王夫之：《周易內傳》卷六〈繫辭下傳〉第八章，頁502。
〔註110〕王夫之：《周易內傳發例》第五則，頁351。
〔註111〕詳細討論可參閱何澤恆：〈孔子與易傳相關問題覆議〉頁68引元儒・陳天祥《四書辨疑》云：「以『五十』爲『卒』，『卒以學易』，不成文理。」何澤恆就認爲陳天祥之說「質疑甚是。」

樂觀性，或許難免有「凶」的徵兆，但是，占者可以依其象而反省人事，仍然可以得到有「吉」的啟示，此概念即為王夫之於《周易大象解·序》所云：

> 故【否】而可以儉德辟難，【剝】而可以厚下安宅，【歸妹】而可以永終知敝，【姤】而可以施命誥四方。略其德之凶危而反諸誠之通復，則統天地、雷風、水火、日月、山澤已成之法象，而體其各得之常。〔註112〕

案，以上所引【否】、【剝】、【歸妹】、【姤】等諸卦，均為凶卦，然而君子者，不僅不因凶象而心存擔憂，反而可以借此凶象來警惕自己，因而轉危為安、轉禍為福，是以，朱伯崑說：「《周易》中所說的吉凶辭句，基於得失之理，即是非善惡的準則，合乎善者為吉，不善者為凶。吉凶之辭是令占者自我反省其行為的善惡，不存僥倖之心。」又說：「周易之占不是占問個人的禍福，而是教人通曉義理，辨別義利，改過遷善，做一個道德完善的人，此即『易為君子謀』。」第三、朱伯崑認為，王夫之關於占筮中，對於人謀、鬼謀之間的取捨態度要做一說明。在王夫之看來，占筮之法一方面靠人的智慧推論來事，另一方面又要承認人事有其無法掌握之偶然性，即對吉凶後果不存僥倖或尤怨心理。因為筮法有人謀，所以不尊鬼敬神；有鬼謀，則不聽天由命。此種占筮觀，強調人的理性能正確處理自己的命運。〔註113〕

王夫之此一理論，不僅在反對朱子「《易》本卜筮之書」，也駁斥將《易》分為三等，更進一步指出朱子所採用的邵雍諸《易》圖，其來源是有問題的，並且與孔子所言要義，明顯違背。王夫之說：

> 至宋之中葉，忽於杳不知歲年之後，無所授受，而有所謂先天之學者。……其經營砌列為方圓圖者，明與孔子「不可為典要」之語相背。〔註114〕

王夫之甚至稱邵雍為「畸人」云云，〔註115〕其對於將《易》分「先天」「後天」等說之反對，誠如本研究之前所指出，在《易》學的傳承脈絡中，是沒有任何中斷，然而，邵雍卻云「先天之學」有不傳之秘，就王夫之來看，是覺得沒有任何說服力，是以採用立場堅定與明確的態度，予以全盤否定。

〔註112〕王夫之：《周易大象解》，頁391～392。
〔註113〕朱伯崑：《易學哲學史》第四卷，頁18～33。
〔註114〕王夫之：《周易內傳發例》第二則，頁347。
〔註115〕王夫之：《周易內傳發例》第一則，頁346；第二則，頁347。

　　王夫之既不認同邵雍、朱子等人的《易》學系統，則就宋代《易》學的代表精神，必另取價值，此是爲張載所云之「《易》爲君子謀，不爲小人謀」的主張爲要，最合乎孔子所言：「五十以學《易》，可以無大過」、「不占而已矣」之精神。汪學群由此而認爲，王夫之具體闡述了學《易》的積極意義：第一，學《易》可以按自然規律辦事；第二，窮物理盡人性以合天德；第三，學《易》可以提高人們的道德境界；第四，學《易》可以建功立業；第五，學《易》有助於全面的看問題。〔註116〕總而言之，王夫之繼承「義理」學派精神，並轉化邵雍、朱子中的占筮與象數的觀點，確定指出《易》並不是卜筮之書，在「占學一理」的蘊涵中，是有著積極的指出人生大道與經世致用的聖人鴻教之典籍。

　　王夫之除了將宋《易》重點指向邵雍、朱子，並強烈批評以外，對於其他有名《易》學大家，亦有所指涉；王夫之云：

> 唐、宋之言《易》者，雖與弼異，而所尚略同。蘇軾氏出入於佛、老，敝與弼均，而間引之以言治理，則有合焉。程子之《傳》，純乎理事，固《易》大用之所以行，然有通志成務之理，而无不疾而速、不行而至之神。張子略言之，象言不忘，而神行不遺，其體潔靜精微之妙，以益廣周子《通書》之蘊，允矣至矣；惜乎其言約，而未嘗貫全《易》於一揆也。〔註117〕

此段敘述時代，雖言「唐、宋」云云，其實所論及之學人有蘇軾、程頤、張載，甚至以對照於周惇頤《通書》，則知仍應歸類於宋代《易》學史之列。對於蘇軾有《東坡易傳》之作，依據《四庫提要》的介紹：「蘇籀《欒城遺言》記，……『朱子謂其惟發明愛惡相攻情僞相感之義，而議其龐疎；胡一桂記晁說之之言，謂軾作易傳自恨不知數學，而其學又雜以禪，故朱子作〈雜學辨〉，以軾是書爲首。』今觀其書，如解【乾】卦〈象傳〉性命之理諸條，誠不免杳冥恍惚，淪於異學；至其他推闡理勢，言簡意明，往往足以達難顯之情，而深得曲譬之旨，蓋大體近於王弼，而弼之說惟暢元（玄）風，軾之說多切人事，其文詞博辨，足資啓發，又烏可一概屛斥耶。」〔註118〕依此敘述可知，王夫之對於蘇軾之論斷，是爲學術上之普遍認定之事實。至於王夫之

〔註116〕汪學群：《王夫之易學——以清初學術爲視角》，頁78～80。
〔註117〕王夫之：《周易內傳發例》第三則，頁349。
〔註118〕紀昀：《四庫提要》〈經部·易類二〉，頁14～15。

一方面雖認同《程傳》義理，但另一方面，又秉持其「占學一理」之要義，論斷《程傳》之義理是僵化而無識於《易》學「神妙」之處。〔註119〕對於張載，王夫之雖然頗認同其言之「《易》爲君子謀，不爲小人謀」，且是說義理、談象數，並取周惇頤《通書》之標準予以肯定，但是，美中不足處，是過於簡略，仍是無法呈現《易》學全貌。

平情而論，後人站在新時代的制高點來論述前賢，本就允許應有自覺心的展示，以對學術有「後出轉精」的氣勢。是以針對王夫之對宋《易》義理的看法，是否如實而點出其不足處、或是根本是誤解之，的確是有深入再議的必要；然而，不能否認的是，這應該爲不同學術時代之學者的必然行爲，所以，王夫之不僅對於宋《易》有所論，對於漢魏《易》學，當然也必有所討論，以呈顯其完備之《易》學史觀。

三、漢魏《易》學史觀

傳統以來，就漢、魏《易》學的性質，一直將之歸爲象數派，而對象數的觀點，也一直被歸爲與「迷信、術數」是相同概念，而此一現象產生，又與「秦火」焚書下的影響有著直接效應；王夫之也是如斯看法，他說：

> 秦焚書，而《易》以卜筮之書，不罹其災。故《六經》唯《易》有全書，後學之幸也，然而《易》之亂也，自此始。……漢人所傳者非純乎三聖之教。乃秦既夷之於卜筮之家，儒者不敢講習，技術之士又各以其意擬議，而詭於情僞之利害。漢人所傳者非純乎三聖之教，而秦以來，雜占之術紛紜而相亂，故襄楷、郎顗、京房、鄭玄、虞翻之流，一以象旁搜曲引，而不要諸理。……弼學本老莊虛無之言，既詭於道，且其言曰：「得意忘言，得言忘象」，則不知象中之言，言中之意，爲天人之蘊所昭示於天下者，而何可忘邪？然自是以後，《易》乃免於嬲技者猥陋之誣，而爲學者身心事理之要典。〔註120〕

〔註119〕針對《程傳》義理過於僵化的觀點，朱子也有類似看法，於《朱子語類》卷六十七〈程子易傳〉章多有討論，於此贊舉一則以證：「問：『《程傳》大概將三百八十四爻作人說，恐通未盡否？』曰：『也是。則是不可裝定作人說，看占得如何。有就事言者，有以時節言者，有以位言者，以吉凶言之則爲事，以初終言之則爲時，以高下言之則爲位，隨所值而看皆通。〈繫辭〉云不可爲典要，惟變所適。豈可裝定作人說！」頁 1652。
〔註120〕王夫之：《周易內傳發例》第三則，頁 348。

首先，從發生原因探索起，為何聖人《易》學至兩漢時期會變成迷信與術數？王夫之認為與秦始皇暴政有關，因其「焚書坑儒」，致使儒學經典為了保持傳承不中斷，而不得不改變外形，借以「卜筮」之姿出現；再者，有一批趨炎附勢之徒，為求個人利益，借取《易》學為據，巧立名目，以神秘其術，向君王大發厥辭，以呈《易》學無所不通之旨；依王夫之的看法，這些人是包括襄楷、郎顗、京房、鄭玄、虞翻之流，都是譁眾取寵之徒，對《易》理不僅絲毫無助，且是將聖學解釋成弊病叢生，將《易》道推至深淵裏；王夫之最後談到王弼，認為他可以在一片術數風氣之下，毅然清除迷障，獨標義理，雖然是取「老莊虛無之言」以解讀，然而廓清之功，使《易》免淪喪於術數窠臼，單就此點，其功是為後人典範矣。此說影響後代甚巨，誠如《四庫提要·周易注提要》所云：「廓除象數，使《易》不雜於讖緯者，實弼之功；全廢象數，使《易》遂入於老莊，者亦弼之過，其得其失，兩不相掩，正不必各執門戶之見矣。」﹝註121﹞是《易》學界普遍的看法，當然亦是為王夫之重視《易》學義理之所由來。

然而，王夫之對從秦至漢、魏之《易》學史觀，大旨上仍依續《漢書》的觀點，是亦不合乎真正實情有二點可議：第一、就秦政與《易》實是關係密切，不焚《易》不僅僅是「卜筮」之外表而有保護外表，就《易》之形式與義理，仍是深受秦政多加認同；﹝註122﹞第二、漢魏「象數」不可一概而論，詳細區分可為「推《易》正法」與「附《易》立說」，就「附《易》立說」當然要廓清，然而「推《易》正法」卻一直未能被釐清，誠為可惜。﹝註123﹞當然就此學術現象，不僅王夫之未能區別，以目前之《易》學研究風氣來看，大都秉持王夫之《易》史觀者，仍可謂為普遍意識，例如，朱伯崑先生《易學哲學史》有四冊的撰寫龐大內容中，單就王夫之《易》學部份，多達 256 頁，是人物比例上篇幅最多，足證朱先生對王夫之的《易》學有所認同，而且體會頗深。是以說，王夫之《易》學史觀之「漢、魏」時期關，於現今雖為「顯學」，﹝註124﹞但卻未必是《易》學史真象。

﹝註121﹞ 紀昀：《四庫提要》〈易類一〉，頁6。

﹝註122﹞ 詳本研究第三章第一節。

﹝註123﹞ 詳簡博賢師：《魏晉四家易研究》〈自序〉，頁1。

﹝註124﹞ 詳張立文：《正學與開新—王船山哲學思想》第九章〈埋心不死留春色〉（北京：人民出版社，2001年12月），頁407～427。其言從遜清末年以來至今，有六個階段對船山思想之汲取，並進行著依其時代需要，以作全新的詮釋。

第三節　李光地的《易》學史觀

一、對朱子「四聖一心」說的延續與闡揚

　　針對李光地的學術旨趣之扼要介紹者，徐世昌《清儒學案》有云：「安溪學博而精，以朱子爲依歸。」〔註125〕若從《易》學史觀來看，的確是事實。無論是「四聖一心」、「經、傳分編」、「象數與義理兼顧」等三大觀念，李光地奉敕所編的《周易折中》完全是依據朱子的看法；眾所周知的，康熙帝是在政治意圖下考量，意圖將「治統」與「學統」貫穿爲一，因而熱衷於朱子學的研究，是以身爲大學士的李光地，自必有強烈的影響力而全力執行之；然而，不可忽視的是，朱子《易》學史觀中，本就有其歷史延續與豐富文化承載，終能符合大多《易》學者的信念，也是不爭的事實。

　　就朱了「四聖一心」的觀點，從朱子之〈述旨〉一篇爲之說明，可得詳細內容。李光地以闡寶者的虔誠之心，加以積極的再解讀，其云：「此贊極其精粹，不可不深思潛玩。」進而詳文以述，李光地說：

> 漢以來說《易》者，直以聖人作《易》，特爲道陰陽、消長，洩造化之妙耳，雖知其資於卜筮，然不以爲本指也。至朱子始以伏羲作《易》，正爲卜筮而設，其時風氣未開，民俗淳質，未知趨避吉凶，則第使之知所趨避而已；暨乎中古，淳質漓而詐僞滋，趨避益巧，但知有吉凶而不知有義理，則失伏羲教人之本意。故文王、周公作彖、繫爻，示人以中正仁義之歸，故曰其衰世之意耶。蓋因俗化之衰，而彌縫之使其淳也。然文周之蘊，莫之能發，是以《易》象雖存而大義乖，仍浸淫于術數。孔子於是推極文、周繫辭之至隱，發揮道德性命，於〈十翼〉之中，然後知《易》果非占卜之小數，而義理之微言也由此言之。伏羲教人趨吉避凶之心，即其教人舍惡從善之心，文王、周公中正仁義之教，即其使人不迷於吉凶悔吝之教，夫子發文周之心，闡義理之微，即其所以洩義皇之秘，極前用之道也。世更三古，教以時施，然其爲心，豈有二哉。自溺於文辭者，既不察夫立象之本，拘於象數者，又不適乎典禮之中，《易》之道泯泯棼棼，而幾乎熄，非周、程發其理，邵子傳其象，朱子復推卜筮

之指，以還《易》之本教，則雖欲知四聖之心，其孰從而求之。然
至于今，尚有執朱子三聖之《易》不同之說，而欲各以意求之者，
其蔽比於肆，且拘者而滋甚，彼蓋不善觀朱子之說，而以言害辭，
辭害意之失也，故此贊之序，三古源委相接，而卒之曰四聖一心，
此可以爲朱子之定論矣。〔註126〕

此段敘述，可以說是李光地就於朱子以前的《易》學簡史的論述。先就漢、
魏以來的錯誤觀念，先予以糾正，認爲漢、魏「象數」就是「道陰陽、消長，
洩造化之妙」而已，說穿了，就是陰陽家的術數，僅是誇耀神秘之能，絲毫
無助《易》學「四聖一心」之正面價值。直至北宋周敦頤、程頤對人事義理
的闡發，以及邵雍對象數之抉微，才使得「四聖一心」的豐富《易》理，再
度受到注意，當然，朱子的「《易》本卜筮之書」的提出，不僅恢復伏羲象數
要義，也呈顯孔子精微義理，使得《易》學之完整性，不會偏失於一方。因
此，李光地又說：

　　《易》之源流，四聖之後，四賢之功，爲不可掩。蓋自周子標太極
　　之指，邵子定兩儀以下之次，而伏羲之意明。程子歸之於性命道德
　　之要，其學以尚辭爲先，而文周之理得。朱子收而兼用之，又特揭
　　卜筮以存《易》之本教，分別象占以盡《易》之變通，於是乎，由
　　孔聖以追義文，而《易》之道粲然備矣。〔註127〕

稱許兩宋以降的四賢之功，即周惇頤、邵雍、張載、程頤等人，而集大成於
朱子；李光地於《周易折中》「集說」部份，對於他人均稱姓氏及名號，如「孔
氏穎達」云云，唯稱上述四賢，則云爲「周子」、「邵子」、「張子」、「程子」，
即見重視之深。至於李光地的「四賢」繼「四聖」之說，也是有所承；據《宋
史・朱熹傳》引黃榦（1152〜1221）之說，其云：「道之正統待人而後傳，自
周以來，任傳道之責者不過數人，而能使斯道章章較著者，一二人而止耳。

〔註126〕李光地：《榕村集》卷九〈述旨贊〉《文淵閣四庫全書》冊1324，頁664。
〔註127〕李光地：《周易通論》卷一〈易本〉《文淵閣四庫全書》冊42，頁538。另外
　　　　　於《榕村語錄》卷九〈周易一〉亦有類似說法，抄錄於後，以資對照：「易不
　　　　　是爲上智立言，卻是爲百姓日用使之，即占筮中，順性命之理，通神明之德。
　　　　　《本義》象數宗邵，道理尊程，不復自立說。惟斷爲占筮而作，提出此意，
　　　　　覺一部《易經》字字活動，朱子亦自得，意以爲天牖，其衷周子窮天人之源，
　　　　　邵子明象數自然之理，程子一一體察之於人事，步步踏實。朱子提出占筮平
　　　　　正，活動的確。故《易經》一書，前有四聖，後有四賢。」《文淵閣四庫全書》
　　　　　冊725，頁133。

由孔子而後曾子、子思繼其微，至孟子而始著。由孟子而後，周、程、張子繼其絕，至熹而始著，識者以為知言。」〔註 128〕此敘述唯一不同者，就是沒有觸及邵雍，蓋因黃榦重點在「道統」，而李光地則在《易》學，是以有些許差異，然而，內在蘊涵之精神，則是相同的。〔註 129〕另外，必須一提的是，李光地也注意到治《易》學的兩途徑，一者是從伏羲後要到周敦頤、邵雍始明的「象數」一系，一者為從孔子起到程頤所標榜「義理」一系，而終能在朱子的慧眼洞見中，「收而兼之」，致使「《易》之道粲然備矣」。李光地云：

> 象辭、爻辭之傳，專釋文、周之書，〈大象〉之傳，則所以示人讀伏
> 羲之《易》之凡也。蓋如卦體之定尊卑，分比應，條例詳密，疑皆
> 至文王而始備。伏羲畫卦之初，但如〈說卦〉所謂天、地、山、澤、
> 雷、風、水、火之象而已，因而重之，亦但如〈說卦〉所謂八卦相
> 錯者而已，其象則無所不像，其義則無所不包，故推以制器，則有
> 如〈繫傳〉之所陳，施之卜筮，亦無往不可，以類物情，而該事理
> 也。夫子見其如此，是故象則本乎義，名則因乎周，義則斷以己，
> 若曰先聖立象以盡意，而意無窮也。後聖繫辭以盡言而言難盡也。
> 存乎學者之神而明之而已矣。此義既立，然後學者知有伏羲之書，
> 知有伏羲之書，然後可以讀文王之書，此夫子傳〈大象〉之意也。

〔註 130〕

就〈大象傳〉作者，李光地是歸於孔子，此說雖與朱子觀點有所不同，〔註 131〕但是將〈大象傳〉歸類於伏羲《易》圖系統的論斷，則仍是在朱子《易》學系統下的再延續的再闡釋，用意則是明確的。

　　另外，李光地對於朱子將《易》分成三等的說法，也有詳細解說，朱子

〔註 128〕楊家駱主編：《新校本宋史并附編三種》卷 429（臺北：鼎文書局，1983 年11 月 3 版），頁 12771。

〔註 129〕當然，如果要仔細區分，不同之處仍是存在的。余英時先生就指出，朱子是很明確劃分「道統」與「道學」為兩個不同範疇，實涵有微妙而深刻的意義。是以余先生說：「明、清以來，論道統者已漸昧於此一分別。」見《朱熹的歷史世界——宋代士大夫政治文化的研究（上篇）》〈緒說〉（臺北：允晨文化公司，2003 年 6 月 10 日），頁 61～63。李光地以從政為第一考量，相信其解讀上，必以「道統」為是，是知李光所謂護翼朱子學云云，於此角度觀察，又是一謬誤處。本研究以《易》學為討論重點，就余先生的論述證補，則無法深入，暫且擱置。

〔註 130〕李光地編：《周易折中》，卷十一〈象上傳〉【乾】案語，頁 1063～1064。

〔註 131〕詳細討論見本研究〈大象傳〉章。

說：「讀《易》，當分為三等，伏羲自是伏羲之易，文王自是文王之易，孔子自是孔子之易。」針對此說，常是使人產生誤解之處，總以為是切割《易》學脈絡，破壞中國傳統文化，而以致於焦慮不已！針對此疑慮，李光地也是亟欲說明以證朱子之用心，李光地云：

> （問：）「不可以文、周之《易》，為伏羲之《易》；不可以孔子之《易》，為文周之《易》。朱子之說也，信乎？」（李光地）曰：「朱子有為言之也。為夫拘文而忘象，整理而棄占者爾；象涵于虛，辭指于實，占其本教，理其源出；混之、則不知賡續緝熙之功也，離之、則不知道法揆合之神也。故其贊曰：恭惟三古，四聖一心。」〔註132〕

李光地認為，讀《易》學者，常會因讀卦爻辭而疏忽了卜筮、象數等等條件，致使義理雖有善解，然而難免流於言人人殊、穿鑿附會之缺點；唯有全面掌握，才能體會「四聖一心」之蘊涵妙意。李光地此答，就文辭來看相當華麗，然而針對所要釐清眾人對朱子「《易》分三等」的疑慮，仍是未能具體而清晰，畢竟，朱子《易》學體系是從「《易》本卜筮之書」說為基礎，若對此基礎沒有真正的掌握，則其他所闡釋者之內容，僅是游離於周遭，而且是不著邊際的。但是，吾人仍可以確定的是，李光地亟欲為朱子說明的企圖是積極的。

至於，《易》學流衍，李光地也認為，並非至朱子時代就定於一尊，完全沒有再發展的空間。事實上，與朱子同時的學者，對朱子《易》學史觀是有不同意見，如與陸象山的「太極」之辨、袁機仲對「先天圖」的來源之質疑；甚至於朱子之後的學者，也多有從各種《易》學觀點提出駁斥，然而，李光地一本「尊朱」態度，並未改變立場，而且多能維護與闡明，李光地說：

> 然當朱子時，太極抑於陸子兄弟，先天毀於袁樞、林栗、程學，訾者亦眾，苟非朱子一一極辯，則三家之學且熄，而卜筮象占之說，又所以佐三家之未逮也。自時厥後，好議論者，猶將反之；故黃震攻康節之圖，王禕申河洛之辯，羅欽順滅太極之書，至於以卜筮為朱子詬屬者，又紛然而未已！夫學欲博而不欲雜，眾言淆亂，則折諸聖，《易》之為書，立說者最多，其雜且亂甚矣。夫苟不折以列聖羣賢，而惟博之好，則《易》之賊也。航於斷港絕潢，而望至於海不亦難乎。〔註133〕

〔註132〕李光地：《榕村集》卷一《文淵閣四庫全書》冊 1324，頁 532。。
〔註133〕李光地：《周易通論》卷一〈易本〉，頁 538。

在相互討論中，方能將箇中要義釐清，這是學術可大可久的必要途徑。朱子對《易》學理論之提出，而受到當時學者的質疑，因而得以更顯朱子《易》學的涵義。李光地認為如此，才能使疑慮止息，並且強調學《易》，可以博取，但是不能雜亂，若是雜取任何不當理論，以作為批評朱子《易》學者，則縱使是以博自詡，也難免流於雜亂，而喪失治《易》之正途。由上討論可證，李光地承續朱子《易》學「四聖一心」的信念，闡翼之心是相當積極的。

二、元明《易》學史觀

從朱子之南宋後，歷經元、明兩代，至康熙帝時代止，必然也有治《易》之學者對《易》學史中重要議題之討論者，因此，身為清代《易》學大家自居的李光地，且被康熙帝譽為：「素學有本，易理精詳」的李光地，勢必要對此時段的《易》學史及學者，也應有所評定，以完構其時代必備的《易》學史觀。

事實上，從以上之引述與討論，就可以初步發現，李光地對元、明以來的《易》學史觀的某些看法，以羅欽順（1465~1547）為例，一方面被視為「朱學後勁」，一方面卻又是否定周子〈太極圖說〉，如此一來等於是否定朱子的觀點；因為，羅欽順有一具體的說法：

> 周子〈太極圖說〉，篇首「無極」二字，如朱子之所解釋，可無疑矣。至於「無極之真，二五之精，妙合而凝」三語，愚則不能無疑。凡物必兩而後可以言合，太極與陰陽，果二物乎？其為物也果二，則方其未合之先，各安在邪？朱子終身認理氣為二物，其源蓋出於此。〔註134〕

依陳來的研究看法，他認為朱子是「理對於氣的作用正像一個作往復運行的操縱者，支配著氣的往而復、復而往的變化運行。……這樣一來，作為事物規律的理就被實化了。」因此，羅欽順主張「理與氣不是兩個實體，實體只是氣，理只是這一實體自身的規定、這一實體固有的屬性與條理。理與氣不是二元對待。」〔註135〕但是，無論如何，就李光地翼朱精神，則不能認同此

〔註134〕羅欽順：《困知記》卷下《文淵閣四庫全書》冊714，頁302。。

〔註135〕陳來：《宋明理學》（臺北：洪葉文化公司，1994年9月），頁281~282。陳來又說：「明代朱學發展到羅欽順，成為一個重要的里程碑，也發生了較之朱學原來的理論有較大變異的改變。....明顯地從『理學』向『氣學』發展。」頁278。

說，因此，李光地要指出：「羅欽順滅太極之書」云云，是沒有理解到朱子《易》學，當然就是否認羅欽順的態度；依此，大旨可以得出李光地雖認爲明儒對朱子《易》學雖有認同，然而，卻無法掌握箇中要義。對此問題的深入探討，我們可以再引一段李光地之說，作爲其《易》學史觀的總論。李光地說：

> 年來覺得《周易》一經，惟孔子透到十二分，不獨依書立義，義盡而止，有時竟似與原文相反，却是其中至精至妙之義，覺有透過之處，此經漢人只以術數推演，至輔嗣始從事理解，但發明處少，只算得一分，孔疏亦算得一分，周子《易通》之作，直通身是易，但於本文，未有詮釋，算得七分，程子雖有傳，精采少遜，算有六分，邵子先天圖，精妙無比，但說理處略，亦算有六分，朱子集成，復從占筮中見理，又透過一分，算有七分，至元明以來，不見作者矣。
> 〔註 136〕

從中可以體察，李光地就整部《易》學史上，宋代《易》學研究成果是比起漢、魏、唐以來來得豐盛，至於後續的元、明竟無所稱許者；依此，則《易》學史的承續，從孔子後要到宋代的朱子，宋代朱子後就是要到清代，甚至說是李光地自己，則是當仁不讓了。就此「元明以來，不見作者」的觀點，李光地作爲一整體評述，則必有有其價值準的。

只是，令人覺得有趣的是，其奉敕所編的《周易折中》引了 218 家爲折中之說，其中，唐以前是 35 家、兩宋 98 家、元明 85 家，依此引用數字來看，說「元明以來，不見作者」的判準爲何？畢竟，也引用了 85 家之多，如何能說「不見作者」！甚至，李光地有時還以此 85 家中之一家來否定朱子之說，例如【升】〈象〉：「柔以時升」句，則取元・龔煥之說，以證「非謂卦變」，〔註 137〕實際上就是不認同朱子的「卦變說」，而朱子的「卦變說」卻又是其《易》學主張的一大節目，它是與「《易》本卜筮之書」說理論是要相互呼應，取消了其中一項的主張，則無疑是要瓦解朱子《易》學體系，所以絕不可就單方面來論述。因此，討論李光地之「卦變說」，單就此條論「卦變」云云，是很重要的且是關鍵點，他攸關李光地是要如何解讀朱子《易》學的線索；是以，借彼之矛，攻子之盾，就足以否定李光地自己所言的：「元、明以來，不見作者」的籠統說法，

〔註 136〕李光地：《榕村語錄》卷九〈周易一〉，頁 133～134。
〔註 137〕李光地：《御纂周易折中》，卷九，頁 1005。至於詳細討論於本研究〈卦變〉章有論。

並非「不見作者」！總之，李光地實有必要再詳細說明所謂的：「元明以來，不見作者」的意涵爲何？對此問題之討論，或許借取同樣是清廷官方版的《四庫提要》論點，可以旁證李光地的看法。

　　說《四庫提要》的觀點之前，仍有必要先再回溯明末清初的學術風氣，以見其傳承脈絡。明朝滅於清兵之手，明代遺民就此錯愕結果，開始作深沉的反省後，而紛紛將矛頭指向「心性」之學是思想亂源的始作俑者。針對明末陽明學風的批評，以顧炎武爲例，其治學用心之一，就是明確指出其流弊處，他說：

> 顏子之幾乎聖也，猶曰：『博我以文』，其告哀公也，明善之功，先之以博學。自曾子而下，篤實無若子夏，而其言仁也，則曰：『博學而篤志，切問而近思。』今之君子則不然，聚賓客門人之學者數十百人，譬諸草木，區以別矣。而一皆與之言心言性，舍多學而識以求一貫之方，置四海之困窮不言，而終日講危微精一之說。是必其道之高於夫子，而其門弟子之賢於子貢，逃東魯而直接二帝之心傳者也，我弗敢知也。……愚所謂聖人之道者如之何？曰：『博學於文』，曰：『行己有恥』，自一身以至於天下國家，皆學之事也。〔註138〕

以歷史史實作爲古今對比，指出孔門親炙弟子，是如何的「博學於文」以進而從政，達成治國治民的目標；反觀明代學者，其所謂的號稱講學內容，儘是心性之論，而對於天下、國家諸事，卻是絲毫不予關心！兩者相較，其高下價值，立即可顯。顧炎武又在《易》學觀念闡述中，作〈艮其限〉條，云：

> 至於齋心服形之老莊，一變而爲坐脫立忘之禪學，乃始瞑目靜坐，日夜仇視其心，而禁治之，及治之愈急，而心愈亂，則曰：易伏猛獸，難降寸心。嗚呼！人之有心，猶家之有主也，反禁切之，使不得有爲，其不能無擾者勢也，而患心之難降歟！〔註139〕

不僅評述明末學風之無助於修身養性，並直接將學術性質直接與老莊、禪風劃歸等同，甚至將朱明王朝亡於滿清的責任，諉過於其清談形式下之流弊，而有所謂「三王」之譏。〔註140〕其實顧炎武的說詞未必正確，〔註141〕然而，

〔註138〕顧炎武：《亭林文集》卷三〈與友人論學書〉。張元濟主編：《四部叢刊初編》（臺北：臺灣商務印書館，1966 年），頁 94。

〔註139〕顧炎武著，黃汝成集釋：《日知錄集釋》卷一〈艮其限〉（臺北：世界書局，1991 年 5 月 8 版），頁 11。

〔註140〕顧炎武著，黃汝成集釋：《日知錄集釋》卷十八〈朱子晚年定論〉條：「以一

卻是當時普遍看法，而且此一負面看法之效應自是會影響接續者。

到了乾隆時代，編修《四庫全書》時，吾人從四庫《提要》的介紹中，對於明代《易》學之介紹，即可看到是依續顧炎武看法，而展現出對明代《易》學極盡鄙視之態度。誠如張麗珠師所說：「清人在建立政權以後，亟思以道統做爲治統之後盾，因此一方面刻意表現了對明學術、尤其是王學之極其詆毀；另方面則特意拉攏正統理學，表現了以程朱爲尊的學術傾向，以示其所接續才是道統之正。」〔註142〕雖說是政治的順水推舟，但是卻有極大的影響力，則是不爭之事實。

在詆毀方面，首先，就明代《易》學書籍，《四庫》輯錄著作 24 部，另〈易類存目〉148 部。單就數據資料來看，明顯是知寓編書之名，作毀書之實。再者，輯錄的 24 部中，有些是取來作「蓋示戒非示法也」之用，〔註143〕如以楊簡《楊氏易傳》爲例，此書是宋代所作，但是，依清人的看法，其影響卻在明代，因此，〈提要〉云：

> 簡之學出陸九淵，故其解《易》惟以人心爲主，而象數事物，皆在所略，甚至謂〈繫辭〉中，「近取諸身」一節，爲不知道者所僞作，非孔子之言，故明楊時喬，作《傳易考》竟斥爲異端，而元董眞卿論〈林

人而易天下，其流風至於百有餘年之久者，古有之矣。王宜甫之清談、王介甫之新說，其在於今，則王伯安之良知是也。」頁439。

〔註141〕然而一歷史事件之產生、甚至一帝國之滅亡，並非可以簡單到如此就能論斷，說陽明學派是始作俑者，實需有更多資料以證。勞思光先生說：「亭林對陽明之學本無所知，對王門流派亦不知其實況，但憑一己之感想而發議論。」《新編中國哲學史（三下）》（臺北：三民書局1990年11月增訂6版），頁669。張麗珠師也說：「其實以亡國大罪歸咎理學，非但理由並不充分，在學理上也不足以憾動理學根柢。」《清代新義理學──傳統與現代的交會》（臺北：里仁書局，2003年1月），頁15。另外，筆者也認爲，說明朝學子之不務於實學、對天下大事不關心，此一現象之產生必然有其因素，理應再從此原因探討，而不是僅就現象描述而已；難道國家滅亡了，皇室不用負責？皇室廷杖官吏，致使學者不敢仗義執言，皇室不用負責？因此，顧炎武等人只就現象批評，未就何以此現象原因探索，筆者以爲，顧炎武倡言改進之道，將是隔靴搔癢，未能確實挑到關鍵點。

〔註142〕張麗珠師：《清代新義理學──傳統與現代的交會》〈紀昀反宋學的思想意義〉（臺北：里仁書局，2003年1月），頁85。

〔註143〕紀昀：《四庫提要》《四書類二》後〈總論〉：「胡廣《大全》，既爲前代之功令，又爲經義明晦，學術升降之大關，亦特存之，以著明二百餘年士習文風之所以弊，蓋示戒非示法也。」（臺北：臺灣商務印書館，1985年5月增訂3版），頁756。

粟易解〉，亦引朱子《語錄》稱：「楊敬仲文字可毀」云云。實簡之務
談高遠，有以致之也。……夫《易》之爲書，廣大悉備，聖人之爲教，
精粗本末兼該，心性之理，未嘗不蘊《易》中，特簡等專明此義，遂
流於恍惚虛無耳！昔朱子作《儀禮經傳通解》，不刪鄭康成所引讖緯
之說，謂：「存之正所以廢之！」蓋其名旣爲後世所重，不存其說，
人無由知其失也。今錄簡及宗傳之《易》亦猶是意云。〔註144〕

雖然《易》道，廣大悉備，無所不包，但是其最高原則是不可失於一偏、甚
至流於虛無，而楊簡《易傳》所作，專言心性之學，下啓明代學風，致使學
術流於恍惚虛無，因此，上稟朱子治學體例，謂：「存之正所以廢之！」至此
知清人對明心性學之否認，措詞可謂甚重。又如《八白易傳》〈提要〉云：

大旨以《誠齋易傳》爲主，出入子史，佐以博辨，蓋借《易》以言人
事，不必盡爲經義之所有，然其所言，亦往往可以昭法戒也。〔註145〕

是知此書是借《易》爲昭戒人事，並非解經之作。館臣編採此書用心，即在
此也。另外，《四庫》大部份的編採目的，是取來標榜一套價值者，如《周易
辨錄》〈提要〉云：

其說多以人事爲主，頗剴切著明，蓋以正直之操，處杌隉之會，幽
居遠念，寄托良深，有未可以經生常義律之者，然自始至終，無一
字之怨尤，其所以爲純臣歟！〔註146〕

按、本書價值不在內容，而在作者操守，足以當爲典範，因此輯錄此書，作
爲教育臣民，以達「溫柔敦厚」無怨之功能。又如《讀易餘言》〈提要〉云：

是書以程、朱爲主，而兼采王弼、吳澄之說，與朱子《本義》頗有
異同。大旨舍象數而闡理，故謂陳摶所傳圖象，皆衍術數，與《易》
無干；諸儒卦變之說，亦支離無取。……又序卦、雜卦、文言三傳，
一概從刪，則未免改經之嫌也。要其篤實近理，固不失爲洛、閩之
傳矣。〔註147〕

按、於學術傳承上，該書改經、刪經之罪可說頗重，然而因重視程、朱義理，
一傳洛、閩學術精神，得以使文化能夠續承，是以館臣仍給予正面肯定，具

〔註144〕紀昀：《四庫提要》〈易類三〉，頁31。
〔註145〕紀昀：《四庫提要》〈易類五〉，頁75。
〔註146〕紀昀：《四庫提要》〈易類五〉，頁71。
〔註147〕紀昀：《四庫提要》〈易類五〉，頁70。

有保留價值。又如《周易象旨決錄》〈提要〉云：

> 明人之《易》，言數者入道家，言理者入釋氏，職是故矣。（熊）過
> 作此書，雖未能全復漢學，而義必考古，實勝支離恍惚之談。……
> 注某字，據某書，當作某，亦不敢擅更一字，在明人《易》說之中，
> 固猶屬謹嚴矣。〔註148〕

按、評論明代易學風氣，由此篇開始變質。而年代則爲「嘉靖」。另外館臣所
標舉之治學標準，是合乎嚴謹之樸學精神。又如《易義古象通》〈提要〉云：

> 明自萬歷以後，經學彌荒；篤實者，局於文句，無所發明；高明者，
> 騖於虛無，流爲恣肆。濬獨能博考舊文，兼存古義，在爾時說易之
> 家，譬以不食之碩果，殆庶幾焉。〔註149〕

即在譏評明代學風之缺失，並進而標舉本書價值。而《四庫》之編採，其價
值之所在，依車行健先生在〈紀昀《易》學觀初探〉一文中，有「論《易》
學研究的原則與規範」，歸納後提出七點，是爲：「1、切於人事，主張實用。
2、消融門戶之見、反對株守一家。3、象數義理並重，術數玄虛並斥。4、依
經立訓，發揮於《易》中。5、尊重經典，反對隨意竄亂古經。6、重視古義，
肯定輯佚保存之功。7、重視考覈，強調引論有據。」〔註150〕車行健又認爲，
雖然討論的是紀昀的觀點，其實就是《四庫全書》編採《易》類的標準觀點，
而楊晉龍更指出，此觀點與乾隆帝的想法必定是一致的，〔註151〕他其實就是
之前的李光地奉敕《周易折中》編纂時論點的延續。因此，回過頭來再談胡
廣等等明儒學術概念，縱使其所編之《大全》系列叢書，實在是疏陋頗多，
但是針對於《周易大全》，則仍然是有正面肯定處；《周易大全》〈提要〉云：

> 朱彝尊《經義考》謂：「廣等就前儒成編，雜爲鈔錄，而去其姓名；
> 《易》則取諸天台鄱陽二董氏，雙湖雲峯二胡氏，於諸書外，未寓
> 目者至多」云云。天台董氏者，董楷之《周易傳義附錄》，鄱陽董氏
> 者，董眞卿之《周易會通》，雙湖胡氏者，胡一桂之《周易本義附錄
> 纂疏》，雲峰胡氏者，胡炳文之《周易本義通釋》也。今勘驗舊文，

〔註148〕紀昀：《四庫提要》〈易類五〉，頁72。
〔註149〕紀昀：《四庫提要》〈易類五〉，頁77。
〔註150〕車行健：〈紀昀《易》學觀初探〉收入《經學研究論叢》第四輯（臺北：聖環
　　　　圖書公司，1996年4月），頁22～27。
〔註151〕楊晉龍：〈「四庫學」研究方法芻議〉，收入蔣秋華編：《乾嘉學者的治經方法》
　　　　（臺北：中央研究院中國文哲研究所，2000年10月），頁19～23。。

一一符合彝尊所論，未可謂之苛求！……然董楷、胡一桂、胡炳文，
篤守朱子，其說頗謹嚴；董眞卿則以程、朱爲主，而博採諸家以翼
之，其說頗爲賅備，取材於四家之書，而刊除重複，勒爲一編，雖
不免守匱抱殘，要其宗旨，則尚可謂不失其正。且二百餘年，以此
取士，一代之令甲在焉，錄存其書，見有明儒者之經學，其初之不
敢放軼者，由於此，其後之不免固陋者，亦由於此。〔註152〕

按、此書之價值在於以程、朱說爲土。由此可知清代政權，是相當認同程、
朱學。再者、政府官修舉動，無論如何，仍是要大力支持。因此，相較於朱
彝尊之措詞，顯見館臣偏於包容。當然，館臣就是延續顧炎武等人的立場，
借程、朱標準來打擊陽明心學。就如同張麗珠師所言：「特意拉攏正統理學，
表現了以程朱爲尊的學術傾向，以示其所接續才是道統之正。」借支持學術
之手段以，穩定政權之目的，在清代來說，策略的確是成功的。

　　然而，平情而論，《四庫》館臣也並非僅是政治意圖而已。就「心學」《易》
學本身來看，的確是有可議之處。從《易》學分類來觀察，心性《易》學，
雖然仍要歸入於「義理」派，但是，吾人要指出的是，王弼、程子以來的《易
傳》觀點，雖說義理見解是有所差異，但是，有時也要就卦象、爻位來論證
《易》之義理，是有所從來、有所依據；至於心性學之《易》，則是完全拋棄
此一束縛，直接「自由心證」，縱使，其重點也是要合乎「人事義理」，以便
解構朱學之不足處；只是，毫無邊際的說法，致使虛無縹緲的現象流弊，不
斷的產生，結果自己把自己也給解構的現象，則是不爭的無奈事實！誠如楊
月清所說：「陸王心學的易哲學思想在哲學和易學歷史上，最終是曇花一現。」
〔註153〕的確是爲最貼切的結論。因此，隨著清代學者的批評之後，心性《易》
學再也沒有後繼者矣！況且，陽明《易》學，雖或原本經義，然而並非解經
釋義、或於經文無所繫屬，要皆藉題發揮，實乃借《易》學以證其「心學」
範疇，並非眞《易》學；因此，就嚴謹之「經學」概念，是以無後續者，實
乃學術客觀判斷下的選取，是必然之結果，良有以也。

　　因此，當我們看到李光地說「元明以來，不見作者矣」的感嘆，其實就
是在感嘆《易》學偏向於「心學」之嘆，是偏離於「四聖」、「四賢」所立價

〔註152〕紀昀：《四庫提要》〈易類五〉，頁68～69。
〔註153〕楊月清：〈易學哲學史之一嬗變——陸王心學的易學思想探析〉（《周易研究》
　　　　　2005年5月），頁29。

值，當然是要被批判與鄙視；可是，另一方面，不能否認的是，就對於程、朱《易》學觀的承傳與闡述，仍有學者是秉持接續之功，因此於《周易折中》引了 85 家，就是對其肯定之處。

第八章　解《易》方法

　　紀昀曾云：「《易》道深淵，包羅眾義。隨得一隙而入，皆能宛轉關通，有所闡發。」[註1] 即在肯定《易》道廣大悉備，擁有含藏萬理之內容；然《易》道無方，而理潛無形，是以有貴於「方法」之善用，以求《易》所蘊涵無窮之理也。其間或有學者認為所謂「方法」者，乃自家之所體悟，很難明晰示人，[註2] 但是，不可否認的是，其所自悟過程，是有著「試圖通過某一線索，以『出言有章』的方式，展開有關於對象的思考和解釋、剖析，去透視其內部的關聯與外現的意義。」[註3] 是以仍有提引後人途徑之參考價值；所以說，

〔註1〕　紀昀：《四庫提要》來知德《周易集注提要》，頁 74。
〔註2〕　熊十力（1885～1968）先生對於國學治學，有所謂的「方法」者，是頗為斥責的，他說：「每見青年問學，開口必曰方法，此極可惜。須知學問方法，必待學成而後能能明其所以。至求學時代，則全仗自家一副精心果力，暗中摸索，方方面面，不憚繁難，經歷許多層累曲折，如疑惑、設計、集證、決斷、會通、類推等等。其間所歷困難與錯誤，正不知幾許。窮年矻矻，而後有成。一旦豁然，回思經歷，方自見有其所循之方法，可舉以告人者，然亦略舉大端而已。至其甘苦隱微終不能揭示於人，莊子斲輪之說是也。今日後生開口便問方法，至於自家是否有真實心力，則一向怠慢。譬如懦夫，自無能行之力，空訪路途，其能舉步否耶？」見《十力語要》〈與鄧子琴宋莘張詎言〉（臺北：廣文書局，1975 年 4 月再版），頁 56。觀熊先生之斥責是有關於「人格之學」是沒有「方法」可依循，畢竟人人都是「獨一無二」；然而，於本研究主旨在討論《易》，就《易》中辭句，與熊先生之範疇不同，因此，是可以有「方法」的。又如禪宗一派，最講究「頓悟」，強調「不立文字」，然而其所傳《燈史》、《公案》、《語錄》卻有如雲如雨之多，蓋亦不否認借「文字」所述，亦有給予後人憑藉之用。以上參杜松柏：《禪是一盞燈》〈不立文字〉（臺北：漢光文化公司，1987 年 10 月 5 版），頁 26～29。
〔註3〕　龔鵬程：《文學散步》〈運用方法〉（臺北：漢光文化公司，1988 年 4 月 4 版），

其目的亦在累積原典解讀成果、以求帶動更進步的現象，何秀煌說：「方法的認識和把握增加人類從事的活動所帶來的成果，令人類更有效率地解決問題；而且使人更有系統地建立知識，累積經驗，將它們傳遞他人，或遺留後代，促進人類的文明。」〔註4〕因此，身爲後學者，有責任要將先賢之「方法」善加應用，以完成承先啓後之任務。

廣義的「方法」論，或許包括：「如何操作的程序或步驟」，以及：「如何的態度」，均可納入，就楊士毅所說：「『方法』一詞的意義並不僅是如何操作的程序或步驟，只要是『如何』的問題皆是方法。此外，它也包含了心理上的態度。」〔註5〕若依此，則研究者任何說解、評述的相關內容，均是「方法」了，如此一來，則「觀點」也在「方法」範圍中，那麼很容易陷於「先入爲主」的漩渦中，卻仍絲毫不自知，因此，應另有定義以說「方法」之概念。

就此概念，吳有能師有一深刻點明，他說：「不要混同方法與觀點。」〔註6〕舉例來說，「假如我對世界有某種看法，然後再拿這個想法來解釋不同現象的話，顯然的，我的這個看法，並不是甚麼方法，而是觀點。」〔註7〕此說極是。因此，本節研究旨趣，既題爲：「解《易》方法」，則理應先排除被研究者之「觀點」或說「心理上的態度」等等先入爲主之信仰或成見；所以，諸如朱子、王夫之、李光地等人的「四聖一心」、「四聖同揆」、「《易》本卜筮之書」等等包括《易》之性質、價值者，均不得列入「方法」範疇，因爲他們都是治《易》者的價值「觀點」。〔註8〕

頁 73。

〔註4〕 何秀煌：《文化‧哲學與方法》〈方法論與教育〉（臺北：東大圖書公司，1988年1月），頁52

〔註5〕 楊士毅：《邏輯‧民主‧科學》（臺北：書林出版公司，1991年10月），頁15。

〔註6〕 吳有能師：《對比的視野——當代港臺哲學論衡》（臺北：駱駝出版社，2001年），頁2～3。

〔註7〕 吳有能師：《對比的視野——當代港臺哲學論衡》，頁3。

〔註8〕 曾春海先生有《朱熹易學析論》第七章〈朱子注書的體例〉，即是方法的闡釋，然而於本章結束時，又討論到：「朱子深信易本卜筮而作」云云，曾先生即是把「方法」與「觀點」混爲一談的表現，見該書，頁149。至於楊國寬：《朱熹易學研究——對程頤易學的傳承與開新》第四章有〈關於解《易》的方法〉，則談到朱子「其《本義》解《易》多先言象再及義理」、「朱熹則採取『稽實待虛』的方法」等等現象，則楊國寬之說也是以「觀點」作爲「方法」之誤。見（私立玄奘大學中國語文學系碩士論文，何澤恆教授指導，2004年6月），頁145～146。又龔鵬程說：「方法，則關聯著價值的問題，依我們認爲合理的價值與方法，去達致合理而有價值的活動。」《文學散步》〈運用方法〉，頁74。

　　至於「方法」論，吳有能師接著說：「方法可說是旨在達到某種目的之程序及安排，……對於這一程序活動，我們自然期望它有一定的有效性，……但是，有效性還是得相應於特定的目的才可以講。」〔註9〕何秀煌也說：「我們尋求方法，目的和旨趣就在於認識法則，解釋法則，組織法則，並且進一步體現法則和運用法則。……舉凡是方法的必須提出原理，指明規律，點破範例；或者列舉製作規則、解答程序或完事步驟。」〔註10〕由此定義來看「方法」論者，就於「解《易》方法」之主題，則本研究初步認定，凡是由卦象、爻例，以推衍卦爻辭所述之內容，以及就卦爻辭如何取得具體解釋，或借其他相關書籍之歸納、訓詁，以助讀者瞭解並取得前後呼應之內容主題者為限；而且，後學者也可以繼續加以沿用，如此才合乎所謂的：「借一程序活動以達某目的，而此目的是有效的結果」或是「列舉製作規則、解答程序或完事步驟」云云。昔熊十力先生曾說：「有釋經之儒，以注解經書為業，……有宗經之儒，雖宗依經旨，而實自有創發，自成一家之學。」〔註11〕是知「宗經之儒」者，僅能說是藉題發揮而展現其一家創發，則應列為「觀點」即可；至於所謂「方法」，是以「釋經」角度者，方為正確之途。

　　另外，林義正亦有提出「直釋與旁通」的兩個詮釋基型；其所謂的「直釋」者，「是專就某一經典本身來從事詮釋，以顯發一經之義。」其具體例證有五點：「從句解『乾元亨利貞』的差異，見詮釋立場的問題」、「從『理會經義』的深淺，見詮釋層面的問題」、「從『訓詁、義理』見詮釋循環的問題」、「從『言象意』的相依，見詮釋的技巧的問題」、「從『六經注我、我注六經』的詮釋異路，見理解的主客問題」，而所謂的「旁通」者，「根本上是承認任何二經間可相通。」其具體例證有《易經》與《春秋》相貫通」、「《易經》與《道德經》相會通」、「《易經》與佛學相會通」等等。〔註12〕林義正先生的「方法」頗佳，所得具體解釋成果亦豐厚，而其所云意境，與漆永祥所指出的：「歸納古書通例以指導學術研究的方法。」「也就是說，通過對古書通例的歸納，可能掌握古人著書之主旨、行文修辭之法和古書致誤規律，進而指

　　　　龔先生之「方法」亦是「觀點」。
〔註9〕 吳有能師：《對比的視野——當代港臺哲學論衡》，頁4～5。
〔註10〕 何秀煌：《文化‧哲學與方法》〈方法論與教育〉，頁54。
〔註11〕 熊十力：《讀經示要》（臺北：明文書局，1987年9月30日再版），頁435。
〔註12〕 林義正：〈論中國經典詮釋的兩個基型：直釋與旁通——以《易經》的詮釋為例〉見《周易研究》2006年第2期），頁26～40。

導具體的治學實踐，有系統、有規律地進行經史研究與古文獻整理，達到舉一反三而事半功倍的效果。」〔註13〕均在提綱挈領訴諸後學者研究進程，本研究將有所參考與進一步說明。

總之，就《易》學深奧，廣大悉備的概念，是存在於歷代每一位治《易》學者的價值體會，雖然如何解《易》或許有程度上的某些差異，但是在其精神中，仍是大同而小異，廖名春有一深刻的主張，足以總結「方法」論，他認為：其一、「先學易學史，從源溯流，對易學有一個基本把握」，其二、「以經傳為本，旁及其他」，其三、「象辭一體，以象數為義理服務」，其四、「掌握《易》例」，這些見解，以觀察朱子、王夫之、李光地等三人之治學角度來看，的確都是頗為適用的；另外，廖名春還指出今人研究的新趨勢，他說：「重視出土材料與傳世文獻的互證」，〔註14〕此說又標舉出「時代性」的特質，也就是說，這些出土材料，都是朱子以降至遜清以前之傳統學者所沒有接觸到的資料，或許，可以因而推翻他們的結論，〔註15〕然而，本研究要指出一點，那就是以朱子「《易》本卜筮之書」說的「開放詮釋」性格，必然是樂觀其成。因此，解《易》的方法上，至今可以說仍具有新途徑之闡發空間，也必然可以在「前修未密，後出轉精」的累積下，相信在不久之將來，必能有更豐碩的成果呈現，充分展現《易》學豐沛內容。

本章內容將述王夫之、李光地對朱子「解《易》方法」之比較，但是尚有一觀念必須提出說明者，即：「方法雖具有某種程度的穩定性，但它們卻是

〔註13〕 漆永祥：〈論中國傳統經學研究方法——古書通例歸納法〉，收入蔣秋華編：《乾嘉學者的治經方法》（臺北：中央研究院中國文哲研究所，2000 年 10 月），頁71。

〔註14〕 廖名春：《周易經傳十五講》第一講〈緒論〉，頁 18～23。

〔註15〕 例如，就卦爻辭多有「貞」字，傳統學者就作「正」解，屈萬里則說：「甲骨卜辭，用貞字綦多，率皆卜問之義。……然細按易辭，則殊不然。……實皆可以『守其素常而不變。』」見《書傭論學集》〈說易散稿〉（臺北：聯經出版公司，1984 年 7 月），頁 30。勞思光則說：「蓋『貞』字自甲骨文之卜辭至周初文字中，皆無不作『占』解；並無作『正』解之理。」《新編中國哲學史（二）》，頁 79。二說雖有不同，孰說為佳，非本研究重點，暫且擱下，然而二家都觸及「甲骨文」，而「甲骨文」絕對是李光地前之學者所未嘗見，是為事實，是今人研究資料不同於古人之證。因此廖名春說：「近年來，與《周易》有關的材料不斷出土，其中許多是王弼、孔穎達、程頤、朱熹、高郵王氏父子沒有見過的文獻。這些出土材料，不但給易學研究提供了新的資源，更重要的是與現有的文獻相互印證，能加深我們對現有文獻的認識。」《周易經傳十五講》第一講〈緒論〉，頁 22。

有演化的，有進步可言的。」〔註16〕因此朱子雖有其解《易》「方法」，然而後學者王夫之、李光地等人，必然有其修正之必要，進而提出新「方法」，蓋因其「目的」殊異，這也是學術研究，樂見其成的現象；當然若就朱子學術理性與包容雅量，自亦樂見其成。

第一節　朱子解《易》方法及其特點

在《朱子語類》卷六十七有所謂的〈讀易之法〉，細觀所述，雖大都是偏向於「應具態度」與「治《易》基礎學養」，如：「虛其心以求其義，不要執己見。」〔註17〕「人須是經歷天下許多事變，讀《易》方知各有一理，精審端正。」〔註18〕的確是在告訴讀者，所謂的「讀《易》之法」；但亦有合乎所謂「解《易》之法」者，如「讀《易》之法，先讀正經，不曉，則將〈彖〉、〈象〉、〈繫辭〉來解。」〔註19〕朱子此說，正與其主張「經、傳分編」的看法一致，畢竟〈彖傳〉以後諸傳，均是注《易》的一家之言，縱使說得好，也僅是個別看法，不代表《易》只有如此看法，誠如朱子所說的：「他（程傳）說道理決不錯，只恐於文義名物也有未盡。」〔註20〕總之，朱子認為注解者所云，是：「各有長處。」〔註21〕因此，讀《易》還是「先讀正《經》」，從原典著手，方是解《易》首要途徑。畢竟，《易》卦爻辭所述內容，由於年代久遠，致使深奧難懂，誠如朱子所云：「《易》難看，不惟道理難尋，其中或有用當時俗語，亦有他事後人不知者。」導致解讀上的紛紜多樣；朱子接著舉了一例，說：「且如『樽酒簋貳』，今人硬說作『二簋』，其實無二簋之實。陸德明自注斷，人自不曾去看。如所謂『貳』，乃是《周禮》『大祭三貳』之『貳』，是『副貳』之『貳』，此不是某穿鑿，卻有古本。」〔註22〕朱子於此又用提示一方法，即「歸納法」作為「以《經》證《經》」。總之，吾人於〈讀易之法〉中，可發現朱子「解《易》方法」中有提到「讀正《經》」、「以他《經》解本《經》」、「歸納」諸家之解等三種方法，這即是林義正所提的「《易經》與《春

〔註16〕何秀煌：《文化‧哲學與方法》〈方法論與教育〉，頁53。
〔註17〕黎靖德編：《朱子語類》卷六十六〈易三‧綱領下‧讀易之法〉，頁1660。
〔註18〕黎靖德編：《朱子語類》卷六十六〈讀易之法〉，頁1659。
〔註19〕黎靖德編：《朱子語類》卷六十六〈讀易之法〉，頁1661。
〔註20〕黎靖德編：《朱子語類》卷六十六〈讀易之法〉，頁1663。
〔註21〕黎靖德編：《朱子語類》卷六十六〈讀易之法〉，頁1663。
〔註22〕黎靖德編：《朱子語類》卷六十六〈讀易之法〉，頁1661。

秋》相貫通」的方法概念相同；事實上，本研究認為，除了這三種以外，我們可以再從《周易本義》去體會，以便全面掌握朱子所用之「解《易》方法」。

至於談朱子之「解《易》之法」者，有朱伯崑先生的解說甚好，其有言：「就《周易本義》對卦爻辭的解釋看，朱熹所依據的體例有四：兩體、卦象、卦德和卦變。兩體即〈彖〉傳中的爻位說。」〔註23〕朱先生又認為：「此四種體例，皆來於《程氏易傳》。」此說表明了解《易》之卦爻辭的內容涵意，可以提供不錯的啟發。然而朱先生之說，對朱子的「解《易》方法」的討論，尚有不足之處，且未盡全是！依本研究從《周易本義》分析歸納，朱子解說卦爻辭計有十四種，並不是僅有四項；再者，朱子的「卦變」例與程子說也有迥然不同的觀點，因此，不得輕易斷言說朱子僅來自程子說。以下試就本研究所分十四項之資料，逐項列舉，並稍作論說，以呈顯朱子「解《易》方法」之延續傳統與其特點。

一、延續《程傳》四例

朱伯崑有簡述朱子解《易》方法中，有言「四種體例」，是為：「兩體、卦象、卦德和卦變」，並指出朱子此根據，均來自《程傳》體例；至於此四種有那些內容，朱先生並未列舉，是以本研究先行舉例以補證之。朱子於【屯】卦〈彖〉傳，有明確說明，可作為朱子發凡起例之意：

（一）以二體釋卦名義：

> 【屯】〈彖〉：「屯剛柔始交而難生。」朱子注：「以二體釋卦名義。始交，謂【震】；難生，謂【坎】。」

（二）以二體之德釋卦辭：

> 【屯】〈彖〉：「動乎險中大亨貞。」朱子注：「以二體之德釋卦辭。動，【震】之為也；險，【坎】之地也。」

（三）以二體之象釋卦辭：

> 【屯】〈彖〉：「雷雨之動滿盈。」朱子注：「雷、【震】象，雨、【坎】象。」

由此之說，借以為研究進路，當再深入檢索《周易本義》後，可再得以下資料以證。朱子於【蒙】〈彖〉注：「以卦象卦德釋卦名。」「以卦體釋卦

〔註23〕朱伯崑：《易學哲學史》第二卷，頁470。

辭。」【需】〈彖〉注：「此以卦德釋卦名義。」「以卦體及兩象釋卦辭。」除了【乾】、【坤】之外，以下五十八卦〈彖〉注，朱子均如斯解讀，不必贅舉。〔註24〕

　　就此三種方法當中，朱子特別注重「卦德取義」說，朱子云：「《易》中取象，不如卦德上命字，較親切。如【蒙】險而止，【復】動而順行，此皆親切。如山下出泉，地中有雷，恐是後來又就那上面添出；所以《易》中取象處，亦有難理會者。」〔註25〕觀朱子討論內容，是以〈彖〉與〈大象〉比較，認為〈彖〉解《易》明顯比〈大象〉優，且〈大象〉取義有難以理會之處。就朱子此段內容的討論中，所標舉的兩項主題，一者為注重「卦德取義」，二者為「〈大象〉有難以理會之處」的質疑，分別被李光地與王夫之所繼承；李光地於《周易折中》〈義例〉時，提出「時、位、德、應、比」，就認為要以「德」來統合之。〔註26〕至於王夫之就明確指出〈大象〉本就「自別為一義」，不必「強欲合之。」〔註27〕以此是知朱子與王夫之就〈大象〉解《易》方法上，有共同的認知傾向。因此當見朱子又說：「大概看《易》，須謹守〈彖〉、〈象〉之言，聖人自解得精密平易」〔註28〕時，則知〈象〉應指〈小象〉，而非〈大象〉；總之，朱子對於〈彖傳〉解「經文」是深具信心。因此朱子以〈彖傳〉為主，用以為說的「卦變」說，當然也深信不疑。

（四）卦變說

　　就「卦變」說，自《春秋‧左氏傳》即有引用，至漢、魏時代，以虞翻為代表，更擴其說，蔚為重要解《易》條例。朱子有十九「卦變」說，是為：【訟】、【晉】、【无妄】、【大畜】、【泰】、【否】、【隨】、【蠱】、【噬嗑】、【賁】、【咸】、【恒】、【睽】、【蹇】、【解】、【升】、【漸】、【鼎】、【渙】。黃宗羲說：「卦變之說，由【泰】、【否】二卦〈彖辭〉：『小往大來』、『大往小來』而見之，而夫子〈彖傳〉所以發明卦義者，於是為多，顧《易》中一大節目也。」〔註

〔註24〕黃沛榮先生：《周易象象傳義理探微》〈象傳義理〉（臺北：萬卷樓圖書公司，2001年4月），頁22～27有詳細歸納，可參之。
〔註25〕黎靖德編：《朱子語類》卷六十六〈易二‧綱領上之下‧象〉，頁1641。
〔註26〕曾春海：〈李光地的易學初探〉收入江日新編：《清代經學國際研討會論文集》（臺北：中央研究院，中國文學研究所，1994年6月），頁199～200。
〔註27〕王夫之：《周易內傳發例》第十九則，頁372～373。
〔註28〕黎靖德編：《朱子語類》卷七十三，〈易九‧艮〉條，頁1852。
〔註29〕黃宗羲：《易學象數論》〈卦變一〉（浙江：浙江古籍出版社，1993年11月2

29〕足見以〈彖〉解《易》是朱子重要依據，也可證朱伯崑先生所述是言之有據者。然而，朱子「卦變」，有其異於虞翻者，簡單講，虞翻「卦變」說，他是延續「四聖同揆」的理念，四聖的作法、精神、意境，完全是相符合，因此《易傳》必是根據且合乎「卦爻辭」，而「卦爻辭」的內容亦必然合乎「卦象」所述，是以說，卦爻辭必然與卦象綰合；而朱子「卦變」說，是要解釋尚未有文字前的伏羲《易》學系統，諸如王應麟所指出云：「伏羲之《易》，當以圖觀之。」即朱子取邵雍諸圖為主之論點；所以說朱子與虞翻均論「卦變」，其實是「名同實異」的不同理趣，是有著不同之治學出發點與用心的。至於，朱伯崑先生說朱子繼《程傳》之後也講「卦變」，其實《程傳》用心與虞翻大抵相近，當然朱子與《程傳》也就仍是屬於「名同實異」的不同範疇了！總之，朱子既要說「卦變」，又不取虞翻以來之傳統說法，這顯示朱子的確是有他的新看法，是以知，朱子說「卦變」，是其解《易》的方法之一；至於詳細討論，本研究已於第四章處理之。

二、延續王弼《易》例

若僅就現象來看，說上「四例」是朱子取程子說為據，則以下之「應」、「乘」、「中正」、「當不當位」及「主爻」說等等，是以王弼《易》例而來，則為不爭事實。屈萬里先生言王弼「卦例」大旨，約分三端，即「反對」、「二體」、「一爻為主」，而又說「存時」之說，尤深得〈彖〉〈象〉傳之例，至於其述爻例則以「比、應、承、乘、據、附、順、逆」為說，深得〈十翼〉之旨趣云云。〔註30〕今檢索朱子《周易本義》，得證屈先生是說，亦可解朱子《易》學方法：

（一）成卦之主

卦主者，少者多之所貴，寡者眾之所宗，是為繫全卦旨義所在；此即王弼所言之「一爻為主」，王弼《略例·明象》云：「夫眾不能治寡，治寡者至寡者也。夫動不能制動，制天下之動者，貞夫一者也。故眾之所以咸存者，主必致一也；動之所以得咸運者，原必无二也。」〔註31〕是以朱子延續此

次印刷），頁 54。

〔註30〕屈萬里：《先秦漢魏易例述評》卷下〈王弼易例〉，頁 150～151。

〔註31〕王弼：《周易略例》〈明象〉，收入《周易王韓注》（臺北：大安出版社，1999年 6 月），頁 250。然而，有唐君毅先生，不取此角度，而是以「所由」為說，才是王弼論說精神。唐君毅：「凡人之正面觀一情境之全，皆是一之、寡之、

精神，亦予以說〈象傳〉以證《易》六爻有「卦主」云云；朱子云：「有一
例，成卦之主，皆說於彖詞下，如【屯】之初九利建侯，【大有】之五，【同
人】之二，皆如此。」〔註32〕以此概念再檢索《周易本義》者，得之如下：

　　【屯】卦，朱子注：「初九陽居陰下，而爲成卦之主。」

　　【蒙】九二，朱子注：「凡二以剛陽，爲內卦之主。」

　　【訟】九二，朱子注：「九二陽剛，爲險之主。」

　　【師】六五，朱子注：「六五，用【師】之主。」

　　【泰】六五，朱子注：「以陰居尊，爲【泰】之主。」

　　【謙】六三，朱子注：「四爲卦主。」

　　【隨】初九，朱子注：「初九以陽居下，爲【震】之主。」

　　【觀】初六，朱子注：「據九五爲主也。」

　　【賁】六五，朱子注：「六五柔中，爲【賁】之主。」

　　【復】初九，朱子注：「一陽復生於下，【復】之主也。」

　　【震】初九，朱子注：「以剛在內，誠之主也。」

　　【咸】九四，朱子注：「九四居股之上，脢之下；又當三陽之中，心之象，
　　　　　　【咸】之主也。」

　　【恒】初六，朱子注：「以陰居【巽】下，爲【巽】之主。」

　　【明夷】卦，朱子注：「其上六爲暗之主。」

　　【夬】九五，朱子注：「九五當決之時，爲決之主。」

　　【姤】九五，朱子注：「五以剛陽中正，主卦於上。」

　　【升】初六，朱子注：「初以柔順居下，【巽】之主也。」

　　【革】九五，朱子注：「九五以陽剛中正，爲【革】之主。」

　　【歸妹】六三，朱子注：「六三陰柔而不中正，又爲說之主。」

　　【豐】六二，朱子注：「六二居【豐】之時，爲【離】之主。」

　　【旅】六五，朱子注：「六五柔順文明，又得中道，爲【離】之主。」

　　【巽】初六，朱子注：「初以陰居下，爲巽之主。」

　　　而簡之，亦即皆是統之于一宗、會之于一元，而之其所由之理。此理只是一
　　『所由』，如道之只是一『所由』。『由』眾至寡、『由』多至一、『由』繁至簡
　　之『由』之所在，即理之所在，亦易道之所在。」見《中國哲學原論——原
　　道篇（二）》（臺北：臺灣學生書局，1986 年 10 月全集校訂本），頁 336～337。
　　究竟如何，本研究重點不在王弼《易》學，是以先行擱置，以待來日。

〔註32〕黎靖德編：《朱子語類》卷六十七〈總論卦象爻〉，頁 1664。

【兌】六三，朱子注：「陰柔不中正，爲【兌】之主。」

【中孚】九五，朱子注：「九五剛健中正，中孚之實，而居尊位，爲孚之主者也。」

由是可證，朱子說「卦主」，更有內卦、外卦之分，以便對卦爻辭有一根據之善解；更進一步說，朱子的「卦主」觀，其可貴處，是在表明任何爻位，只要時空條件具備，都有可以成爲「卦主」的條件，充分展現人性中「性善」本具的價值肯定與未來成就的無限可能。此說是爲朱子擴大王弼《易》例之說，爲其解《易》重要條例，也是義理價值的重要表現方式。

（二）應、乘、中正、當位等例

「應」者：凡初四、二五、三上，陰陽互異曰「應」；「中正」者：凡陽居五、陰居二，皆曰「中正」；「當位」者：凡陽居初、三、五，陰居二、四、上曰「當位」，陽居二、四、上，陰居初、三、五曰「不當位」；「乘」者，凡爻居爻上曰「乘」。此皆治《易》學者，必取之例，朱子亦多有取之。

【屯】六二，朱子注：「六二陰柔中正，有應於上，而乘初剛。」按【屯】爻爲陽五，故言「有應於上」，又六二陰爻居陰位，故稱「中正」云云。

【蒙】六三，朱子注：「六三陰柔，不中不正。」六五，朱子注：「柔中居尊，下應九二。」

【訟】九二，朱子注：「九二陽剛，……上應九五，陽剛居尊，勢不可敵。」九四，朱子注：「九四剛而不中，故有訟象。以其居柔，故又爲不克。」九五，朱子注：「陽剛中正以居尊位，聽訟而得其平者。」朱子以此來解說《易》爻之間關係，由此可見。以上之說，爲朱子對王弼說的繼承與闡揚。〔註33〕

三、延續漢魏之荀、虞《易》象例

就《易》學中之象數與義理之特質，凡是治《易》學者，多有觸及；然而，自王弼「掃象譏互」，否定漢、魏「象數」，後人引以爲治《易》標的，多以王弼義理精神爲說，視「象數」僅爲穿鑿附會。〔註34〕至於朱子，就於

〔註33〕 王風：〈試談王弼易學的特點及其對朱熹的影響〉認爲王弼有三個特點：「條例義理化、形上本體化、具有內在性。朱熹在少年時用數年時間研習立於官學的王弼易學，從而受到了王弼易學思想的深刻影響。」見（《中國哲學史》季刊2006年第3期），頁37。

〔註34〕 諸如林麗眞說：「若問其所以如此取象的緣由，則似乎並無嚴格的規定，且與

漢、魏《易》學中之取象說，亦多有評議，但大抵仍以否定其價值爲其學術立場。朱子〈易學啓蒙序〉云：

> 聖人觀象以畫卦，撰著以命爻，使天下後世之人，皆有以決嫌疑、定猶豫，而不迷於吉凶悔吝之塗，其功可謂盛矣。然其爲卦也，自本而幹，自幹而支，其勢若有所迫而自不能已。其爲著也，分合進退，縱橫順逆，亦無往而不相值焉。是豈聖人心思智慮之所得爲也哉？特氣數之自然形於法象見於圖書者，有以啓於其心而假手焉耳。近世學者，類喜談《易》而不察乎此。其專於文義者，既支離散漫而無所根著，其涉於象數者，又皆牽合傅會，而或以爲出於聖人心思智慮之所爲也。若是者，予竊病焉！因與同志頗輯舊聞，爲書四篇，以示初學，使毋疑於其說云。〔註35〕

然而，朱子與其他治《易》學者最大不同之處，是並不否認「象數」是《易》學根本，他所否定的僅是漢、魏條例；因此，朱子作《易學啓蒙》，另以邵雍「圖書象數」之說，建構其心目中的《易》學象數體系，簡單說，即：「從伏羲到邵雍之《易》學象數系統」。〔註36〕然而，吾人又可發現，朱子雖然一方面否定漢、魏條例，但是另一方面卻於《周易本義》中，仍延續漢、魏《易》學條例：

（一）消息卦

檢索《周易本義》條文，可以完整得到朱子對於「十二消息卦」的概念：

【泰】：正月之卦也。

【大壯】：二月之卦。

【夬】：三月之卦。

純【乾】四月之卦。（見【姤】卦注）

【姤】：爲五月之卦。

【遯】：六月之卦。

【否】：七月之卦也。

卦爻辭的本義也未必有一定的關聯，看來幾乎都是說者爲求自圓其說所作的附會。」接著取王夫之論點爲定論，然後導入王弼「得意忘象」主題討論。見〈如何看待易「象」——由虞翻、王弼與朱熹對易「象」的不同看法說起〉（《周易研究》1995 年第 2 期），頁 37。

〔註35〕朱子：《朱文公文集》卷七十六，頁 3668。

〔註36〕詳本研究〈易學史觀〉章。

【觀】：正為八月之卦。

【剝】：九月之卦也。

剝盡，則為純【坤】十月之卦。（見【復】卦注）

【復】：故十有一月，其卦為復。

【臨】：十二月之卦也。

按、陽息【坤】謂之「息」，陰消【乾】謂之「消」，於【剝】〈象傳〉云：「柔變剛」，於【夬】〈象傳〉云：「剛決柔」；又〈繫辭上傳〉：「變通配四時」等云云，是以孟喜（生卒年不詳）作〈卦氣圖〉，京房（前77～？）更取以言：「少陰倍力而乘消息」，以比附《易》卦。誠如屈萬里所言：「惟是消息卦之配十二月，配君辟，不過卦氣術之一例。卦氣之術，乃用於推說災異，本與易學無關。至荀虞各家，遂用消息卦以釋經傳，宜其穿鑿附會。」〔註37〕是以朱子於〈啟蒙序〉直接斷言是：「牽合傅會」，良有以也。然而，朱子於《周易本義》卻又完整引用，甚至於【夬】卦注：「一變則為純【乾】」云云，正是在「消息卦」概念下才會有的說法；不知朱子何解？況且，漢魏荀、虞諸家解《易》取「消息」是為了說明「卦變」，而言兩爻相易，某卦自某卦來，此舉是要證明卦爻辭與卦象之間的必然縮合，條例設計或許無法充分自圓其說，但是用心於聖學，則是昭然若揭。然而，朱子一方面並不認同漢、魏「卦變」，卻於另方面構築新「卦變」系統，則又是完全異於漢、魏之體系者，但是於此卻在注中有引以漢、魏「消息卦」之說；不得不啟人疑竇，不知朱子想法與用意為何？然而，至此可以確定的是，朱子以「消息卦」為據，用以解《易》，是其方法之一，則是不爭之事實。

（二）論「象」取「互」

《易》與其他典籍最大不同點，就在於卦爻辭中，就有許多的具體物象之取用，而此物象之描述與卦爻之間的搭配，究竟是如何，一直深受治《易》學者的高度關切。自《左傳》〈閔公元年〉記載：「震為土，車從馬。」即知早已有以物象來說解八卦卦象者，是以〈繫辭傳〉云：「立象盡意。」〈說卦傳〉更從第七章起至第十一章止，多加強調卦與象之內容；至孟喜更加闡揚，而推波助瀾、繼其功者，則非荀爽、虞翻莫屬。清・惠棟說：「荀九家逸象三十有一，戴見陸氏《釋文》，朱子采入《本義》。虞仲翔傳其家五世孟氏之學，

〔註37〕屈萬里：《先秦漢魏易例述評》卷下〈十二消息卦〉，頁81。

八卦取象，十倍于九家。」〔註38〕後雖經王弼「掃象譏互」，致使以象說《易》之接續者不多，然而，朱子解《易》，亦多採用，則是明顯於〈說卦傳〉注，誠如惠棟所言：「荀九家逸象……朱子采入《本義》。」今檢索《周易本義・說卦傳》可得朱子注：〔註39〕

> 荀九家此下有爲龍、爲直、爲衣、爲言。
>
> 荀九家有爲牝、爲迷、爲方、爲囊、爲裳、爲黃、爲帛、爲漿。
>
> 荀九家有爲土、爲鵠、爲鼓。
>
> 荀九家有爲楊、爲鸛。
>
> 荀九家有爲宮、爲律、爲可、爲棟、爲叢棘、爲狐、爲蒺藜、爲桎梏。
>
> 荀九家有爲牝牛。
>
> 荀九家有爲鼻、爲虎、爲狐。
>
> 荀九家有爲常、爲輔頰。

有趣的是，朱子費心收集後，又將之價值否定，於最後有注云：「此第十一章，廣八卦之象，其間多不可曉者，求之於經亦不盡合也。」〔註40〕然而另一方面，朱子於《周易本義》卦爻辭注中，又多引「象」以說。諸如：

> 【師】上六，朱子注：「坤爲土，故有開國承家之象。」
>
> 【咸】上六，朱子注：「兌爲口舌，故其象如此。」
>
> 【困】九四，朱子注：「疑坎有輪象。」
>
> 【大壯】六五，朱子注：「卦體似兌有羊象。」

則朱子以「象」論證卦爻辭，是有所認同的；甚至於【大壯】六五之解說，更取「互體」以說「象」之所自來。就此，顧炎武曾指出：

> 朱子《本義》不取互體之說，惟【大壯】六五云：『卦體似兌，有羊象焉。』不言互而言似，似者合兩爻爲一爻，則似之也。然此又刱先儒所未有，不如言互體矣。【大壯】自三至五成兌，兌爲羊，故爻辭並言羊。〔註41〕

按【大壯】六五：「喪羊于易，无悔。」【大壯】內卦爲【乾】、外卦爲【震】，

〔註38〕惠棟：《易漢學》卷三〈虞氏逸象〉，收入《續經解易類彙編》（臺北：藝文印書館，不印出版年），頁90。

〔註39〕朱子：《周易本義》〈說卦傳第八〉，頁155～156。

〔註40〕朱子：《周易本義》〈說卦傳第八〉，頁157。

〔註41〕顧炎武著，黃汝成集釋：《日知錄集釋》卷一〈互體〉條，頁5。

若「互體」取九三、九四、六五，三爻得【兌】，是以朱子可云：「卦體似兌。」以「似」代「互」，又〈說卦〉：「兌爲羊」，則朱子可云：「有羊象。」由此可證，朱子解《易》方法，不僅取〈說卦〉象說，更有「互體」之法。

事實上，朱子並不否定取「互體」之法以解《易》，朱子說：「互體說，漢儒多用之，在《左傳》中一處說占得【觀】卦處，亦舉得分明，看來此說亦不可廢。」〔註42〕考《左傳・莊公二十二年》記載：「周史有以《周易》見陳侯者，陳侯使筮之，遇觀之否，曰：『是謂觀國之光，利用賓于王。』……坤、土也，巽、風也，乾、天也，風爲天於土上，山也，有山之材而照之以天光，於是乎居土上，故曰：『觀國之光，利用賓于王。』」杜預注：「巽變爲乾故曰風爲天。自二至四有艮象，艮爲山。」〔註43〕按、「遇觀之否」，是知六四爲老陰，變九五陽。用【觀】六四爻辭爲說。卦象「坤、土也，巽、風也」合乎【觀】卦，至於「乾、天也」已採用【否】卦爲說，因此杜預說：「二至四有艮」，是以變卦的【否】爲主；事實上要取艮象，就【觀】卦本身也有，即三至五也可成，只是周史、杜預等人爲了迎合「遇【觀】之【否】」之大原則，因此採取二卦互用。至於有時僅用本卦、有時用到之卦，其使用原則，端看使用者視情況，務必要合乎卦爻辭以及實際事理。

朱子一方面說《左傳》：「占得【觀】卦處，亦舉得分明，看來此說亦不可廢。」就是採取周史、杜預的看法，而認爲可以言之成理；既是如此，則朱子另一方面亦很難以籠統的說漢魏「象數」就是「穿鑿附會」來概括之了；換句話說，朱子在「象數」觀點上，其實也隱然察覺是不可以一概視之，可惜是其「隱然察覺」，卻礙於因要建立新《易》學體系，而採用邵雍《易》〈圖〉架構下，而不得不說漢、魏「象數」就是「穿鑿附會」。朱子此一說法影響後代甚巨，幾乎成爲《易》學共識；直至簡博賢師慧眼洞見、闡揚掘微，乃區分「象數」者，是可判別爲：其一、「推象通辭」乃「推易之正法」與其二、「附易立說」實爲「象數旁支，無當易旨」等二途；〔註44〕至於自朱子以來所論及之「穿鑿附會」者，即是簡博賢師所欲摧破的「附易立說」之內容。由此可證，歷年來，論《易》學「象數」者，每言「掃象譏互」，均爲「是掃

〔註42〕黎靖德編：《朱子語類》卷七十六〈繫辭下傳〉第九章，頁1957。
〔註43〕阮元編：《十三經注疏》《春秋左傳正義》，頁164。
〔註44〕詳簡博賢師：《魏晉四家易研究》〈自序〉（臺北：文史哲出版社，1986年元月），頁1。

其不可掃者也。」朱子之謬誤處，亦於此可一併辨明矣。

　　朱子取「象」，除了上述之外，尚有「實象」之說。以下諸例，可以爲說：

　　【頤】：「頤，貞吉，觀頤，自求口實。」朱子注：「爲卦上下二陽內含四
　　　　　　陰，外實內虛，上止下動，爲頤之象。」

　　【大過】：「大過，棟橈，利有攸往，亨。」朱子注：「大過，上下二陰，
　　　　　　不勝其重，故有棟橈之象。」

　　【噬嗑】：「噬嗑，亨，利用獄。」朱子注：「爲卦，上下兩陽，而中虛頤
　　　　　　口之象。」

　　【鼎】：「鼎，元吉，亨。」朱子注：「爲卦，下陰爲足，二、三、四陽爲
　　　　　　腹，五陰爲耳，上陽爲鉉，有鼎之象。」

單就卦爻陰陽之排列，直接說其「象」之所由來，雖然，此種解《易》方法，
朱子也注意到是有其爭議性，諸如，朱子就曾批評程沙隨，說他：

　　程沙隨以【井】卦有「井谷射鮒」一句，鮒、蝦蟆也，遂說井有
　　蝦蟆之象，木上有水【井】云：「上，前兩足；五，頭也；四，眼
　　也；三與二，身也；初，後兩足也。」其穿鑿一至於此！某嘗謂
　　之曰：「審如此，則比卦當爲【蝦蟆】卦方可，如何却謂之【井】
　　卦？〔註45〕

又說：「《易》之象，理會不得，如『乾爲馬』，而乾之卦，却專說龍，如此之
類，皆不通。」〔註46〕究竟朱子在《易》與「象」之間要如何搭配，以取得
共識，或許朱子有其想法，值得吾人再深入探討，但是，以本章研究重點來
看，討論至此，已經可以確定的是，以漢、魏條例取「象」論《易》的基本
觀點中，朱子是不否認的，是爲其解《易》方法之一。

四、朱子解《易》之其他特點

　　以上所論朱子解《易》方法，大旨都是上有所承襲，然後稍變其說法而
引用之，由此觀來，實不能明確表現朱子解《易》特點；然而，朱子之所以
能被稱爲：「致廣大，盡精微，綜羅百代矣。」〔註47〕則必然有其解《易》方

〔註45〕黎靖德編：《朱子語類》卷六十六〈易二·綱領上之下·象〉，頁1642～1643。
〔註46〕黎靖德編：《朱子語類》卷六十六〈易二·綱領上之下·象〉，頁1641。
〔註47〕黃宗羲撰·全祖望補：《宋元學案》卷四十八（臺北：世界書局，1991 年 9
　　　　月 5 版），頁 846。

法中所要強調的，是目前尚未被學者討論之，本研究不揣淺陋，以下試著解析之。

（一）重視「小學」訓詁

中國文字自來有「一字多音」、「一字多義」的特質，其中由「音」、「義」的配合，以求該「字」於文句脈絡中的詞性以確定其真正意義，所以，中國文字數量不用多，但是，可以呈顯的內容，卻是無遠弗屆；〔註48〕因此，治學之要，首在「識字形」、「知音韻」、「熟意義」等等，清·王筠說：「文字之奧，無過於形、音、義三端；而古人之造字也，正名曰物，以義為本而音從之，於是乎有形；後人之識字也，由形以求其音，由音以考其義，而文字之說備。」〔註49〕清代擅以「小學」入手，而得經典義理，其方法是否正確，當有討論空間；〔註50〕然此概念，不始於清人而獨具，於朱子即有之於。朱子於《周易本義》注，於每卦、爻辭義理說解之前，必先「字音」之先確定，以論述其「字義」，故能掌握卦爻辭之原意。諸如【乾】九二：「見龍在田，利見大人。」朱子注：「見龍之見，賢遍反。卦內見龍並同。」是知，朱子讀「見」為「現」，音注與《釋文》、《程傳》同；然三者對照下，有幾點可注意：其一、《本義》音注比《釋文》多，其二、《本義》多與《程傳》同，但《程傳》置於注後，《本義》置於注前，其三、置前或擺後之安排，必有不同用心，則朱子置於前，是認為「讀音」是掌握義理之首要條件。朱子云：

> 字畫音韻，是《經》中淺事，故先儒得其大者，多不留意，然不知此等處不理會，却枉費了無限辭說，牽補而卒不得其本意，亦甚害事也；非但《易》學，凡《經》之說，無不如此。〔註51〕

是知朱子重視程度由此可見。因此，就【大有】九四：「匪其彭，无咎」之例，

〔註48〕 杜學知《文字學論叢》二〈漢字總論〉說：「自說文所錄九千三百五十三文字以來，歷代的字書，皆有增益，一直到康熙字典，增加到四萬二千一百七十四字，而民國時代的中華大字典，更增到四萬四千九百零八字；然日常應用的字，也不過萬字上下，在這萬字中，還充斥著大部份的重文與廢字，所餘也不過四五千字，盡數學術研究之用。」（臺北：正中書局，1974年4月臺二版），頁44。

〔註49〕 王筠：《說文釋例》〈自序〉（臺北：世界書局，1984年），頁1。。

〔註50〕 徐復觀先生就認為以訓詁方法著手，意圖瞭解思想史內容，就是僅能得更壞結果。詳〈生與性——一個方法上的問題〉見《中國人性論史·先秦篇》（臺北：臺灣商務印書館，1990年12月10版），頁1～14。

〔註51〕 朱子：《朱文公文集》卷五十〈書·答楊元範〉，頁2289。

對於「彭」字，《周易集解》作「尫」，引《子夏傳》作「旁」，干寶作：「彭亨，驕盛貌」，《周易正義》引王弼作「旁」，《程傳》作「盛多之貌。」然而，朱子《周易本義》卻云：「彭字音義未詳。《程傳》曰盛貌，理或當然。」在已有諸家的說法中，朱子仍然要說：「音義未詳」，可見究竟是「尫」或「彭」或是另有說法？朱子應有其看法，是值得吾人深研！由此可證，其對字音之堅持與考據之意圖，比起《程傳》是更強烈的，也足證朱子對於字畫音韻，是認爲治學的重要途徑，當然也是解《易》重要方法之一。

（二）群經互證、諸家融通

爲求聖人學術本旨，以及前後一貫、相互呼應的特性，朱子解《易》多以群經互證，用以強調「經也者，恒久之至道，不刊之鴻教。」當然，抱此信念以注解者，之前學者也有所討論，〔註52〕只是，又引諸子之說以擴大其證者，以求「群經互證、諸家融通」之信念，是朱子的開擴與包容雅量之具體用心，影響後代甚巨。〔註53〕檢索朱子解《易》，計引用群經者，有《春秋傳》、《周禮》、《毛詩》、《禮記》等四種：〔註54〕

〔註52〕 從《莊子・天下》云：「《詩》以道志，《書》以道事、《禮》以道行、《樂》以道和、《易》以道陰陽、《春秋》以道名份」云云始，將群經視爲一固定聯結之群組，經《荀子・儒效》〈勸學〉、董仲舒《春秋繁露・玉杯》司馬遷《史記・滑稽列傳》、楊雄《法言・寡見》、班固《漢書・藝文志》等等，均比照視之，是以「群經互證」之信念爲一堅固大傳統。徐復觀先生於《中國經學史的基礎》研究強調，透過《左傳》以觀察春秋時代的文化活動，引《詩》至少百次、引《書》至少五十次、引《易》有十九次，所以是有著「由特殊的意義進而開闢向一般的意義。」（臺北：臺灣學生書局，1990 年 7 月初版 2刷），頁 3～7。李威熊師亦說：「〈六藝略〉又說：『易爲之原』，這句話不是說六經皆由易經發展而成，只是在表明六經彼此間的相關性和統一性，並以易經作樞紐而已。」《中國經學發展史論》（臺北：文史哲出版社，1988 年 12月），頁 36。

〔註53〕 筆者作〈顧炎武《易》學述論—以「博學於文」爲考察線索〉初稿，單就顧炎武於《日知錄》卷一〈易〉中，其討論卦爻辭，引《經》《史》《子》等說以論，就不下 124 例。鄭吉雄〈乾嘉學者治經方法與體系試釋〉指出：「不論是漢學家所宗仰的鄭玄，抑或宋學家所推崇的朱熹，都沒有不讀經傳注疏，也都參與了注經釋經的工作，當然也就在這個『利用經不文獻互相釋證』的大河流中，扮演了推波助瀾、承先啓後的角色。」見蔣秋華編：《乾嘉學者的治經方法》（臺北：中央研究院中國文哲研究所，2000 年 10 月），頁 112。鄭先生所述其例有九，例二「以他經證本經」、例四「聯繫四部文獻材料以釋經」，最能與朱子相呼應。

〔註54〕 就上所引林義正之說有所謂「旁通」之詮釋基型中，有與《春秋》會通者，

（1）《春秋傳》

A、【乾】用九：「見群龍无首，吉。」

　　朱子注：「《春秋傳》曰：『乾之坤曰：見羣龍无首吉。』蓋即純坤卦辭，牝馬之貞，先迷後得，東北喪朋之意。」

B、【乾】文言：「君子行此四德者，故曰：乾元亨利貞。」

　　朱子注：「此第一節，申象傳之意，與《春秋傳》所載穆姜之言不異，疑古者已有此語。穆姜稱之，而夫子亦有取焉，故下文別以子曰表孔子之辭。蓋傳者，欲以明此章之爲古語也。」

C、【大有】九三：「公用亨於天子，小人弗克。」

　　朱子注：「亨，《春秋傳》作享，謂朝獻也，古者亨通之亨，享獻之享，烹飪之烹，皆作亨字。」

D、【益】六四：「中行告公從，利用為依遷國。」

　　朱子注：「《傳》曰：『周之東遷，晉、鄭焉依。』蓋古者遷國以益下，必有所依，然後能立此爻，又爲遷國之吉占也。」

（2）《周禮》

A、【噬嗑】九四：「噬乾胏，得金矢，利艱貞吉。」

　　朱子注：「胏肉之帶骨者，與胾通。《周禮》獄訟入鈞金束矢而後聽之。九四以剛居柔，得用刑之道，故有此象。言所噬愈堅，而得聽訟之宜也。然必利於艱難正固則吉，戒占者宜如是也。」

B、【坎】六四：「樽酒簋，貳用缶，納約自牖，終无咎。」

　　朱子注：「晁氏云：『先儒讀樽酒簋爲一句，貳用缶爲一句，今從之。貳，益之也。《周禮》大祭三，貳弟子職，左執虛豆，右執挾匕，周旋而貳是也。」

（3）《禮記》

A、【萃】：「亨。王假有廟。」

　　朱子注：「文王假有廟，言王者可以至于宗廟之中，王者卜祭之吉占也。〈祭義〉曰：『公假于太廟』是也。」

B、【豫】六二：「介于石，不終日，貞吉。」

　　朱子注：「〈大學〉曰：『安而后能慮，慮而后能得。』意正如此。」

然就朱子來講，實不僅於此。

C、【大畜】六四：「六四童牛之牿元吉。」

　　朱子注：「〈學記〉曰：『禁於未發之謂豫。』正此意也。」

（4）《毛詩》

　A、【大畜】六四：「六四童牛之牿元吉。」

　　朱子注：「童者，未角之稱；牿，施橫木於牛角以防其觸。《詩》所謂『福衡』者也，止之於未角之時，爲力則易，大善之吉也。故其象占如此。」

　B、【漸】六二小象曰：「飲食衎衎，不素飽也。」

　　朱子注：「『素飽』，如《詩》言『素餐』，得之以道，則不爲徒飽而處之安。」

（5）《論語》

　　就《周易本義》中，或許沒有直接引用《論語》之資料，但在注解上，卻有間接採用，以證《易》與《論語》之內容仍可互通。【遯】九三：「係遯，有疾厲，畜臣妾，吉。」朱子注：「下比二陰，當遯而有所係之象，有疾而危之道也，然以畜臣妾則吉。蓋君子之於小人，惟臣妾則不必其賢而可畜耳，故其占如此。」依據新加坡學者勞悅強的研究所得，認爲朱子此注是延續《論語‧陽貨》〈唯女子與小人難養〉章的義理，可作爲彼此互證，不僅可消弭孔子歧視女子的謬說，亦可證自古以來，至少於《易》撰寫時代，所謂「畜臣妾」乃當時經濟條件所必然，而無關性別云云；勞先生說：「朱熹無疑也是以〈女子與小人章〉來發明【遯】卦之義，或者，我們也可以說，朱熹也是以【遯】卦之義來發明〈女子與小人章〉。無論如何，這是以經釋經的詮釋方法。」〔註55〕

　　至於朱子引其他學者之說，以相互爲證者，計有：

（1）《史記》

　　【无妄】，注：「《史記》作『无望』，謂无所期望而有得焉者，其義亦通。」

（2）《漢書》

　　【大壯】六五：「喪羊于易，无悔。」注：「『易』，容易之易，言忽然不

〔註55〕勞悅強：〈從《論語》〈唯女子與小人爲難養章〉論朱熹的詮釋學〉見（臺北：漢學研究，25卷第2期，2007年12月），頁131～163。其中頁148～152即論朱子取《論語》與《易》互證，相當精闢。

覺其亡也。或作疆場之『場』亦通，《漢食貨志》場作易。」

（3）《魏志》：

【坤】初六小象曰：「履霜堅冰，陰始凝也；馴致其道，至堅冰也。」註：「按《魏志》作『初六履霜』，今當從之。」

（4）《荀子》

【蒙】六三象曰：「勿用取女，行不順也。」註：「『順』當作『慎』，蓋順、慎古字通用。《荀子》：『順墨』作『慎墨』，且行不慎，於經意尤親切，今當從之。」

（5）《荀子》、《韓非子》、《漢書》合用

〈繫辭〉上第十章：「參伍以變，錯綜其數，通其變，遂成天地之文，極其數，遂定天下之象，非天下之至變，其孰能與於此。」註：「參伍、錯綜，皆古語，而參伍尤難曉，按《荀子》云：『窺敵制變，欲伍以參。』韓非曰：『省同異之言，以知朋黨之分偶；參伍之驗，以責陳言之實。』又曰：『參之以此物，伍之以合參。』史記曰：『必參而伍之。』又曰：『參伍不失。』漢書曰：『參伍其賈，以類相準。』此足以相發明矣。」

（6）《莊子》

〈繫辭〉上第七章：「聖人有以見天下之動，而觀其會通以行其典禮，繫辭焉以斷其吉凶，是故謂之爻。」註：「會，謂理之所聚，而不可遺處；通謂理之可行而无所礙處，如『庖丁解牛』，會則其族，而通則其虛也。」

（7）董仲舒

【復】六四：「中行獨復。」註：「董子曰：『仁人者，正其誼不謀其利，明其道不計其功，於剝之六三，及此爻見之。」

（8）王肅

A、【升】象曰：「地中生木，升，君子以順德，積小以高大。」註：「王肅本『順』作『慎』，今按他書引此，亦多作慎意尤明白，蓋古字通用也。說見上篇蒙卦。」

B、【隨】彖：「大亨貞无咎而天下隨時。」註：「王肅本『時』作『之』，今當從之。」

C、【隨】彖：「隨時之義大矣哉」註：「王肅本『時』字在『之』字下，

今當從之。」

（9）郭璞

A、【泰】初九：「拔茅茹以其彙，征吉。」注：「郭璞〈洞林〉讀至『彙』字絕句，下卦放此。」

B、【小過】初六：「飛鳥以凶。」注：「郭璞《洞林》占得此者，或致羽蟲之孽。」

（10）王昭素

〈繫辭〉下第二章：「占者包犧氏之王天下也……」注：「王昭素曰：『與地之間，諸本多有天字，俯仰遠近，所取不一，然不過以驗陰陽、消息兩端而已。神明之德，如健順動止之性，萬物之情，如雷風山澤之象。」

（11）張載

A、〈繫辭〉上第五章：「富有之謂大業，日新之謂盛德。」注：「張子曰：『富有者大而无外，日新者久而无窮。」

B、〈繫辭〉上第五章：「陰陽不測之謂神。」注：「張子曰：『兩在故不測。』」

（12）晁氏（說之）

A、【井】上六：「井，收勿幕，有孚元吉。」注：「收，汲取也。晁氏云：『收，鹿盧收繘者也。』亦通。幕，蔽覆也；有孚，謂其出有源而不窮也。井以上出為功，而坎口不掩，故上六雖非陽剛，而其象如此。然占者應之，必有孚乃元吉也。」

B、【鼎】九四：「鼎折足，覆公餗，其形渥凶。」注：「晁氏曰：『形渥，諸本作刑剭，謂重刑也。』今從之。九四，居上任重者也，而下應初六之陰，則不勝其任矣，故其象如此，而其占凶也。」

C、【艮】〈象〉：「晁氏云：『艮其止，當依卦辭作『背』。」

除此之外，朱子還強調應多參考北宋以來注家之說，朱子云：「今欲正之，莫若討論諸《經》之說，各立家法，而皆以注疏為主。如《易》則兼取胡瑗、石介、歐陽脩、王安石、邵雍、程頤、張載、呂大臨、楊時。」〔註56〕以上之例中，最重要的，當然是朱子常說的：「程傳備矣。」由此可證，朱子解《易》，不僅於《經》證《易》，更以《史》證《易》、以《子》證《易》，即凡是有助

〔註56〕朱子：《朱文公文集》卷六十九〈學校貢舉私議〉，頁 3360。

於《易》理闡揚者，均值得引用，其寬廣的治學雅量，影響後代甚巨。

朱子治學之嚴謹，由此可見。史稱清儒治學特點，多由訓詁著手，以求字形、字音、字義；再者群經互證，以求聖人本旨；被學者奉爲清代樸學開山之祖的顧炎武曾說：「讀九經自考文始，考文自知音始。」〔註57〕又強調「博學於文」，若以這兩點來考察朱子《周易本義》中的解《易》方法中，其一爲「重視『小學』訓詁」、其二爲「群經互證、諸家融通」，我們竟可發現，朱子已是掌握到清儒重要門徑了。因此強加劃分「漢學」、「宋學」，侈言一者重訓詁、一者重義理，在朱子《周易本義》注解中的表現裏，其實是不攻自破的！因此，余英時先生就認爲：「清儒的博雅考訂之學也有宋明遠源可尋。」〔註58〕正是可見朱子對後世影響之深厚。

第二節　王夫之解《易》方法及其特點

王夫之解《易》方法，對前賢所運用之體例都有所承，但是並不受其束縛，而是能靈活運用，充份體現「不可爲典要，唯變所適」的大原則。王夫之與朱子一樣，對於漢魏虞翻、王弼等人之《易》例，也多加沿襲，諸如當位說、承乘說、中位、相應說等等，由此可見，此之爲解《易》之基本方法，因此治《易》者必然要取以爲說。本研究既以「對比視野」爲重點，則其相似處，自然不須再著墨，而應將不同處提出討論，以見彼此用心不同，而所標榜的解《易》方法也不同。

依邱黃海研究所見，認爲王夫之對於方法之講究，顯得極爲特出，並且認爲王夫之的治學方法，非是固定不變，而是必須要「扣緊船山所關心的實質問題而去討論他所考慮的方法問題。因爲，文無定法，只有在實質問題的關懷、處理、解決中我們才有辦法去欣賞，他所構作的方法之創意，也才有辦法去判斷，他所使用的方法之得失。」〔註59〕總之，王夫之的解《易》方法，都是緊貼義理而開展的，因而王夫之有《周易內傳發例》之作。對於邱

〔註57〕顧炎武：《亭林文集》卷四〈答李子德書〉（臺北：中華書局，1982年），頁6。
〔註58〕余英時：〈從宋明儒學的發展論清代思想史〉收入《歷史與思想》（臺北：聯經出版公司，1995年3月初版19刷），頁88。
〔註59〕邱黃海：〈船山《易》學的原理與方法——〈周易內傳發例〉的解析〉，發表於（臺北：《鵝湖學誌》28期，2002年6月），頁151～195。本研究引用見頁151、152、153。

黃海之說，本研究持正面肯定，但是仍要指出的是，其實不僅於王夫之是如此，早在王弼作《周易略例》，何嘗不是如此精神之展現，〔註60〕至於，就朱子解《易》方法態度上，亦是如此；是以邱先生之所謂「王夫之對於方法之講究，顯得極爲特出」之說，仍有可再議之處；又邱先生設一節目名爲：「四聖一揆——方法與原理合一的解經法」，對於「四聖一揆」，本研究以爲那是一種「觀點」，因此以下討論，並不包括「四聖一揆」，至於邱先生其他「方法」之說，與本研究所論，詳略有別，然闡揚王夫之《易》學之指歸，大抵一致。

一、象爻一致說

王夫之的《易》學基本理論，在其《周易內傳發例》第二十五則之敘述中，大抵可以是其提綱挈領，其中有所謂的「四聖同揆」說，王夫之於《發例》第一則即是強調此義，他說：

> 蓋孔子所贊之說，即以明〈彖傳〉、〈象傳〉之綱領，而〈彖〉、〈象〉二傳即文周之彖爻，文周之彖爻即伏羲之畫象，四聖同揆，後聖以達先聖之意而未嘗有損益也。〔註61〕

所謂的「同揆」，就是認爲伏羲畫卦，而天人之理已盡在其中，其後繼者文王、周公、孔子就是將此「微言大義」，以不同的方式闡揚出來；另外，要強調的重點是：「先聖的創作不可棄，且先聖的密意是透過後聖的觀點來理解。這個後聖在船山的心目中是特指孔子，而落實到文本上即是《易傳》。」〔註62〕也就是說，孔子〈易傳〉具有關鍵的、權威的闡述地位，他足以支持「四聖同揆」的義理脈絡。

但是王夫之這一觀點在《周易》「《經》〈傳〉」的文本架構下之實際狀況並非如此，就現象來說，《經》、〈傳〉所述內容，即有明顯的落差，例如【履】卦辭云：「履虎尾，不咥人，亨。」然而於【履】六三爻辭卻云：「履虎尾，咥人凶。」若依傳統學者在堅信文王作卦辭、周公作爻辭此一說法，於此卻是存在彼此有著不同的義理，則是不爭之事實。面對此現象，王夫之以其自

〔註60〕邢注：《周易略例序》云：「王輔嗣《略例》，大則摠一部之指歸，小則明六爻之得失。承乘逆順之理，應變情僞之端，用有行藏，辭有險易。」見《周易王韓注》（臺北：大安出版社，1999 年），頁 249。

〔註61〕王夫之：《周易內傳發例》第一則，頁 345。

〔註62〕邱黃海：〈船山《易》學的原理與方法——〈周易內傳發例〉的解析〉，頁 155。

覺心，當然無法視而不見，勢必提出合理解釋，以符合「四聖同揆」之一致性。就王夫之的「象爻一致」理論，即是企圖解釋一卦之中，卦辭和爻辭不一致的原因。王夫之說：

> 六爻之得失吉凶雖雜，若不合於象，然惟其發動之時位，因時立義耳，非有悖於卦之質也。如履六三「虎咥人」，與象辭若異，而義自可通。〔註63〕

王夫之認為，一卦之六爻，因為時、位有所不同，所以就各爻說各別之義，但是都不離卦辭大義；以【履】卦辭有：「不咥人」者，已暗示履虎尾仍有咥人之凶，而【履】六三，不僅是全卦唯一陰爻，且：「柔失位而居進爻，又躁妄以上干乎陽，【乾】道方盛，非能所犯，還以自傷，故咥人而凶。」〔註64〕蓋六三位不當，雖能上應於上九，然外卦為【乾】，陽剛頗盛，因此，六三爻必還而自傷，王夫之以「因時立義」，說明六三爻不體現【履】卦之德，也不違背「象爻一致」。所以王夫之云：

> 以一卦言之，象以為體，六爻皆其用。用者，用其體也，原其全體以知用之所自生，要其發用以知體之所終變。捨乾坤無《易》，捨象無爻，六爻相通，共成一體，始終一貫，義不得異。〔註65〕

就在總結六爻中之吉凶之辭，雖與卦辭不合，但並不違背該卦之體質，此即「象爻一致」方法意義之所在。

王夫之除了以「四聖同揆」之觀點來解決象、爻不一致現象外，另外本研究要指出的是，王夫之尚有「兩端一致」觀點，也是要處理此相關議題，王夫之《老子衍》云：「天下之變萬，而要歸於兩端，兩端生於一致。」其於《周易外傳》〈繫辭上傳〉十二章，王夫之注云：「夫天下之賾，天下之動，事業之廣，物宜之繁，典禮之別，分為陽，分為陰，表裡相待而二，二異致而一存乎其人。」〔註66〕王夫之認為，作為整體，事物都是兩個方面的統一，因此，其《易》學名詞，云「乾坤並建」、「錯綜合一」、「象爻一致」、「占學一理」等等，都在呈現此結論之現象。所以說，象、爻所指謂內容雖不一甚至相反，但是其精神依歸，仍是一致的。

〔註63〕王夫之：《周易內傳》卷六上〈繫辭下傳〉第九章，頁503。

〔註64〕王夫之：《周易內傳》卷一下【履】，頁92。

〔註65〕王夫之：《周易內傳》卷六上〈繫辭下傳〉第九章，頁503。

〔註66〕王夫之：《周易外傳》卷五，頁249。

二、相孚說

　　王夫之爲了強調「象爻一致」的普遍性，除了以時位不同來解讀之外，另創「相孚」說，以進一步說明「象爻一致」的必然性。王夫之此說，可以說是朱子從未運用過，就漢、魏以來之《易》例也未見，可說是王夫之創見。所謂「相孚」說，王夫之云：

> 「孚」者同心相信之實也。陰與陽合配曰「應」，陰陽之自類相合曰
> 「孚」。凡言「孚」者仿此。舊說謂「應」爲「孚」，非是。〔註67〕

按、傳統《易》例，「應」者：凡初四、二五、三上，陰陽互異曰「應」，且大都爲「吉」；然而，王夫之卻言陰陽同類，即陰與陰同，陽與陽同者，才是有「應」，稱之爲「孚」。王夫之以此原則解釋，如「需」卦：

> 有孚，光亨貞吉。」王夫之注：「九五與三陽合德，雖居險中，而誠
> 以相待，秉志光明，而情固亨通，終不失正，吉道也。〔註68〕

按、【需】卦，坎上乾下，坎爲險，九五居中，故說：「雖居險中」，而與下三陽相類，特別是九二，陽與陽相孚，故爲吉道。又【比】初六：「有孚，比之无咎。」王夫之注：

> 初六遠處於下，不親於九五，宜有咎也；而六四密近於五，初柔順
> 之德，與四相合而相孚。因柔嘉之大臣，以托於大君，非結權要而
> 爲黨援也，故无咎。〔註69〕

按、【比】卦，坎上坤下，其初六與六四均爲陰爻，因此有同類相孚之意；雖然遠離九五，本有咎害，然因六四親於九五，而初六得以因六四關係，而能免於咎害；王夫之於此要強調，此之相孚並非營黨結私，而是柔順本質相同。

　　由此二例可知，王夫之「相孚」說，其實也是要面對象爻之間，當有吉凶意義矛盾之時，如何取得善解，所作之努力，因此可以說是「象爻一致」說的再應用。但是就王夫之此一創見，其實也存在著許多爭議性，畢竟在《周易》的卦爻辭限制下，是無法自圓其說，例如：【小畜】九五：「有孚攣如，富以其鄰。」其卦象是「乾下巽上」，六四爻爲本卦唯一之陰爻。王夫之：『「攣如」，相結不舍也。「以」猶與也。九五剛中，陽德方富，而與巽爲體，下與四孚以輔之，而成畜陽之美，四亦藉之以富，而不憂其孤。』九五仍與六四

〔註67〕王夫之：《周易內傳》卷一下【需】，頁64。
〔註68〕王夫之：《周易內傳》卷一下【需】，頁64。
〔註69〕王夫之：《周易內傳》卷一下【比】，頁80

「相孚」爲說,明顯違反其自設之體例。據高亨之說,於【需】卦注云:「周易『孚』字共四十三,其義有四。」即「讀爲浮,而訓爲罰。」「借爲俘。」「訓爲誠。」「借爲桴,訓爲引。」〔註70〕可知就王夫之積極以「陽對陽」、「陰對陰」以對應之說,是無法涵蓋《易》書卦爻辭。

三、中四爻爲體說

在傳統的爻位分類中,有以天、地、人等「三才」之說,初二爻爲地、三四爻爲人、五上爻爲天。至於所謂「中四爻爲體說」即以二至五爻,包括天地人,卦德備於此。在〈繫辭〉有:「非其中爻不備。」王夫之注:「中四爻者,出乎地,盡乎人而應乎天,卦之成德備於此矣。」王夫之以此解【復】、【夬】、【家人】、【睽】、【困】、【井】。

【復】卦,震下坤上,以初九爲主,「不遠復」指初九以一陽居群陰之下,爲復之始,若無中四陰爻,則無「不遠之復」。【夬】卦,乾下兌上,以上六爲主,「無號」指上六以陰極居此卦之終,若無中四陽共同決除,則無「無號之凶」。【家人】中四爻得位,【睽】中四爻不得位,初上皆盡心管束,但效果截然不同;因此,判斷卦爻的吉凶,要考慮到中四爻,進行整體把握。〔註71〕

四、卦　主

在上段論述中,王夫之談「中四爻爲體說」時,有「【復】卦,震下坤上,以初九爲主」、「【夬】卦,乾下兌上,以上六爲主」等等內容,則知王夫之解《易》有所謂「卦主」。此說或許與朱子相似,然王夫之亦有其不同解讀。

《易》卦六爻中,有爲主之爻,稱「卦主」。昔西漢《京氏易傳》、魏王弼《周易略例》已揭此義,歷代《易》家注《易》,包括朱子者,亦多採用,然多用於一部份之卦象特殊者,如【大有】之六五、【小畜】之六四、【復】、【剝】之初九與上九等;或以八卦之主爻位,【乾】、【坎】在九五、【坤】、【離】在六二,【震】在初九,【巽】在六四,【艮】在九三,【兌】在上六。王夫之則自創己見,與京、王之說不同,其《周易內傳發例》云:

惟【乾】【坤】以純爲道,故【乾】曰「時乘六龍以御天」,又曰「天

〔註70〕高亨《周易古經今注》(臺北:樂天出版社,1972 年 3 月),頁 20～21。
〔註71〕以上之說,多參閱汪群:《王夫之易學——以清初學術爲視角》,頁 156～157。

德不可爲首」，九五雖尊，不任爲群陽之主，而各以時乘；【坤】曰「德
合无疆，承天而時行」，六二雖正，而下不能釋初六之凝陰，上不能
息上六之龍戰。自此而外，則卦各有主。或專主一爻行乎眾爻之中，
則卦象、卦名、卦德及爻之所占，皆依所主之爻而立義。或貞悔兩體
相應，或因卦變而剛柔互相往來，則即以相應、相往來者爲主。或卦
象同，而中四爻之升降異位，或初、上之爲功異道，則即以其升降剛
柔之用爻爲主。非在此一卦，而六爻皆有其一德也。〔註72〕

王夫之以爲【乾】、【坤】兩純卦，沒有卦主，其他再分爲三類，即「以一爻
爲卦主者」，「二爻相往來而以所往來者爲主」、「以相應不相應爲主者」，茲依
其分類，及根據《發例》所舉之卦例，分述如下：〔註73〕

（一）一爻爲卦主者

　　一爻行於眾爻之間，以此爻爲一卦之主者，在六十四卦之中，一陽而行
于眾陰之間者有六，分別爲【復】、【師】、【謙】、【豫】、【比】、【剝】；一陰而
行乎眾陽之間者亦有六，分別爲【姤】、【同人】、【履】、【小畜】、【大有】、【夬】
等共十二卦。依王夫之之言，此類型之卦，其卦德、卦象及卦名爲一致；換
言之，一卦之名義即取決於上爻而定。如【履】卦，兌卜乾上：「履虎尾，不
咥人，亨。」此卦唯有六三爲陰爻，王夫之注：「【履】，《本義》謂『躡而進
之』，是也。……爲卦六三以孤陰失位，躁進而上窺乎【乾】，欲躡九四，憑
陵而進，乾德剛健，非所可躡，故有此象。」〔註74〕此卦卦名、卦象皆依六
三爻而立義。又釋〈象傳〉：「履，柔履剛也。說而應乎乾，是以履虎尾，不
咥人，亨。」王夫之云：「六三之柔，履【乾】剛而思干之，犯非其分，本無
亨道。唯初、二兩陽本秉剛正，與【乾】道合，三不能獨試其險詖，姑以說
應，爲求進之術，則小人欲效於君子，附貞士以向正，君子亦無深求之意，
而不責其躁妄，刑戮不施，且錄用之，是以能亨。若自其履剛之逆志而言之，
未有能亨者也。」〔註75〕柔履剛即指六三之柔，按《易》之通例，柔乘剛爲
凶，【履】本凶危之卦六二，而本卦可取之處，在於柔能以說而應於剛，附貞

〔註72〕王夫之：《周易內傳發例》第十一則，頁362～363。
〔註73〕以下之說，多參考康全誠：《清八家易學》〈王夫之易學〉（臺北：私立中國文
　　　　化大學中國文學研究所博士論文，2002年6月，黃沛容教授指導），頁153～
　　　　158。
〔註74〕王夫之：《周易內傳》卷一下【履】，頁90。
〔註75〕王夫之：《周易內傳》卷一下【履】，頁90～91。

士以向正，象徵小人欲效用於君子。此亦為本卦卦德與主旨之所在，六三爻為履剛關鍵之所繫，故為【履】卦之卦主。

（二）二爻相往來而以所往來者為主

二爻相往來，而以所往來者為主，此類卦主皆是屬於三陰三陽之卦。其皆由【泰】、【否】卦變而來，通常卦主即是由卦變相往來之那兩爻決定之，如【損】、【益】即是。【損】：「有孚元吉，无咎可貞，利有攸往。曷之用？二簋可用享。」王夫之注曰：

> 【損】、【益】亦以【泰】、【否】之變而立名義者也。【泰】三之陽進而往上，上之陰退而來三，為【損】。【否】四之陽退而來初，初之陰進而往四，為【益】。不言進退往來，而謂之損益者。……陽實而陰虛，陽用有餘，陰用不足，理數之固然。陽以三中之實，補上之中虛，而陽之數損矣。【否】之內卦本陰也，陽損其四中之實，以與陰於初，而陰益矣。【損】者，陽之損也。【益】者，陰之益也。陽本至足，以損為惜。陰本不足，以益為幸。故損歸陽，而益歸陰。
> 〔註76〕

按此處所言【損】、【益】二卦皆因【泰】、【否】卦變剛柔互相往來而形成，【損】，兌下艮上，是由【泰】卦九三進而往上，上六退而來居三所成。經此一剛柔往來，【泰】卦陽之數有損，故稱之為【損】卦。〈象〉：「損，損下益止，其道上行。」由【泰】變為【損】，陽方盛陰欲消，故以六三為所損，以上九為所益，此即為【損】卦之卦主。

（三）以相應不相應為主者

此類卦皆屬於二陰二陽之卦，以不相應之兩爻作為卦主者，有【中孚】、【小過】等卦。此類卦六爻中有兩對爻相應，只有兩爻不應。例如【中孚】兌下巽上：「豚魚吉。利涉大川，利貞。」

此卦二、四及三，上陰陽相應，王夫之注曰：

> 三順乎二而說，四承乎五而相入，皆虛以聽命乎陽，而無疑無競，是二陰之孚於中也。孚者，陰也；孚之者，得中之陽也。夫欲感異類者，必同類之相信。己志未定，同道不親，則無望異己者之相洽以化。二撫初，五承上，相與成純而不雜，遍悅則遠安，是以至實之德，內感

〔註76〕 王夫之：《周易內傳》卷三下【損】，頁 263～264。

　　三、四，而起其敬信以說，故謂之中孚，言陽之能孚陰於中也，而陰

　　之在中者孚矣。「豚魚」，陰物，謂三、四也。二、五以中正之德施

　　信於三、四，而三、四相感以和順於內，受其矣。〔註77〕

此卦九二、九五陽剛得中，不僅能孚信初、上二陽，使同道相親，更能以誠
信悅服三、四之陰，使異類相洽。三爲躁進之爻，四爲退疑之地，王夫之曰：
「唯二、五剛中，以道相孚，故陰樂受其化。」〔註78〕因而九二、九五乃爲
【中孚】之卦主。以相應之兩爻爲卦主者，有【蒙】、【臨】等卦。此類型之
卦，六爻中皆有兩處是陰陽相應，例如【蒙】，坎下艮上：「亨，匪我求童蒙，
童蒙求我。初筮告，再三瀆，瀆則不告，利貞。」王夫之注云：

　　二剛而得中，治蒙之任屬焉。故內之而稱「我」。「童蒙」謂五也。……

　　剛在下而得中，道不可行而可明，君道詘而道在師也。《禮》有來學，

　　無往教：五虛中而二以剛應之，五求二，二不求五也。〔註79〕

此卦中六五爲童蒙之學子，九二爲剛正之嚴師，柔順以來學，求教於嚴師：教
與受教，蒙與養蒙，相結合而成啓蒙之義，故九二、六五爲【蒙】卦之卦主。

五、卦變說

　　王夫之既說「卦主」，並認爲【損】、【益】二卦皆因【泰】、【否】剛柔
互相往來而形成，所以三、上二爻爲卦主，進而認爲【泰】、【否】與【損】、
【益】者，是「卦變」而來。則「卦變」說，亦是其解《易》的重要方法；
但是王夫之「卦變」說與朱子說法又有其相同與不同處，是亦合乎所謂「繼
承、批判與發展」之主題云云。由於本研究已闢〈卦變〉章深入討論之，於
此不再贅述。

第三節　李光地解《易》方法及其特點

　　李光地解《易》方法，一秉承襲朱子說爲要，特別是朱子以「《易》本卜
筮之說」，從「占卜」爲起點，取「象數」而論「義理」，以達善解《易》理
者，李光地云：

〔註77〕王夫之：《周易內傳》卷四下【中孚】，頁385。
〔註78〕王夫之：《周易內傳》卷四下【中孚】，頁386
〔註79〕王夫之：《周易內傳》卷一下【蒙】，頁58。

遵《本義》說《易》，自應分別「象」、「占」兩字明白。然「象」必
有所自來，卦爻所具之才德、時位是也。「占」必有所施用，大而行
師建國，細而婚媾征行，與夫舉一端以包其餘，言大包細，言細包
大者。〔註80〕

李光地對於朱子「取象」，於《周易折中・義例》多加說明，諸如「時、位、
德、應、比」等等，以合乎朱子於《周易本義》時所言及之「以二體釋卦名
義」、「以二體之德釋卦辭」、「以二體之象釋卦辭」，證明「象必有所自來」的
具體成果。另外，李光地對於朱子「占卜」的說法，的確是頗有興致，於《周
易折中》【乾】〈用九・案語〉更暢談其間價值，李光地說：

爻辭雖所以發明乎卦之理，而實以爲占筮之用。故以九、六名爻者，
取用也。爻辭動則用，不動則不用；卦辭則不論動不動，而皆用也。
但不動者，以本卦之象辭占，其動者則合本卦變卦之象辭占，如【乾】
之六爻全變則【坤】；【坤】之六爻全變則【乾】也。〔註81〕

無可否認的是，李光地說「象」說「占」，大抵與朱子的觀點是承續的，因
此，陳祖武要說：「李光地的主張，無非朱熹學術主張的復述而已。」〔註82〕
由此角度來看，的確是顯現不出李光地的解《易》特點。其實，李光地就解
《易》的方法裏，仍有存在許多的不同，以下試著舉出李光地的迥異於朱子
之處。

一、新《易》例之闡揚

就《易》例來看，雖然自王弼提出後，深受後來《易》學家的認同，包
括程頤、朱子、王夫之等人，都有積極的運用；李光地在此《易》學大傳統
下，既又自承是以程、朱學者自詡，則各項《易》例，必然是繼續沿用。然
而，李光地嘗言「自十八歲就玩心于《易》」，對《易》的熟悉度與詮釋，自
有不同於王弼、朱子者，而能提出更精闢的《易》例。如果說王弼《易》例
是大原則，那麼李光地就是更細部分類。

考李光地《周易折中》〈案語〉，多有此精闢《易》例，以說解卦爻辭，
而有更令人嘆爲觀止的見解。【履】上六，李光地〈案語〉：

〔註80〕李光地：《榕村語錄》卷二十四《文淵閣四庫全書本》冊 725，頁 135。。
〔註81〕李光地編：《周易折中》【乾】用九〈案語〉，頁 149。
〔註82〕陳祖武：《榕村語錄》卷首〈點校説明〉（北京：中華書局，1995 年 6 月）頁 2。

凡《易》中五、上二爻，六五下上九，則有尚賢之義，【大有】、【大畜】、【頤】、【鼎】是也；九五近上六，則有比匪之義，【大過】、【咸】【夬】、【兌】是也。〔註83〕

【賁】六四，李光地〈案語〉：

　　凡重言「如」者，皆兩端不定之辭。故「屯如邅如」者，欲進而未徑進也，此三爻「賁如濡如」者，得陰自【賁】，又慮其見濡也。此爻「賁如皤如」者，當賁之時，既外尚乎文飾，而下應初剛，又心崇乎質素，兩端未能自決，〈象傳〉謂之疑者此也。「白馬翰如」指初九也，已有皤如之心，故知「白馬翰如」而來者，「匪寇」也，乃己之婚媾也。凡言「匪寇婚媾」皆就上文所指之物而言，【屯】二、【睽】上，與此正同。〔註84〕

【鼎】上九，李光地〈案語〉：

　　此卦與【大有】只爭初六一爻耳，餘爻皆同也。【大有】之彖辭直曰：「元亨」，他卦所無也；惟【鼎】亦曰：「元亨」，【大有】上爻曰：「吉，无不利」，他爻所無也，惟【鼎】上爻亦曰：「大吉无不利」以其皆為尚賢之卦故也。上九剛德為賢，六五尊而尚之，是尚賢也，在他卦有此象者，如【賁】【大畜】【頤】之類，其義皆善，其彖傳亦多發尚賢養賢之義，然以卦義言之，則【大有】與【鼎】獨為盛也，卦義之盛重於此，兩爻之相得，故吉无不利，皆於上爻見之，即〈象〉所謂「元亨」者也。〔註85〕

〈象上傳〉【頤】，李光地〈案語〉：

　　卦有曰：「尚賢」、「養賢」者，皆是六五、上九相遇，【大有】、【大畜】、【頤】、【鼎】是也，此卦【頤】為養義，而六五又賴上九之養以養人，故曰：「聖人養賢以及萬民也」。〔註86〕

〈象下傳〉【大壯】六五，李光地〈案語〉：

　　「位當」、「位不當」，《易》例多借爻位，以發明其德與時地之相當不相當也。此位不當，不止謂以陰居陽，不任剛壯而已，蓋謂四陽

〔註83〕 李光地編：《周易折中》【隨】上六〈案語〉，頁336。
〔註84〕 李光地編：《周易折中》【賁】六四〈案語〉，頁384。
〔註85〕 李光地編：《周易折中》【鼎】上九〈案語〉，頁710。
〔註86〕 李光地編：《周易折中》〈象上傳〉【賁】〈案語〉，頁952。

已過矣，則五所處非當壯之位也，於是而以柔中居之，故爲「喪羊于易」。〔註87〕

觀此五例，可以得知李光地論《易》例甚爲仔細，已能就卦爻辭，予以提出合理解釋，另外，爲了支持其《易》例之確定性，並能舉他卦之卦爻辭，作充分解釋，以達全面之完整性。以【賁】六四爲例，相較於王弼注：

有應在初，而閡於三，爲已寇難，二志相感，不獲通亨，欲靜則疑初之應，欲進則懼三之難，故或飾或素，内懷疑懼也，鮮絜其馬翰如以待，雖履正位，未敢累其志也。三爲剛猛，未可輕犯，匪寇乃婚，終无尤也。〔註88〕

朱子注：

皤、白也，馬、人所乘，人白則馬亦白矣。四與初相賁者，乃爲九三所隔，而不得遂，故皤如。而其往求之心，如飛翰之疾也。然九三剛正，非爲寇者也，乃求婚媾耳，故其象如此。

王弼、朱子僅就爻位「初、四相應」及「三、四承乘」等基本觀念來說明爻辭，因此二人得出意旨，大抵相同。至於，李光地，雖然也不否認此說，因此先言：「案《程傳》沿註疏之說，《本義》又沿《程傳》之說，皆以爲初四相賁，而爲三所隔，故未得其賁而皤然也。」〔註89〕但是，李光地則認爲此說根本無法呈現此爻辭之要義，因此，首先提出「如」字之解，證明是爲「兩端不定」之「疑」辭，次者再引其他諸卦，如【屯】二、【睽】上等二卦爻，以證明此說是絕對合乎義理。三人相較之下，足見李光地《易》例，的確是細膩多了，也充分展現其不囿於傳統而有新的見解。

二、再論「時」、「位」

就《易》例中，「時」、「位」的問題，是傳統中的基本觀點，李光地於《周易折中》〈義例〉中也有論述，所謂：「消息盈虛之謂時」、「貴賤上下之謂位」，針對此說之解讀，曾春海先生已有說明。〔註90〕然而，李光地另有積極的見解，於【屯】上六〈案語〉中，強烈表達出「唯變所適」的精神。

〔註87〕 李光地編：《周易折中》〈象下傳〉【大壯】〈案語〉，頁 1220～1221。
〔註88〕 孔穎達：《周易正義》卷三，頁 9。
〔註89〕 李光地編：《周易折中》【賁】六四〈案語〉，頁 384。
〔註90〕 曾春海：〈李光地的易學初探〉收入江日新編：《清代經學國際研討會論文集》（臺北：中央研究院，中國文學研究所，1994 年 6 月），頁 200～202。

首先，李光地先就傳統以來的看法，因習以爲常而囿於成見的現象，予以提出批評：

> 卦者時也，爻者位也；此聖經之明文，而歷代諸儒所據以爲說者，不可易也。然沿襲之久，每局於見之拘，遂流爲說之誤。何則？其所目爲時者，一時也；其所指爲位者，一時之位也。如【屯】則定爲多難之世，而凡卦之六位，皆處於斯世，而有事於屯者也；夫是以二爲初所阻，五爲初所逼，遂使一卦六爻，止爲一時之用，而其說亦多駁雜而不繫於理，此談《經》之蔽也。〔註91〕

李光地於《周易折中》〈案語〉中，常有借某爻之討論時，卻多引用諸卦一併論述，諸如上節所引之【頤】〈象〉〈案語〉，此舉用意是在強調《易》之六十四卦、三百八十四爻的完整性；因此，解《易》時，最忌諱執泥於某一爻，只局限於個體、當下，而疏忽《易》之完整性，則《易》僅能呈現一時之用，此爲傳統諸治《易》學者的不足處。李光地接著又說：

> 蓋《易》卦之所謂時者，人人有之。如【屯】則士有士之屯，窮居未達者是也。君臣有君臣之屯，志未就功未成者是也；甚而庶民商賈之睎其不逢年，而鈍於市者，皆屯也。聖人繫辭，可以包天下萬世之無窮，豈爲一時一事設哉？苟達此義，則初自爲初之屯，德可以有爲而時未至也，二自爲二之屯，道可以有合，而時宜待也；五自爲五之屯，澤未可以遠施，則爲之宜以漸也。其餘三爻，義皆倣是，蓋同在【屯】卦，則皆有屯象，異其所處之位，則各有處屯之理，中間以承、乘、比、應取義者，亦虛象爾。故二之乘剛，但取多難之象，初不指初之爲侯也，五之屯膏，但取未通之象，亦不因初之爲侯也，今曰二爲初阻，五爲初逼，則初乃卦之大梗，而《易》爲衰世之書，豈聖人意哉！六十四卦之理，皆當以此例觀之，庶乎辭無窒礙，而義可得矣。〔註92〕

李光地要積極強調：「聖人繫辭，可以包天下萬世之無窮，豈爲一時一事設」，因此「時」與「位」是人人都可適用，進而取之參考，不可以因傳統《易》例所限，每每只言「二爲初阻，五爲初逼」，變成了公式，則《易》的活潑性，當然是蕩然無存！事實上「二爲初阻，五爲初逼」云云，是李光地針對朱子

〔註91〕李光地編：《周易折中》【屯】上六〈案語〉，頁180。
〔註92〕李光地編：《周易折中》【屯】上六〈案語〉，頁180～181。

於【屯】六二、九五之注所發，認爲以朱子的僵化《易》例公式，僅能一爻是一時、一位之用而已，必然要使《易》變成是「衰世之書」，這是李光地對朱子的批判，當然也是溯源自對王弼以來的批判；而李光地此一時、位觀點的提出，是信心滿滿，相信可以擴大解讀，而得：「六十四卦之理，皆當以此例觀之，庶乎辭無窒礙，而義可得矣。」因此，可以說「時」「位」是李光地另一方面的解《易》方法之創舉。

三、論「卦主」有「成卦之主」與「主卦之主」

　　針對朱子「卦主」說，李光地不僅延續，且又重新賦予新解。李光地提出「成卦之主」與「主卦之主」之說，李光地於《周易折中・義例》云：

> 凡所謂卦主者，有成卦之主焉，有主卦之主焉，成卦之主，則卦之所由以成者，無論位之高下，德之善惡，若卦義因之而起，則皆得爲卦主也。主卦之主，必皆德之善，而得時得位者爲之，故取於五位者爲多，而他爻亦間取焉。其成卦之主，即爲主卦之主者，必其德之善，而兼得時位者也；其成卦之主，不得爲主卦之主者，必其德與時位，參錯而不相當者也。大抵其說皆具於夫子之〈彖傳〉，當逐卦分別觀之。若其卦成卦之主，即主卦之主，則是一主也。若其卦有成卦之主，又有主卦之主，則兩爻皆爲卦主矣！或其成卦者兼取兩爻，則兩爻又皆爲卦主矣！〔註93〕

依李光地所言之「成卦之主」，即以每卦本身爲中心，凡構成一卦之爻，此爻不分其位之高低，即不管此爻處於何爻位，亦不論其品德之善與惡，即不管此爻位是否處於「中位」之二、五兩爻位上，以及是否「當位」，只要以其爲構成一完整之六爻卦，此卦即爲「成卦之主」；此一精神，與王弼、朱子等人之觀點，殊無兩樣。而所謂「主卦之主」，即指在卦中起主要作用之爻，「主卦之主」須以「德」、「善」爲本，故必處於居「中位」之二、五爻位上，而在二、五兩爻位上分析選定其「主卦之主」時，又以「得時」、「得位」之爻爲主。此分類意義，就在於李光地的政治身份，以便示好於康熙，故所言之主，絕大多數爲五爻，而能具備此身份者，當然僅有帝王而已。誠如劉大鈞所言：

〔註93〕李光地編：《周易折中》〈義例〉，頁114。

論及『卦主』，雖然『卦主』之說始于王弼，而由〈象〉釋【无妄】
卦曰：『剛自外來而爲主于內』思之，先儒或有此說，而《折中》編
纂者進而將其分爲『成卦之主』與『主卦之主』，並對六十四卦之『卦
主』進行了全面分析。《折中》編者之所以特別重視『卦主』，恐怕
主要是爲了給皇上看，故所言之主，絕大多數爲五爻。〔註94〕

相信此說是正確的，畢竟自王弼以來，至朱子、王夫之等人相較，從沒有人似
李光地一般，得以有具體從政機會，且深受康熙帝重視，奉敕編書。因此，李
光地政治思維必然大於學術思維，借經典注解，表達對帝王的肯定，自是其積
極用心。因此，同樣說「卦主」，則詮釋成「成卦之主」以延續學術，另說「主
卦之主」，以奉承帝王，以達政治目的。李光地又云：「大抵《易》者成大業之
書。而成大業者，必歸之有德有位之人，故五之爲卦主者獨多。」〔註95〕因此，
吾人也不可以僅用爲奉承君王爲說，其借機表達教育君王，要求「有位」者需
「有德」相匹配；此舉來看，傳統儒家從政性格來看，對於李光地來說，仍是
合乎要求的。

四、初上無位

王弼有所謂「初、上無位」之論；頗受後人批評，李光地論其說後，亦
有迥異於王弼及朱子之新觀點。按、王弼以爲一卦雖有六爻，然初、上二爻
不論其位，故凡謂爻位者，皆指二、三、四、五爻而言，其《周易略例・辯
位》曰：

〈象〉无初、上得位，先位之文。又〈繫辭〉但論三、五、二、四
同功異位，亦不及初、上，何乎？唯【乾】上九〈文言〉云：「貴而
无位」，【需】上六云：「雖不當位」。若以上爲陰位邪？則【需】上
六不得云不當位也；若以上爲陽位耶？則【乾】上九不得云貴而无
位也。陰陽處之，皆云非位，而初亦不說當位、失位也。然則，初、
上者，是事之終始，庱陰陽定位也。故【乾】初謂之潛，過五謂之
无位。未有處其位而云潛，上有位而云无者也。歷觀眾卦，盡亦如
之，初、上无陰陽定位，亦以明矣。〔註96〕

〔註94〕劉大鈞：〈讀周易折中〉（《周易研究》1997年第2期），頁13。
〔註95〕李光地編：《周易折中》〈義例〉，頁128。
〔註96〕王弼：《周易略例》〈明象〉，收入《周易王韓注》（臺北：大安出版社，1999

針對王弼說之謬，屈萬理先生有明確指出：「按【既濟】六爻皆得位，〈象傳〉曰：『剛柔正而位當也。』【未濟】六爻皆失位，〈象傳〉曰：『雖不當位，剛柔應也。』則是初以陽爲當位，上以陰爲當位，非無陰陽定位也。至【需】上六〈象傳〉：『雖不當位』之語，乃衍一位字。【乾】〈文言傳〉：『貴而无位』，正謂以陽居上爲不當位，非謂無陰陽之位也。」〔註97〕簡博賢師也認爲：「〈繫辭〉言三五二四同功異位之前，已先論初上之位，王弼但截取所須，而去所不須，不免斷章取義矣。」〔註98〕至於朱子的看法裏，則取程子之說，亦否定王弼之說，朱子云：

> 問：「王弼說『初上無陰陽定位』，如何？」曰：「伊川說：『陰陽奇偶，豈容無也？【乾】上九，貴而無位；【需】上六，不當位，乃爵位之位，非陰陽之位。』此說極好。」〔註99〕

此段言語，可見朱子贊同初、上兩爻無位；非謂無陰陽之位，乃謂爵位之位。李光地於《周易折中·義例》中論「位」則對王弼之說，提出特殊理論，其以爲「初，上兩爻之無位」乃無爵位之位，李光地曰：

> 貴賤上下之謂位，王弼謂中四爻有位，而初、上兩爻無位，非謂無陰陽之位也，乃謂爵位之位耳。五，君位也。四，近臣之位也。三，雖非近而位亦尊者也。二，雖不如三、四之尊，而與五爲正應者也。此四爻皆當時用事，故謂之有位。初、上則但以時之始終論者爲多。若以位論之，則初爲始進而未當事之人。上爲既退而在事外之人也，故謂之無位。然此但言其正例耳，若論變例，則如【屯】、【泰】、【復】、【臨】之初，【大有】、【觀】、【大畜】、【頤】之上，皆得時而用事，蓋以其爲卦主故也。五亦有時不以君位言者，則又以其卦義所取者臣道，不及於君故也。故朱子云：常可類求，變非例測。〔註100〕

李光地之說雖係出於程、朱之學，但是，特別強調政治體系下的君、臣關係；由此可見，對此互動下的感受，李光地應該是比起他人更顯敏銳。另外，李光地更因襲朱子之說，於《周易通論》又補充說明：

> 考〈象傳〉，凡言位當不當者，獨三、四、五三爻爾。初、二皆無之。

年6月），頁264〜265。
〔註97〕屈萬里：《先秦漢魏易例述評》，頁15。
〔註98〕簡博賢師：〈王弼易學研究〉收入《魏晉四家易研究》，頁99。
〔註99〕黎靖德編：《朱子語類》卷六十七〈易三·總論卦象爻〉，頁1666。
〔註100〕李光地編：《周易折中》〈義例〉，頁105〜106。

蓋所謂位者，雖以爻位言，然實借以明分位之義。初，居卦下；上
處卦外；無位者。二雖有位而未高者也。惟五居尊，而三、四皆當
高位。故言位當不當者，獨此三爻詳焉。〔註101〕

李光地除認爲初、上無爵位之位，第二爻雖有爵位，但其爵位未高，所起之
作用有限，不論當位與否，其對實質之事態影響甚微，故存而不論，此種獨
重三、四、五等三爻之論點，實爲李光地論「位」上之特殊見解。曾春海認
爲，這種觀點顯然是與李光地從政，面對清代君主專制政體的權力運用下的
環境有關，〔註102〕而相較於朱子從政經驗短暫下，〔註103〕自然在體會《易》
學與君臣關係的比附強度，會有得出不同之解讀概念。

五、引西學以說《易》

康熙十八年（1679）年在太和殿召徵博學鴻儒，其中試題之一爲〈璿璣
玉衡賦〉；璿璣、玉衡通常被看作中國古代的天文觀測儀器，因此，此一題旨
之目的，可以想像是康熙帝以此要考察考生科學修養，當然，也可佐證康熙
帝對西學的熱衷。〔註104〕李光地既是被康熙帝譽爲：「李光地謹愼清勤，始終
一節，學問淵博。朕知之最悉，知朕小無過光地者！」〔註105〕則其西學功力
必有一定水準，因此，借編纂《周易折中》之際，適當表現之，並可呈現異
於傳統以來，諸《易》學者未曾有過的學術視野。【坤】六二：「直方大，不
習，无不利。」李光地云：

蓋凡方之物，其始必以直爲根，其終乃以大爲極，故數學有所謂線
面體者，非線之直，不能成面之方，因面之方而積之，則能成體之
大矣。〔註106〕

〔註101〕 李光地：《周易通論》卷一《文淵閣四庫全書本》冊42，頁548。
〔註102〕 曾春海：〈李光地的易學初探〉收入江日新編：《清代經學國際研討會論文集》，
頁202。
〔註103〕 宋寧宗時，趙汝愚爲相，薦朱子爲侍講，僅四十餘日，即因韓侂胄之忌而被
罷免。
〔註104〕 韓琦：〈君王和布衣之間：李光地在康熙時代的活動及其對科學的影響〉（清
華學報，新26卷第4期，1996年12月），頁422～425。
〔註105〕 《清史稿校注》卷269〈列傳四十九〉，頁8542。
〔註106〕 李光地編：《周易折中》【坤】六二〈案語〉，頁161。又《榕村語錄》卷九〈周
易一〉李光地有言：「凡數起于點，當初止有一點，引而長之，則爲線，將此
線四圍而周方之則爲面，又復疊之教高則成體，『直、方、大』即是此意，『直』

就「直、方、大」三字之意，自王弼以來，經《程傳》到朱子《本義》，三人之注解或許有些差異，但是就「道德」層面視爲主要說明的意圖，則是一致的；〔註107〕然而，李光地卻採用西方「數學」中的面積、體積的演算方法以解說；雖然其說影響不大，之後的高亨（1902～1984）則以「文字學」立場，主張「疑『大』字衍文，蓋古文『方』與『大』形相近，大即方字之複而又譌者也。」〔註108〕甚至近人廖名春（1956～）據出土「帛書」資料，將之斷句成「直方，大」云云，也是以「人事德行」說之。〔註109〕可見李光地的解說雖新奇，卻僅是曇花一現，但是，不能忽略其說也頗能一新耳目之態。另外，於〈說卦傳〉：「參天兩地而倚數。」李光地云：

> 案：參天兩地，以方圓徑圍定之，亦其大致爾。實則徑一者，不止圍三，非密率也。以理言之，則張氏所謂以一包兩者，是蓋天能兼地，故一并二，以成三也；以算言之，則孔氏所謂兩爲耦數之始，三爲奇數之初者，是蓋以一乘一，以一除一，皆不可變，故乘除之數，起於三與二也，以象言之，凡圓者，錯置三點，求心而規之即成，凡之皆數也。〔註110〕

此注則更擴及「圓」的計算方法矣。就以上其所注解之內容，是否合乎《易》辭本意，姑且不論，〔註111〕但是，值得注意的是，李光地的確是引進西學，特別是數學觀點，注入古典經籍，其闡揚學術的企圖心是積極的，當然也就

即線，『方』即面，『大』即體，惟直而後可方，惟方而後能大，故象曰：『直以方也。』直了纔能方，既直方自然大，故曰：『敬義立而德不孤。』」足證李光地引西學解《易》是頗有自信。

〔註107〕三人之說於《周易折中》【坤】六二，頁158～159有引。簡單的說，可引《程傳》之說，其曰：「直方大三者形容其德用。」爲具體代表。

〔註108〕高亨：《周易古經今注》卷一〈坤第二〉（臺北：樂天出版社，1972年3月），頁8。

〔註109〕廖名春：《周易經傳與易學史新論》（濟南：齊魯書社，2004年2月第2次印刷），頁14。

〔註110〕李光地編：《周易折中》卷十七〈說卦傳〉，頁1643。

〔註111〕近來學者認爲《易》中有西方科學概念之主張者，特別認爲萊布尼茲（G.W.Leibniz 1646～1716）「二元數學原理」與邵雍〈先天易序圖〉完全相合，曹敏說：「中國最古文化的易經，早就發明了今日用途廣的二元數學原理，而且這是爲西方最偉大的數學家萊布尼茲所證明的。」見〈萊布尼茲與易經〉《學易淺論》（臺北：黎明文化事業公司，1986年8月），頁26。同書有收陳珊明：〈周易與科學關係之研究〉，頁213～221。依此來看，則李光地是此概念之先覺者。

呈現出在朱子學問中，從未想過的境界；這種治學精神，依據朱子「《易》本卜筮之書」說精神中的「開放詮釋」雅量性格，就某方面來說，必然是樂觀其成；畢竟，正確與否是一回事，然而提供新視野、新議題，則是亦有其理致。雖然客觀的來說，李光地此舉僅在迎合康熙帝的興趣，而康熙帝的興趣也在於作爲誇耀之用，但是，將之視爲其解《易》方法之一種，在研究範疇中，仍有必要提及，以視爲其特點之一。

六、以傳解經

其實「以傳解經」，不能算是李光地之特點，因爲這是《易》學史上的學者共同觀點，甚至說是信仰。〔註112〕只是，本研究是以「對比視野」來看朱子與李光地，而二者之間，就此問題的核心價值是不同，況且，李光地自詡是朱子學闡明者，但是若無識朱子核心價值，則此一問題，自然有討論之必要。

朱子雖然於《周易本義》仍有「以傳解經」的採卅，然而對〈傳〉之價值，就與其他諸子百家一樣，均是備爲一說，如此是合乎朱子所強調「《易》分三等」與「經、傳分編」的時代特色。然而，李光地雖秉持朱子「經、傳分編」的版本學，卻無法掌握朱子對於《易》學家時代特色用心的釐清，因此，「以傳解經」觀點，仍橫亙於意識中，也就是說解《經》的標準，仍要以〈傳〉爲據。檢索《周易折中》案語，可得以下 24 則，仍舊依照「以傳解經」的說法，而且，充滿著「孔子」的單一標準：

【坤】卦：「後得主，當以孔子〈文言〉爲據。」（頁 155）

【需】九五：「〈象傳〉特舉此爻，以當彖辭之義，而〈大象傳〉又特取此爻爻辭，以蔽【需】義之全。」（頁 200）

【小畜】卦：「〈象傳〉尙往，謂陰氣上升。」（頁 240）

【泰】九二：「此爻以夫子〈象傳〉觀之，須以包荒兩字爲主。」（頁 267）

【泰】六四：「然以〈象傳〉上下交，而其志同觀之，則四、五正當君相之位，下交之主，兩爻〈象傳〉所謂中心願也。」（頁 271）

【謙】卦：「夫子〈象傳〉所以不舉者，因周公爻辭與象辭同。」（頁 306）

【謙】六四：「案：『无不利撝謙』，《本義》作兩句《程傳》作一句，觀

〔註112〕清儒陳澧：《東塾讀書記》四，說：「漢書儒林傳云：費直以象、象、系辭十篇文言說上下經，此千古治易之準的也。」收錄於《皇清經解續編》卷九百四十八（臺北：藝文印書館，不印出版年），頁 1075。

夫子〈象傳〉則程說近是。」（頁 311）

【觀】上九：「正所以見聖人省身察己，始終如一之心，故〈象傳〉發明之曰：『志未平也。』」（頁 366）

【賁】六四：「〈象傳〉謂之疑者，此也。」（頁 384）

【剝】初六：「案俞氏之說，是以蔑字屬上句讀，蓋自〈象傳〉滅下看出，亦可備一說。」（頁 392）

【无妄】六二：「〈象傳〉以未富釋之，正謂其無望穫之心。」（頁 413）

【大畜】上九：「〈雜卦〉云大畜時也，正謂此也。」（頁 427）

【頤】卦：「與夫子〈象傳〉語意尤合也。」（頁 431）

【大過】初六：「〈繫傳〉云：茅之為物，薄而用可重也，正對棟為重物、重任而言。」（頁 446）

【大壯】九三：「案：京氏以下諸家說用罔，與《傳》、《義》異，以夫子〈小象〉文意參之，諸說近是。」（頁 516）

【家人】六五：「案：假字訓感格，諸說皆有明證，可從何氏之說，於〈象傳〉之義尤為浹洽也。」（頁 550）

【蹇】九三：「以孔子〈象傳〉觀之，則傳義理長。」（頁 570）

【解】六三：「案：〈繫辭傳〉釋此爻云，盜斯奪之者，奪負乘之人也。」（頁 584）

【益】九五：「案：勿問二字，呂氏說是，觀孔子〈象傳〉可見。」（頁 613）

【萃】六三：「案：以〈象傳〉觀之，吳氏、俞氏之說是也。」（頁 648）

【鼎】上九：「《易》中〈大象〉言天命者，亦惟此兩卦。」（頁 710）

【巽】上九：「〈說卦〉齊乎巽，齊斧者，所以齊物之斧也。」（頁 790）

【中孚】九二：「〈繫辭傳〉兩言況其邇者乎，然後推廣而極言之。」（頁 824）

【既濟】初九：「觀夫子〈象傳〉可知。」（頁 847）

足見「以傳解經」的觀點，確實是李光地解《易》方法中的重要依據。至於詳細討論，可參本研究第三章論〈卜筮〉之所述。

七、善用「小學」訓詁解《易》

朱子解《易》之方法中，重視音注，以求該字本形本義及於《經》辭中

該如何作解，以求最適當的答案；李光地不僅能有所承，且進一步不囿於朱
子傳統，而能再創新解。【漸】上九：「鴻漸于陸，其羽可用爲儀，吉。」李
光地〈案語〉云：

> 「陸」字與九三重，故先儒改作「逵」字以叶韻。然「逵」、「儀」
> 古韻實非叶也，意者「陸」乃「阿」字之誤，「阿」、大陵也，進於
> 陵則阿矣；「儀」古讀「俄」正與「阿」叶，《詩》云：「菁菁者莪，
> 在彼中阿，既見君子，樂且有儀。」〔註113〕

考「鴻漸于陸」語，王弼無注；孔疏則說：「上九與三皆處卦上，故並稱陸上。」
《周易集解》引虞翻說亦作「陸」；然而，朱子《周易本義》說：「胡氏、程氏
皆云陸當作逵。謂雲路也，今以韻讀之良是。」不知胡安定之說根據何來？清
儒・朱良裘於《周易註疏》卷九考證云：「陸字與九三陸字同，漢晉及唐初無岐
音，自胡瑗以陸爲逵，程、朱皆從其說，訓爲雲路。」由此可知，應爲宋人「疑
經改經」風氣之呈現。〔註114〕因此，早在清初顧炎武就說：「安定胡氏改陸爲
逵。朱子從之謂合韻，非也。詩儀字凡十見，皆音牛何反，不得與逵爲叶，而
雲路亦非可翔之地，仍當作陸爲是。」〔註115〕不從朱子之說，明矣。

　　蓋朱子的確是以「音注」之韻腳來探討，以此論證「陸」當爲「逵」。然
而不僅顧炎武，李光地以同樣之治學方法，仍以「音注」論證作「逵」是錯
誤的，進而斷言應爲「阿」字，且「儀」古讀「俄」，二者可以相叶，並引《詩》
文爲證，以增強其說服力，一舉推翻宋代既有定論，充分展現李光地其「音
韻」學力。其實李光地亦是韻學專家，端看其著作有《榕村韻書》五卷、《韻
箋》三卷、《等韻便覽》一卷云云，即知其中用功之深，是以有此自信否認朱
子等人之說。其後之孔廣森（1752～1786）《經學卮言》根據此一問題，也有
依音韻之學而作深入探討，他說：「宋人或疑『陸』是『逵』字之誤。不知古
音『逵』讀『馗』。……『儀』『莪』音同，故借用，不得相爲用。……《易》
曰：『鴻漸于陸，夫征不復。』《詩》曰：『鴻飛遵陸，公歸不復。』六經之義，
固相通乎。」至於俞樾《艮宧易說》更擴大其研究範圍，仍取李光地之說來
闡述，他說：「『陸』與『儀』非韻，宋儒改『陸』爲『逵』，然依古音亦非韻

〔註113〕李光地編：《周易折中》【漸】上九〈案語〉，頁746。
〔註114〕《四庫全書》編修中，有朱良裘於《周易註疏》卷九考證云：「陸字與九三陸
　　　　字同，漢晉及唐初無岐音，自胡瑗以陸爲逵，程、朱皆從其說，訓爲雲路。」
　　　　由此可知，是爲宋人「疑經改經」風氣之呈現。
〔註115〕顧炎武著・黃汝成集釋：《日知錄集釋》卷一〈鴻漸於陸〉條，頁12。

也。以韻求之，當作『阿』。且以古書之例言之，『陸』與『阿』每連文。……『陵』與『阿』亦連文。……此卦九三曰『鴻漸于陸』，九五曰：『鴻漸于陵』，則上九曰：『鴻漸于阿』，正合古書體例。今作『陸』者，即涉九三爻辭而誤耳」〔註116〕云云，可證李光地於此學術專業地位，是具有影響力的。

　　總之，李光地此說是否即爲定論，或許也有討論空間，〔註117〕然而以朱子「開放詮釋」學術性格，必是能樂以接受此異說，以求學術客觀，因此說由「小學」著手，從文字、音注到訓詁之途徑，亦是李光地解《易》的方法之一。

〔註116〕孔廣森、俞樾之說均引自《清儒易經彙解》（臺北：鼎文書局，不印出版年），頁 404～405。

〔註117〕諸如清・陳法《易箋》卷四云：「鴻漸于陸，胡文定改陸爲逵，古韻儀讀如儺，不與逵叶，當作霄，古韻讀如梭，正叶儀韻。」（收入《四庫全書》）的確有不同見解之證。由此可知，異說紛紜，眾聲喧嘩，尚有討論空間。

第九章　史事《易》學

　　讀「歷史」的意義，最初步的理解，即在提供「鑑往知來」的資料；另外，還可以從人物、事件中，汲取生命價值標的、以提供自我肯定力量，進而無畏壓力、樂觀面對並掌握未來。畢竟，中國傳統中的學者，其所共同持有的對於歷史的深刻信念與基本態度，是採取歷史中所呈現的普遍「天道」意義，堅信將隨著人類的行為或活動，以作為規範與裁判的基準。

　　歷史，既是一個過去的現象，後人在解讀過程，理論上應該是有同樣的看法，然而，事實上卻不是如此；常常有同一事件，出現兩種、甚至多種不同觀點；以「屈原」為例，司馬遷、班固對其表現，就形成南轅北轍、截然不同的論點；司馬遷說：「（屈原）濯淖汙泥之中，蟬蛻於濁穢，以浮游塵埃之外，不獲世之滋垢，皭然泥而不滓者也。推此志也，雖與日月爭光可也。」〔註1〕班固《離騷・序》說：「今屈原露才揚己，競乎危國群小之間，以離讒賊，然數責懷王，怨惡椒蘭，愁神苦思，強非其人，忿懟不容，沉江而死，亦貶絜狂狷景行之士，多稱崑崙冥婚，宓妃虛無之語，皆非法度之政，經義所在，謂之兼風雅而與日月爭光，過矣。」〔註2〕當發現文獻上對於人物有不同詮釋面貌時，我們便會區分那個才是正確的，甚至亟欲斷定何者才是客觀的詮釋，以避免被人譏評為成見、為主觀。然而，無可否認的是，撰寫者畢竟有他的「時代課題」下的特殊情懷，可以從其立場、思想、用心等等出發

〔註1〕　楊家駱主編：《新校本史記三家注并附編二種》卷八十四（臺北：鼎文書局，1987年11月9版），頁2482。

〔註2〕　崔富章編：《楚辭集校集釋》（武漢：湖北教育出版社，2003年5月），頁5～6。

點，來觀看事物，因此其所見現象，以文本呈現時，必然會有不同的結論，誠如李師威熊所強調的：「《史記》是一部私書。……他的思想偏重於黃老，書中充滿著關心民生疾苦，與批評帝王罪惡的觀點。……《漢書》則是受詔而作的官書，作者是站在儒家正統思想的立場，為朝廷服務。」〔註3〕所以，我們可以如斯理解，二人所敘述都是「屈原」，但是，都只是藉題發揮，以歷史事件的闡述，來表達其對生命價值的不同主張，言「屈原」云云，其實是撰寫者生命意義的投射下之反應結果；是以，歷史本身也是吾人生命價值所來由，他是充滿著與吾人生命一脈相關的傳承。牟宗三先生說：

> 吾人看歷史，須將自己放在歷史裡面，把自己個人的生命與歷史通于一起，是在一條流裡面承續著。又須從實踐的觀點看歷史，把歷史看成是一個民族的實踐過程史。把自己放在歷史裡面，是表示：不可把歷史推出去，作為與自己不相干的一個自然對象看。從實踐看歷史，是表示：歷史根本是人的實踐過程所形成的，不是擺在外面的一個既成物，而為我們的「知性」所要去理解的一個外在體。歸于實踐，所以區別「理解」。置身歷史，所以區別置身度外。這兩義是相連而生的。〔註4〕

即在強調「生命的學問」，在縱橫時空中，無分古今，彼此是一體下的連續。德哲葛達瑪更闡述著，歷史與現代，其實更有著深厚的傳承，他提出了有所謂的「前判斷」以作為「視界融合」，在「不同的理解」中，作為傳統與現代的承續之必然性的結果，進而有創新的成果；依潘德榮之闡釋：「對於我們來說，傳統是被給予的，這種被給予性通過我們接受的前判斷得以證明；然它又在我們的理解中被重新規定著，我們並不是簡單接受了傳統，而是在理解中完成著對傳統的持續塑造。」〔註5〕因此又說「效果歷史意識」（Wirkungsgeschichtliches Bewusstseun）：

> 我們的歷史乃是我們所理解的歷史，在理解中，歷史被重新塑造了，它是基於我們的視野、基於我們自己的經驗而被理解的歷史。……我們永遠是在自己的視野中理解著，不是把歷史當作純粹的，已發

〔註3〕 李威熊師：《漢書導讀》（臺北：文史哲出版社，1977 年 4 月），頁 49。

〔註4〕 牟宗三：《歷史哲學》（臺北：臺灣學生書局，1988 年 8 月 9 版），頁 1。

〔註5〕 潘德榮：《詮釋學導論》第五章〈語言詮釋學〉（臺北：五南圖書公司，2002 年 9 月初版 2 刷），頁 128～129。

　　生過的『事件』之鏈條，而是揭示其向我們這個時代所開啓的意義，

　　歷史因此表明了與我們的一種意義關聯。〔註6〕

強調著歷史並不是過去、或是僅爲被存封的記憶，而是與個人、當下社會、整體民族精神，作爲養份的汲取，並進一步要指導著未來的方向。錢穆先生說：「歷史是一種把握我們生命的學問，是認識我們生命的學問。」〔註7〕此說言簡意賅，足供本研究論「史事《易》學」時，瞭解《易》學家借史論《易》的精神義涵。

　　史事《易》學，乃援引史事以參證《易》之卦、爻辭，用以說明聖人之言並非空講，得以於歷史發展過程中，呈顯聖人所以意境，即《四庫提要‧經部易類序》云：「《易》之爲書，推天道以明人事者也。」黃忠天教授更闡釋：「援引史事以參證易理，通常具有高度之用世精神，援引史事，即爲其藉以通經致用之津筏，斯欲藉史事所呈現具體明白之事跡，參證隱微難明之易理，藉收理事兼具，道器合一之效。」〔註8〕即在說明傳統《易》學者，大都堅信歷史事件之發展、解讀，實與經典所標明義理，是有著參照蘊涵；此項精神意義，即是「效果歷史意識」之謂也。

　　本章研究重點，要從朱子、王夫之、李光地三人的「史事《易》學」爲討論範圍，根據上述討論觀點來看，三人的歷史事件的選取、討論觀點的偏向，甚至說要解讀未來的走向等等用心，我們可以很確定的說，由於三人分別處於不同之時代背景，其「治學用心」與「時代課題」均有所不同，必然會有不同的討論觀點進路；因此，以下將從「對比的視野」，從中去探討因時代背景的差異、個人特質的偏好，是以指導或判讀未來的用心也就迥然不同，因此在解讀歷史事件以作爲討論依據時，有著從客觀到主觀的價值論斷，必然得以顯見彼此的不同用心之處。

第一節　史事《易》學之流派及其主張簡述

　　以史事說《易》學，源流甚早，其最早之根據，就是來自卦爻辭之記載；

〔註6〕　潘德榮：《詮釋學導論》第五章〈語言詮釋學〉，頁 134～135。

〔註7〕　錢穆：《中國歷史精神》第一講〈史學精神和史學方法〉（臺北：東大圖書公司，1987 年 10 月修訂五版），頁 6。

〔註8〕　黃忠天：〈史事宗易學研究方法析論〉（山東大學：《周易研究》2007 年第 5 期），頁 45。

《四庫提要‧誠齋易傳》〈提要〉云：「聖人作易，本以吉凶悔吝示人事之所從，箕子之貞、鬼方之伐、帝乙之歸妹，周公明著其文，則三百八十四爻可以例舉矣。」〔註9〕針對此中之背景瞭解介紹，前有王國維依「殷墟甲骨文」作〈殷卜辭中所見先公先王考〉，得有「王亥」之名，〔註10〕後有顧頡剛（1893～1980）作〈周易卦辭中的故事〉中，有解說五則卦爻辭內容之由來，〔註11〕計爲：「王亥喪牛羊于有易」、「高宗伐鬼方」、「帝乙歸妹」、「箕子明夷」、「康侯用錫馬蕃庶」等等，並認爲說：「因爲這些故事是習熟於現代人的口耳之間的，只要說了這件故事的名目，便立刻可以想出它的涵義。」〔註12〕在閱讀、傳播上增加了親切性，令人眼觸耳聞，立即瞭解其指謂，無論在文化傳承、或是語言功能之呈現，都是屬於溝通上的重要表現，是以從〈易傳〉開始，

〔註9〕 紀昀：《四庫全書總目提要》〈誠齋易傳提要〉（臺北：臺灣商務印書館，1985年5月增訂3版），頁33。

〔註10〕 王國維：《觀堂集林》卷九，見《王國維先書全集》初編第二冊（臺北：大通書局，1976年7月）頁413～416。

〔註11〕 就顧頡剛的《易》學史之學術地位，有著南轅北轍的看法。鄭吉雄說：「當然顧氏的立論簡淺之處極多，有許多他相信或懷疑的問題，今天學術界壓根兒也不提了。〕〈從經典詮釋傳統論二十世紀《易》詮釋的分期與類型〉收入《儒學與東亞文明研究叢書（六）——易圖象與易詮釋》（臺北：喜馬拉雅研究發展基金會，2002年2月），頁13。然而，李學勤卻說：「顧氏此文引證宏博，論證詳密，爲學者所遵守，可以說基本確定了《周易》卦爻辭年代的範圍，是極有貢獻的。後來有些論著沿著顧文的方向有所補充，但其結論終不能超過顧先生的論斷。」《周易經傳溯源》（北京：中國社會科學出版社，2007年3月），頁1。李先生並再詳加討論，得出結論云：「綜上所述，《周易》經文所見人物及其事跡，確定都是很古老的。經文的形成很可能在周初，不會晚於西周中葉。顧頡剛先生的觀點，看來是可信的。」頁14。究竟二家之說，以誰爲據會較有信度，非本研究重點，但是，不可否定的是，鄭先生顧氏之說已無人提，則是未必然的，至少李學勤此書發表於2007年；再者，顧氏的「疑」是有影響的，因此，鄭吉雄之文也接著說：「他的（顧氏）發難，引起了許多治《易》學者紛紛對於《周易》經傳的內容、性質、時代、作者、文獻等各方面的問題，作出爬梳。」只是，鄭先生是以《古史辨》所收文章爲止，因此，仍要強調其影響力不大的意謂是明顯的。對於此學術現象，初步看來，大陸學者是持肯定，而台灣方面則持否定態度，大抵可知。

〔註12〕 顧頡剛編：《古史辨》第三冊上編《周易經傳問題》（臺北：明倫出版社，根據樸社版重印，1970年3月臺初版），頁5。當然，顧氏的立場是要證明《周易》作者的問題，以便進一步指出並非聖人之作。針對顧氏的論點是否成立，非本研究之重點，因此姑且不論，只是說卦爻辭是史事記載的引用，此一觀點是可以相信的。

即有著同樣表現手法，〔註 13〕後世學者，均樂於接踵而述，終能蔚為學派，的確是持之有據，言之成理矣；因此，《四庫提要》館臣，就認為依此方法推衍，則其他各卦、諸爻，也可以找到相應的歷史事件來配合說明。

以史證《易》，以《易》論史的積極運用情形，於《易》學史上，的確是如此，從漢之鄭玄（127～200）、荀爽（128～190）、虞翻（164～233）已續其端，晉之干寶（不詳）始成其學，至宋，接紹其續者有：李光（1078～1159）《讀易詳說》、楊萬里（1127～1206）《誠齋易傳》、李杞（不詳）《用易詳解》、李中正（不詳）《泰軒易傳》等人，〔註 14〕始著專書闡揚；清代易學，承流沿者有：喬萊（1642～1649）《喬氏易俟》、葉矯然（不詳）《易史參錄》、申爾宣（不詳）《易象援古》、查彬（不詳）《周易經史彙纂》、吳曰慎（不詳）《周易本義爻徵》等人，〔註 15〕其精神的確是連綿不斷的，〔註 16〕是以《四庫提要》將之列為「兩派六宗」之一，足見其論述影響力是不可被忽視的。

就鄭玄注《易》，其原本已佚，今依南宋，王應麟（1223～1296）輯本，得有二則與「史事《易》學」相關之內容：〔註 17〕

（一）【否】卦九五爻辭，鄭玄云：「猶紂囚文王於羑里之獄，四臣獻珍異之物，而終免於難；繫于苞桑之謂也。」

（二）【臨】卦辭，鄭玄云：「當文王之時，紂為無道；故於是卦為殷著興衰之戒，以見周改殷正之數。」〔註 18〕

鄭玄此二則均以商紂、周文王二人之互動為說。案：【否】卦九五爻辭：「休否。大人吉，其亡，其亡，繫于苞桑。」鄭玄以文王被囚，以證商紂此時根基尚穩，因此，文王未能與之抗衡，則僅能俯首稱臣，進貢珍異之物，以求自保而已。至於【臨】卦辭：「元亨利貞，至于八月有凶。」鄭玄認為商紂雖

〔註 13〕如〈繫辭下傳‧第五章〉子曰：「顏氏之子，其殆庶幾乎！行有不善未嘗不知，知之未嘗復行也。《易》曰：『不遠復，无祗悔，元吉。』」即引人事以參證【復】初九之例。

〔註 14〕汪惠敏：《宋代經學之研究》（臺北：師大書苑，1989 年 4 月），頁 95～119。又李杞之書名為《用易詳解》，《四庫提要》以朱彝尊之說作《周易詳解》，應為筆誤。

〔註 15〕徐芹庭：《易學源流》下冊（臺北：國立編譯館，1987 年 8 月），頁 1084～1086。

〔註 16〕就分三期來說是普遍觀點，惟黃忠天教授認為尚有「深化與拓展」之必要，於其大作〈史事宗易學研究方法析論〉中，更進一步分成五期，見頁 41～45。

〔註 17〕考《周易集解》所引鄭玄注，均同，是知王應麟輯引自《集解》本。

〔註 18〕王應麟：《周易鄭康成注》（臺北：藝文印書館，影印四庫善本叢書），未編頁碼。

仍是帝王，擁有「元亨利貞」四德之地位，然而，卻無憂患意識，將商代之根基日漸糟蹋，終至亡國滅身，因而文王可以代商而起，又文王建國也必取之殷鑑，以作爲治國態度。分析鄭玄此二例之特色，已注意到時、空之不同，對身份以及態度，所應產生不同的取向，充分呈現《易》之「變易」、「唯變所適」精神。

至於，荀爽【蒙】六五〈小象〉注：「順于上、巽于二，有似成王任用周召也。」〔註19〕則取幼主與重臣之互動關係，年代仍以周朝史事爲限。接著，干寶《周易》注今存三十卦，亦是取殷、周史實，證說爻義；諸如：

> 【乾】卦初九爻注：「陽處三泉之下，聖德在愚俗之中；此文王在羑里之爻也。雖有聖明之德，未被時用；故曰勿用。」
>
> 【蒙】卦辭注云：「此蓋以寄成王之遭周公也。」
>
> 【蹇】卦辭注云：「此蓋以文王爲紂所囚也。」
>
> 【豐】卦上六爻注：「豐其屋，此蓋記紂之侈造爲璿室玉臺。蔀其家者，以記紂多傾國之女也。」
>
> 【未濟】卦六三小象注云：「祿父反叛，管蔡與亂，兵連三年，誅及骨肉；故曰未濟征凶。」〔註20〕

簡博賢師有就干寶「以史例證說經義」的內容加以評述，云：「鄭（玄）易別有顓擅，故其援古驗象，特偶或爲之；非若干寶之能周普而成例耳。」又說：「夫經史異科，而體用殊塗。干氏同其畛域，以史綴爻；遂肇援史證經之一派。」〔註21〕是知干寶就於「史事《易》學」的推波助瀾之大，不可忽視其效應。

第二節　朱子史事《易》學之觀點與應用

觀察以上漢、魏諸家所應用之例，尚都僅言及殷、周事蹟典故；直至宋之程頤《易傳》，亦有用之爲說，然已擴大其朝代解說範圍，以至無例不引，無史不證矣！清儒汪琬嘗云：「昔子程子之傳《易》也，於【屯】之九五則引

〔註19〕李鼎祚集解‧李道平疏：《周易集解纂疏》（臺北：廣文書局，1989年6月再版），頁391。

〔註20〕李鼎祚集解‧李道平疏：《周易集解纂疏》，頁2、108、456、626、695。

〔註21〕簡博賢師：《魏晉四家易研究》〈干寶易學研究〉（臺北：文史哲出版社，1986年元月），頁146～147。

魏高貴鄉公、唐僖昭二宗以證之，於【師】卦則引淮陰侯，於六五則引郭子儀相州之敗以證之，於【否】之九五則引王充、李德裕以證之，於【遯】之象、於【未濟】之九二則又引王充、謝安、子儀、李晟以證之，於【坎】之六四：納約自牖，則引漢四老人之定太子爲之。」〔註22〕案：依據黃忠天教授所言，《程傳》引史以證《易》者，保守估算有九十餘則，〔註23〕今隨意蒐集，可得下列數則：

1、【乾】九二注：「舜之田漁，時也。」九三注：「舜之玄德升聞，時也。」九四注：「舜之歷試，時也。」
2、【坤】六五注：「或疑在革湯武之事猶進言之。」
3、【蒙】上九注：「若舜之征有苗，周公之誅三監，禦寇也。秦皇漢武，窮兵誅伐，爲寇也。」
4、【比】六二象注：「伊尹、武侯救天下之心非不切，必待禮至然後出也。」
5、【隨】九四注：「古之人，有行之者，伊尹、周公、孔明是也。」上六注：「昔者太王用此道，亨王業於西山，太王避狄之難，去豳來岐，豳人老稚扶攜以隨之如歸市，蓋其人心之隨，固結如此。」
6、【蠱】九二注：「以周公之聖輔成王，成王非甚柔弱也，然能使之爲成王而已。」
7、【無妄】九五注：「若治之而不治，率之而不從，化之而不革，以妄爲無妄之疾，舜之有苗，周公之管蔡，孔之叔武孫是也」。
8、【頤】六五注：「以成王之才，不至甚柔弱也，當管蔡之亂，幾不保於周公，況其下者乎？」
9、【明夷】初九注：「袁閎於黨事，未起之前，名德之士方鋒起，而獨潛身土室，故人以爲狂生，卒免黨錮之禍。」
10、【睽】六五注：「以周成之幼稚，而興盛王之治；以劉禪之昏弱，而有中興之勢，蓋由任聖賢之輔，而姬公、孔明所以入之者深也。」
11、【姤】九五注：「高宗感於夢寐，文王遇於魚釣，皆由是道。」

相較之下可知，汪琬所舉之例，其要展現的重點，是就《程傳》除了取傳統的「紂、文」範圍以外，另外所涉獵到其他各代的史事，依其見解，或

〔註22〕徐世昌：《清儒學案》卷七《亭林學案》下引汪琬：〈答李舉人以史證經書〉，頁44。
〔註23〕黃忠天：〈史事宗易學研究方法析論〉，頁43。

許是要呈顯《程傳》特色。但是，吾人也可取之說明，就《程傳》在取材比例偏重上，殷、周範圍還是取材大宗。

　　朱子治學，大都自承爲接續程子之後，言：「求其因時立教，以承三聖，不同於法而同於道者，則惟伊川先生程氏之書而已。」至於《易》學中之《程傳》價值，則是讀者首選之書，因此朱子又曰：「看易傳，若自無所得，縱看數家反被其惑。……今有伊川《傳》，且只看此尤妙。」〔註24〕當然朱子對於《程傳》也是略有批評，朱子認爲：「《伊川易傳》，亦有未盡處，當時康節傳得『數』甚佳，卻輕之不問。」〔註25〕是以，朱子作《易學啓蒙》以補充之。再者，《朱子語類》記載著：

　　　　問：『《程易》以乾之初九爲舜側微時，九二爲舜佃漁時，九三爲『玄
　　　　德升聞』時，九四爲歷試時，何以見得？』（朱子）曰：『此是推說
　　　　爻象之意，非本指也。讀《易》若通得本指後，便儘說去，儘有道
　　　　理可言。』」〔註26〕

此即朱子所提出其「《易》本卜筮之書」的觀念相通，進而加以指出《程傳》之不足處。誠如錢穆先生之說：「朱子爲學一遵二程，然《語類》記朱子說經與二程異見處，不下數百條。其於《伊川易傳》，每有不滿之辭。」〔註27〕簡單的說，有兩個方面是錢先生所要標舉的：一者、從「易本卜筮之書」說《伊川易傳》非唯一注解權威；再者、從「數」的立場，說《伊川易傳》的不足處。從這兩方面，是朱子《易》學迥異於《程傳》者之部份。但是，就《程傳》以此說解史事，雖非「本旨」但是在應用上的方法，朱子明顯是持正面的肯定。因此，在《周易本義》中，亦有發揮；況且朱子於《本義》又言：「《程傳》備矣。」依此，則《程傳》史事的運用，是可以認定與朱子史事《易》學是有相續之意圖。但是，本研究要強調的是，朱子所處時代，必有其異於《程傳》時代，因此，在取材與解讀上，必然有些許不同之處。

　　今輯引朱子《周易本義》言史事者，計有下列數條，經分析後，的確可得朱子有同於《程傳》的解讀方式。首先，就【明夷】九三：「明夷于南狩，得其大首，不可疾貞。」朱子注：

〔註24〕黎靖德編：《朱子語類》卷六十七〈程子易傳〉，頁1651。

〔註25〕黎靖德編：《朱子語類》卷六十七〈程子易傳〉，頁1653。

〔註26〕黎靖德編：《朱子語類》卷六十八〈易四・乾上〉，頁1695。

〔註27〕錢穆：〈朱子之易學〉，頁13。

以剛居剛，又在明體之上，而屈於至闇之下，正與上六闇主爲應，故有向明除害，得其首惡之象。然不可以亟也，故有不可疾貞之戒。成湯起於夏臺，文王興於羑里，正合此爻之義，而小事亦有然者。
〔註28〕

朱子就【明夷】意解：「夷、傷也，爲卦下離上坤，日入地中，明而見傷之象，故爲明夷。又其上六爲暗之主，六五近之，故占者利于艱難以守正，而自晦其明也。」是知，暗主指上六爻，又爻例三上互應，且陰陽相異爲應，是以九三爻必須與上六相應，且【明夷】爲卦下【離】上【坤】，【離】爲明，是以朱子云：「有向明除害，得其首惡之象」，朱子接著以夏桀、商湯，商紂、周文爲例，闡述成大事者必以艱難自處，且不可急於一時，借以標榜普世價值；就於《程傳》來看，也說：「將以明去暗者也，斯義也，其湯武之事乎。」則兩家之說甚同。另外，朱子於【小畜】卦注：「文王演易於羑里，視岐周爲西方。」〔註29〕而《程傳》則僅就方位說明，卻未論及爲文王之事蹟，或許是朱子補證《程傳》；但是，大致上可知朱子無論是史例或爻例，均有承襲漢、魏，以及《程傳》者，由此來論朱子，其特點不鮮明。若要知朱子「史事《易》學」之異於《程傳》者，有下列所述條例，較爲清晰：

1、【乾】〈文言〉「夫大人者與天地合其德」條，朱子注：

有是德而當其位，乃可以當之。人與天地鬼神，本无二理，特蔽於有我之私，是以梏於形體，而不能相通；大人无私，以道爲體，曾何彼此先後之可言哉。先天不違，謂意之所爲，默與道契；後天奉天，謂知理如是，奉而行之。回紇謂郭子儀曰：『卜者言，此行當見一大人而還。』其占蓋與此合，若子儀者，雖未及乎夫子之所論，然其至公无我，亦可謂當時之大人矣。〔註30〕

簡言之，朱子取郭子儀事蹟表現，以爲合「大人」有德之具體形象。就郭子儀表現，考、唐自天寶十四年（755），安祿山亂後，能安皇室、保蒼生者，就唯獨郭子儀一人而已；後來，安祿山、史思明之亂，雖陸續弭平，然而，唐代動亂未能因此而止，又有朔方節度使僕固懷恩引黨項、吐蕃、回紇數十萬兵南侵，京師大爲驚恐。此時郭子儀軍隊僅萬人，亦被敵軍重重包圍，局

〔註28〕　朱子：《周易本義》，頁63。
〔註29〕　朱子：《周易本義》，頁40。
〔註30〕　朱子：《周易本義》，頁150。

勢頗爲凶險，郭子儀則決定不採武力對峙，而採取隻身走險以「誠」待人之舉，企圖說服回紇。此爲朱子說之根據。然而，再詳考《資治通鑑》有載此一過程：

> 丙寅（765），回紇、吐蕃合兵圍涇陽。子儀命諸將嚴設守備而不戰，及暮，二虜退屯北原，丁卯復至城下。是時回紇與吐蕃聞僕固懷恩死，已爭長，不相睦，分營而居，子儀知之。回紇在城西，子儀使牙將李光瓚等往說之，欲與之共擊吐蕃。回紇不信，曰：「郭公固在此乎？汝紿我耳。若果在此，可得見乎？」光瓚還報，子儀曰：「今眾寡不敵，難以力勝，昔與回紇契約甚厚，不若挺身往說之，可不戰而下也。」諸將請選鐵騎五百爲衛從，子儀曰：「此適足爲害也！」郭晞扣馬諫曰：「彼虎狼也，大人國之元帥，奈何以身爲虜餌！」子儀曰：「今戰則父子俱死，而國家危；往以至誠與之言，或幸而見從，則四海之福也。不然則身沒而家全。」以鞭擊其手，曰：「去。」遂與數騎開門而出，使人傳呼，曰：「令公來。」回紇大驚，其大帥合胡祿都督藥葛羅，可汗之弟也，執弓注矢，立於陣前，子儀免胄釋甲投槍而進。回紇諸酋長相顧曰：「是也。」皆下馬羅拜，子儀亦下馬，前執藥葛羅手，讓之曰：「汝回紇有大功於唐，唐之報汝亦不薄，奈何負約，深入吾地，侵逼畿縣，棄前功、結怨仇，背恩德而助叛臣，何其愚也！且懷恩叛君棄母，於汝國何有？今吾挺身而來，聽汝執我殺之，我之將士，必致死與汝戰矣！」藥葛羅曰：「懷恩欺我，言天可汗已晏駕，令公亦捐，館中國無主，我是以敢與之來，今知天可汗在上都，令公復總兵於此，懷恩又爲天所殺，我曹豈肯與令公戰乎！」子儀因說之，曰：「吐蕃無道，乘我國有亂，不顧舅甥之親，吞噬我邊鄙，焚蕩我畿甸，其所掠之財，不可勝載，馬牛雜畜，長數百里，彌漫在野，此天以賜汝也。全師而繼好，破敵以取富，爲汝計，孰便於此，不可失也。」藥葛羅曰：「吾爲懷恩所誤，負公誠深，今請爲公盡力，擊吐蕃以謝過。」〔註31〕

是知就此段記載來看，郭子儀所用之策略有三，即一者「以德服人」、二者「恩威並濟」、三者「利益誘人」等等。若是端看後兩項，相信沒有人會去歌頌主

〔註31〕 司馬光等編・胡三省注：《資治通鑑》卷二百二十三〈唐紀三十九・代宗永泰元年〉（臺北：華世出版社，1987年1月），頁7180～7181。

角，畢竟，那不僅是陳年老套，且是採用法家觀點，以「性惡論」爲出發點下的人性操弄，甚至說是權謀算計的利己自私之心，〔註32〕絲毫不見人性偉大之處；朱子借此史事，當然不會從此負面角度抒發，這也證明了歷史事件，的確是被動的被解讀者所解讀。朱子於此，必然是專言郭子儀「以德服人」部份，以便旁證其「理學」於人性之普遍性，言其人若能袪除私心，則公理出，公理出，則眾人服而天下平。

由此看來，就歷史事件之解讀，的確是有很大的價值差異，單就採用者的立場，就可以擷取其所要的，更何況再與他人因觀點的不同，當然更會有南轅北轍的現象，進而導引出不同的目的。因此，當取朱子而相較於《程傳》之說，更顯見其差異點；蓋《程傳》亦借郭子儀史事四則，以論《易》學，《程傳》一說「相州之敗」，〔註33〕二說「威震主而主不疑」，〔註34〕三說「若得剛明之臣而能濟大難」，〔註35〕四說「當艱危木濟之時，能極其恭順，所以爲得正，而能保其終吉也」。〔註36〕特別是第一項，程子提郭子儀「相州之敗」例，原因是：「任將不專而致覆敗者」，並沒有將郭子儀塑造成完美形象。總之，就取史事之觀點解讀，論者之用心是有不同之意圖也。

2、【坤】六五：「黃裳元吉。」朱子注：

> 黃、中色，裳、下飾，六五以陰居尊，中順之德，充諸內而見於外，故其象如此，而其占爲大善之吉也。占者德必如是，則其占亦如是矣。《春秋傳》南蒯將叛，筮得此爻，以爲大吉，子服惠伯曰：「忠信之事則可，不然必敗。」外強內溫，忠也；和以率貞，信也。故曰：「黃裳元吉。」黃，中之色也；裳，下之飾也。元善之長也，中不忠，不得其色，下不共，不得其飾，事不善，不得其極，且夫《易》不可以占險，三者有闕，筮雖當，未也。後蒯果敗，此可以見占法矣。〔註37〕

〔註32〕韓非〈二柄〉說、〈外儲左上〉，有諸多說明與例證，以強調：「殺戮之謂刑，慶賞之謂德。」可參閱王邦雄：《韓非子的哲學》〈人性論〉部份（臺北：東大圖書公司，1983年9月3版），頁103～119。
〔註33〕程頤：《伊川易傳》卷一【師】六五注，頁74。
〔註34〕程頤：《伊川易傳》卷二【隨】九四注，頁160。
〔註35〕程頤：《伊川易傳》卷四【蹇】九五注，頁348。
〔註36〕程頤：《伊川易傳》卷六【未濟】九二注，頁565。
〔註37〕朱子：《周易本義》，頁33。

自漢、魏以來，《易》學家將「黃裳」解爲「黃、中色，裳、下飾」者，是爲學者普遍共識，朱子亦是秉持此意，不另他解；然而，其他學者以此抒發，卻有不同的意圖依歸。王弼云：「體无，剛健，而能極物之情，通理者也。」〔註38〕重點以道家之「无」爲體；《程傳》則云：「守中而居下，則元吉，謂守其分也。」〔註39〕標榜著以儒家「正名」爲要，言職務區分爲體，是以接著說：「婦居尊位，女媧氏、武氏是也，非常之變不可言也。」以婦女干政，批評這種越位代職，絕對是錯誤而不可被認同，重點在維繫政權傳承的一貫性。然而，朱子對於《程傳》此爻之解，就《易》學本旨來看，是不能被接受的，朱子云：「不曉這意。若伊川要立議論教人，可向別處說，不可硬配在《易》上說；此爻何曾有這義，都是硬入這意，所以說得絮了！」〔註40〕明顯指出《程傳》是借題發揮，並不是在解《易》學，李光地《周易折中》〈案語〉就說：「程子之說，朱子蓋議其非也。」〔註41〕直接而犀利的點明出，朱子《易》學於《程傳》觀點，並不是完全認同，足見對於所謂「程、朱」理論並說者，其實早有學者體察出彼此之不同者。

至於，朱子此卦爻辭的理解，仍以其所要建構的「理學」系統有相關。所謂「理學」，簡單的說：「是教人致誠以盡其具於心之仁義禮智之天理，以研究人之理、物之理，使人的行爲合於仁義禮智，合於理，使人意誠心正身修，能齊家治國平天下，能贊天地之化育，以與天地參的一種學問。」〔註42〕此定義之根據，是明顯來自〈大學〉，而〈大學〉一篇，又是朱子學術建構中非常重要的經典；因此，在朱子學術體系中，經典互證，是其積極用心之一，況且，更是合乎朱子在此《易》注的精神，朱子云：「中順之德，充諸內而見於外」，就是在強調由內而外的修養過程與必要方法。朱子不僅取〈大學〉與《易》互證，更取《春秋・左氏傳》與《易》互證，強調「卜筮」與個人道德修養早已連接成必然關係，因此，朱子進一步指出「南蒯」之缺點，不僅只是子服惠伯所言而已，朱子更舉出：「中不忠，不得其色，下不共，不得其飾，事不善，不得其極，且夫《易》不可以占險，三者有闕，筮雖當，未也。」

〔註38〕清・阮元編：《十三經注疏本》《周易正義》，頁20。
〔註39〕程頤：《伊川易傳》卷一【坤】六五注，頁29。
〔註40〕黎靖德編：《朱子語類》卷六十九【坤】，頁1736。
〔註41〕李光地：《周易折中》【坤】六五〈案語〉，頁166。
〔註42〕韋政通編：《中國哲學辭典》十一畫〈理學〉引黃彰健之說（臺北：大林出版社，1978年8月20日再版），頁562。

蓋南蒯是道德瑕疵下之小人，有三點不足之處，完全以私人利益為出發點，不具公利、天理之涵養，必然是敗者之象。由此可知，朱子雖然取《春秋‧左氏傳》，除了也在強調人事義理，更要強調其「理學」建構之目的。

3、【履】六三：「眇能視，跛能履，履虎尾，咥人凶，武人為于大君。」朱子注：

> 六三不中不正，柔而志剛，以此履【乾】，必見傷害，故其象如此，而占者凶。又為剛武之人，得志而肆暴之象，如秦政、項籍豈能久也。〔註43〕

就秦始皇與項羽，其歷史定位如何，端看解讀者以何種角度；以司馬遷來說，他認為：「夫秦失其政，陳涉首難，豪傑蠭起，相與並爭，不可勝數；然羽非有尺寸，乘勢起隴畝之中，三年遂將五諸侯滅秦，分裂天下，而封王侯，政由羽出，號為霸王，位雖不終，近古以來，未嘗有也。」〔註44〕司馬遷認為，項羽雖無統一大下之實，然而卻有分封天下之能，亦有帝王之位矣，因而將項羽置於記載帝王的〈本紀〉內，然而，司馬遷接著又說：「及羽背關懷楚，放逐義帝而自立，怨王侯叛己，難矣。自矜功伐，奮其私智，而不師古，謂霸王之業，欲以力征經營天下，五年卒亡其國，身死東城，尚不覺寤而不自責，過矣。乃引『天亡我，非用兵之罪也！』豈不謬哉！」在司馬遷的論述中，項羽並非一無是處的「剛武之人」而已；由此看來，就項羽功業價值論來看，朱子是與司馬遷觀點是不同的。

至於，對秦政之劣的描述，在傳統以來，可說是有筆皆書，完全傾向於負面的界定，絲毫無其他異議；然而，錢穆先生《國史大綱》有言：「漢武一朝之復古更化」〔註45〕認為，無論漢人如何汙衊秦政，然而延續秦政制度卻是不爭事實；柏楊更露骨的指出，漢繼秦業而有天下，卻將其政治制度、法令規章，只要合乎統治需要者，大都繼承，而受到儒者肯定。〔註46〕就錢先生、柏楊的看法，朱子也早有所識，於《朱子語類》記載：

〔註43〕 朱子：《周易本義》，頁 41。
〔註44〕 楊家駱主編：《新校本史記三家注并附編二種一》卷七〈項羽本紀〉，頁 338～339。
〔註45〕 錢穆：《國史大綱》上冊第三編第八章〈統一政府文治之演進〉（臺北：商務印書館，1988 年 12 月修訂 16 版），頁 105。
〔註46〕 柏楊：《柏楊曰──讀通鑑‧論歷史》（臺北：遠流出版公司，1998 年 8 月 1 日），頁 141。

黃仁卿問:『自秦始皇變法之後,後世人君皆不能易之,何也?』曰:
『秦之法盡是尊君卑臣之事,所以後世不肯變。』〔註47〕

蓋「君尊臣卑」,樂於領導之方便以及欲望之滿足,就君王角度來看,當然是繼續延用了。而延用的開始,就朱子的理解,就從號稱推翻暴秦的漢初劉邦即開始了,朱子說:

叔孫通爲緜綴之儀,其效至於群臣震恐,無敢失禮者。比之三代燕
享,君臣氣象,便大不同。蓋只是秦人尊君卑臣之法。〔註48〕

朱子靈敏的指出,叔孫通的那一套朝儀,其實就是所謂「暴秦」之制;其後,王夫之則樂觀的標榜「暴秦」所爲是「天意不測」的證明,其云:「秦以私天下之心而罷侯置守,而天假其私以行其大公,存乎神者之不測,有如是夫!」〔註49〕可見,秦政對後世之存在事實,尤其是制度的建立的影響,並非一無是處,至少「尊君卑臣」是帝王所亟欲需要的;甚至說,若就文教制度,則是功大於過,亦非過份之譽;〔註50〕然而,歷朝學者普遍共識卻硬是要「秦政」作爲政治上的負面教材,而不斷被操弄,其實與其他帝王比起來,例如,漢武帝晚年的「巫蠱殺子」效應,〔註51〕其對國家整體來看,殺傷力是更大於「秦政」的。

總之,秦政、項籍此二人雖已身滅權替,然而,其產生之效應,卻令人不得不否認,在漢朝仍是存在著影響力的,朱子云:「如秦政、項籍豈能久也」之說,甚至把他歸爲「剛武之人,得志而肆暴」的形象,在某種觀點上,是不必然爲是,況且說服力也不強;《論語》有記載:「子貢曰:『紂之不善,不如是之甚也!是以君子惡居下流,天下之惡,皆歸焉。」朱子注:「喻人身有汙賤之實,亦惡名之所聚也。子貢言此,欲人常自警省,不可一置其身於不善之地,非謂

〔註47〕黎靖德編:《朱子語類》卷一百三十四〈歷代一〉,頁3218。
〔註48〕黎靖德編:《朱子語類》卷一百三十五〈歷代二〉,頁3222。
〔註49〕王夫之:《讀通鑑論》卷一〈秦始皇一〉(臺北:漢京文化公司,2004年3月),頁2。
〔註50〕王邦雄說:「由貴族封建政治轉向君主專制政治,……劃天下爲郡縣,把諸侯分治的制度,轉變爲郡縣直屬中央的政治。……書同文、車同軌很重要,假定書不同文、車不同軌,中國很可能一如歐洲形成分崩離析的局面所以秦始皇對於中國歷史文化很有貢獻。」見〈從中國現代化過程中看當代新儒家的精神開展〉收入氏著:《儒道之間》(臺北:漢光文化公司,1987年12月4版),頁10。
〔註51〕司馬光編・胡三省注:《資治通鑑》卷二十二〈漢紀十四・武帝征和二年〉,頁728～733。

紂本無罪，而虛被惡名也。」〔註52〕是知朱子也認為，歷史人物之被汙衊化，
的確都有被誇張化的描繪，因此，雖為歷史共同觀點，卻也有不妥之處；依此，
足見朱子是有理性客觀的治學態度。然而，離開了《論語》，來到《易》注，說
「秦政、項籍」時，朱子也難免陷入觀點僅是取材於共同觀點，而未能深入分
析；因此，針對朱子此注《易》之內容，其後學者，如顧炎武《日知錄》、李光
地《周易折中》等人，均表達不認同之意。顧炎武說：

> 武人爲於大君，非武人爲大君也。如《書》：『予欲宣力四方，汝爲
> 之爲。』六三才弱志剛，雖欲有爲，而不克濟，以之履虎有咥人之
> 凶也。惟武人之效力於其君，其濟君之靈也，不濟則以死濟之，是
> 當勉爲之而不可避耳。故有斷脰決腹，一瞑而萬世不視，不知所益，
> 以憂社稷者，莫敖大心是也，過涉之凶，其何咎哉。〔註53〕

顧氏認為，是武人報效君王，本是其應盡本職，然而國事紛沓，能力有時恐
不及，必須防患武人自己遭受災害，但是，爲了家國，私人利害可暫且擱置，
武人犧牲勢必難免，況且又是職忠所任，也是榮譽所由出，自是當仁不讓。
至於，李光地則說：

> 案：武人爲于大君，王（申子）氏之説得之。蓋二非大君之位，且
> 『爲于』兩字，語氣亦不順也。子曰：『暴虎馮河，死而無悔者，吾
> 不與也！』卽此句之意。〔註54〕

以孔子指責子路「有勇無謀」之典故作爲注腳。顧、李二家，都是以闡述「朱
子學」爲己任，然而，就朱子此注，雖然沒有直接批評「秦政」之例，但是，
迂迴曲折，重新注解的立場，是很明確的，是知顧、李二人完全無法認同朱
子觀點的；由此可證，時代風氣、學者用心等等條件的確是會有所轉變的，
後人未必完全承襲前人，況且，朱子亦有言：「『武人爲于大君』，必有此象。
但六三陰柔，不見得有武人之象。」〔註55〕是知，所謂「史事《易》學」，所
採用例證，存在著人言言殊的不同用意，這在朱子的《周易本義》中，是可
以察覺此種現象的。

〔註52〕朱子：《四書章句集注・論語集注》卷十〈子張〉（臺北：大安出版社，1987
　　　　年10月再版），頁191～192。
〔註53〕顧炎武著，黃汝成集釋：《日知錄集釋》卷一〈易・武人爲于大君〉條（臺北：
　　　　世界書局，1991年5月8版），頁6。
〔註54〕李光地：《周易折中》【履】六三〈案語〉，頁256。
〔註55〕黎靖德編：《朱子語類》卷七十〈履〉，頁1759。

第三節　王夫之史事《易》學之觀點與應用——以《周易內傳》爲例

　　王夫之所處的時代，爲「明朝已被過去全不起眼的滿清貴族所滅，的確是今古同悲，但作爲亡國的遺民，不便明言清興明亡之事，於是借古論今，籠統地說三代以下不治夷狄，並舉出西晉、北宋及南宋的滅亡作爲經驗教訓。」〔註 56〕因此，其「史論都和他當日時事相聯系，都可以說是有感而發，他決不是爲論史而論史的。他的確是把歷史上的事看成好像自己親身所遭遇，而很鄭重很任眞地加以斟酌推敲。」〔註 57〕由此見證，王夫之認爲，「天下萬物都有它自身存在和發展的規律，任何事物的存在和發展必須遵循這一規律而不可違抗，『順之則昌，逆之則亡』，這個可驗而不可見、可循而不可違的規律就是博大精微的《易》理。」〔註 58〕也就是說，就學《易》價值來看，人們僅可以借《易》之精微以體察天理與人性之抽象意境；而就《史》學價值來看，人們亦可以掌握客觀世界的演化，但是，都難免失之一偏而無法全面概括，畢竟，「聖人雖全然體知其性體，盡顯其性理之神妙，對客觀世界的認知，仍有所限。而要成就道德事業，不能單憑實踐之知，還要對客觀世界有不斷的理解。」〔註 59〕基於這個理念，王夫之特別重視歷史解讀，並引《易》解《史》、以《史》證《易》，用來證明時代中之人事演化，都不離《易》學之大原則；王夫之於此，以呈現其具體觀點，並進而能如實掌握「兩端而一致」〔註 60〕的完備與合諧之眞理。

　　就《周易內傳》爲例，初步歸納至少有八十二「卦、爻」例中，徵引史實

〔註56〕任俊華：《易學與儒學》〈王夫之的以史解《易》〉（北京：中國書店，2001 年 3 月），頁 299。

〔註57〕稽文甫：《王船山學術論叢》〈王船山的史學方法論〉（新店：谷風出版社，1987 年），頁 21。

〔註58〕任俊華：《易學與儒學》〈王夫之的以史解《易》〉，頁 262。

〔註59〕吳龍川：《王船山「乾坤並建」理論研究》（臺北：國立臺灣師範大學國文學系博士論文，2005 年 6 月，岑溢成博士指導），頁 20。

〔註60〕王夫之《老子衍》：「天下之變萬，而要歸於兩端，兩端生於一致。」其於《周易外傳》〈繫辭上傳〉十二章注云：「夫天下之賾，天下之動，事業之廣，物宜之繁，典禮之別，分爲陽，分爲陰，表裡相待而二，二異致而一存乎其人。」頁 249。王夫之認爲，作爲整體，事物都是兩個方面的統一，因此，其《易》學名詞云「乾坤並建」、「錯綜合一」、「象爻一致」、「占學一理」等等，都在呈現此結論之現象。

多達一百多處以爲說；另外，王夫之還有《讀通鑑論》、《宋論》等相關史論之撰述，可證其借史說理的用心、並進一步借「古史」價值標準，以指導未來的企圖，是比起其朱子來得積極與強烈。雖然黃忠天認爲，所謂史事易家，宜具備下列三項條件，其一該書應以援史證《易》爲其主要釋《易》特色。其二，該書引史證《易》情形，應達五分之四以上；其三該書引史證《易》，之爻例應達過半以上。〔註61〕是以吾人不須也不用將王夫之歸爲「史事《易》學」家之範疇，然而，可以體會的是，其「以史證《易》」、「以《易》論史」的概念仍是強烈的。所以，王夫之更強調著說：「編中所論，推本得失之原，勉自竭以求合於聖治之本；而就事論法，因其時而酌其宜，即一代而各有弛張，均一事而互有伸詘，寧爲無定之言，不敢執一以賊道。」〔註62〕縱使此說僅是其一家之言，並保守著云提供後人參考，但是，吾輩仍可體會出王夫之是充滿自信，相信其所述是有絕對的指導後續者之價值；王夫之又說：「『鑑』者，能別人之妍媸，而弊衣冠、尊瞻視者，可就正焉。……故論鑑者，於其得也，而必推其所以得；於其失也，而必推其所以失。其得也，必思易其迹而何以亦得；其失也，必思就其偏而何以救失。」〔註63〕是以就王夫之論「史事《易》學」，即在此標準之確立，因此，任俊華總結說：「王夫之徵引史實解釋卦爻，雖然也注重象數分析，但分析的目的不是由此推論吉凶禍福，而是用以解剖徵引的史實以說明何以會有此吉凶禍福。這樣通過《易》理的深刻闡發，加上對史實的精當訂點，使人從生動具體的事實中受到教益。」〔註64〕朱伯崑更認爲，明清之際，王夫之企圖通過易學的研究，總結明王朝傾覆的教訓，並爲其所嚮往的社會尋找出路，從而使其易學哲學更具有時代的特徵。〔註65〕

　　由於王夫之史事《易》學資料相當龐大，非本次研究主題可以涵蓋，以下所述王夫之「史事《易》學」的義理，重點仍將以「時代課題」下的「政治」觀察，作爲王夫之的論述依據，以便呈顯出，同樣有著鮮明政治性格的李光地，兩者在觀念上不同之處；至於朱子者，其從政資歷不長，且依劉述先所論，其論學價值本不在政治，〔註66〕與王夫之相較之下，更可對照出王

〔註61〕黃忠天：〈史事宗易學研究方法析論〉，頁41。
〔註62〕王夫之：《讀通鑑論》〈敘論四〉，頁1113。
〔註63〕王夫之：《讀通鑑論》〈敘論四〉，頁1114。
〔註64〕任俊華：《易學與儒學》〈王夫之的以史解《易》〉，頁262。
〔註65〕朱伯崑：《易學哲學史》（臺北：藍燈文化公司，1991年9月初版），頁7。
〔註66〕詳第二章注30引。

夫之政治論述之企圖性；是以可視爲對朱子「《易》學之繼承與發展」云云。

一、堯舜仁政標準

　　學者論政，並積極指出一條可行之觀念，所謂「學術指導政治」也。從《孟子·滕文公》記載，孟子云其價值依據爲：「道性善，言必稱堯、舜」開始，不僅就是批判當時政治的紛亂，也試著要指出一個強烈的標準意識。或許，有學者戲稱說「堯、舜」云者，根本無其人，因此，也就無其政績可言，而孟子取非事實之人物，作價值標準，誠屬「無參驗而必之者，愚也；弗能而必據之者，誣也。」至少韓非子的〈顯學〉篇，是如此的譏諷！針對此項事實說明，進代學者就不這樣消極的認爲，而是認爲引古聖言論，是積極存在重要價值，諸如黃俊傑所說：

> 透過將具有『反事實』色彩的『三代』與作爲『事實』的當前實況之對比，突顯現實的荒謬性。經由這種『反事實性的思考』，儒家將回顧性與前瞻性的思維活動完全融合爲一體，並將『價値』與『事實』結合。〔註67〕

所以，孟子此一觀念，是具有正面價值指向的，而此一意圖也就深深烙印在各時代學者的心中，說「堯、舜」云者，就是聖明政治的典範，以此來檢視歷代君主之政績。當然，就王夫之以儒學正統接班人自居的信念中，也必然追隨孟子精神之後，而有所闡揚。

　　首先，於【乾】〈彖〉：「首出庶物，萬國咸寧。」王夫之就說：「唯【乾】言聖人之上治，堯、舜而下，莫敢當焉，學《易》者不可躐等而失下學之素。」〔註68〕所謂先立標準，再從標準延伸考察，才不會失去途徑，而顯的無所適從。至於「標準」爲何？簡單的講，就是「仁」政。於【明夷】上六〈小象〉：「初登於天，照四國也；後入於地，失則也。」王夫之說：

> 昏暗喪亡，僅云『失者』者，道二，仁與不仁而已矣。失堯、舜之則，則爲桀、紂也。〔註69〕

依王夫之的看法，當商湯革夏桀之命，就是「初登於天」；但到了商紂暴虐，就

〔註67〕黃俊傑：《中國孟學詮釋史論》（北京：社會科學文獻出版社，2004年9月），頁39。

〔註68〕王夫之：《周易內傳》卷一上，頁20。

〔註69〕王夫之：《周易內傳》卷三上，頁239。

是「後入於地」。同樣的，周朝亦是，甚至每個朝代都有「照四國」的光芒，但也都有「失則」的時候，推究原因，就是「失堯、舜之則」的典範，誠如《詩》所昭示：「靡不有初，鮮克有終。」因此，王夫之接著又說：「且以垂戒後世，爲意深切。玩其辭以謹其動，而天命人事昭然矣。」當執政者，爲人民謀幸福的基本理念喪失後，王朝也必然走向滅亡之途。王夫之於此，要借歷史經驗，意圖要指出一種絕對化的普遍意義，這種明確的要求，相較於在朝僅四十日、且對其反對之學術聲浪強烈的朱子政治環境，與具有閣臣身份、且心情是戰戰兢兢的李光地來說，王夫之的觀點是更鮮明而絲毫無忌諱的。

　　另外，所謂的「堯、舜標準」還有一項特點，那就是社會制度安排的認同。雖然，傳統儒家並不否定隱居的另類價值，畢竟孔子也有「乘桴浮於海」之嘆，〔註70〕但那是對統治者暴政的反動下之另一項控訴手段，換句話說，儒者的隱居，也是一種無言的對抗，以便令執政者有反省機會；倘若執政者是仁君，符合「堯、舜標準」時，則隱居者是要在客觀歷史解讀中被否定的。因此，於【遯】〈彖〉：「遯之時義大矣哉！」王夫之說：

> 遯非其時，則巢、許之逃堯、舜，嚴光、周黨之亢光武也。非其義，
> 則君臣道廢，而徒以全軀保妻子爲幸，孟子所謂小丈夫也。非精義
> 乘時者，无由以亨。〔註71〕

以巢文、許由爲例，相傳爲堯時有德隱士，堯想要把帝位讓於他們，其二人均爲拒絕。就此傳說事蹟，王夫之認爲巢文、許由僅僅是出於想保全身家性命的消極想法，從未注意到社會制度的建立，須有眾人的參與爲要，況且此時爲聖堯昌明時代，並非暴政當權，因此說隱居，就是一種「不合時宜」了。當然，王夫之必有言外之意，則若面對的是暴君、暴政，就不在此限了；而今王夫之誓不從政，也就是強烈指控「滿清」是暴政，畢竟，他們是以異族入侵中原，且是用殺人、奪城的野蠻行逕，甚至假「文字獄」焚燬書籍、殺學者，頒「剃髮令」，云：「不遵本朝制度者，殺無赦」等等，無一項行爲，不是標榜其爲暴政團體！王夫之的隱居控訴，絕對是合乎價值控訴的。至於王夫之注《易》特色，於此又可體會一二，其借《孟子》「小丈夫」之譬，以爲經典互證之說服力，所以，汪學群說：「清初學術的博大宏闊，表現在王夫

〔註70〕朱子《四書章句集注》《論語集注‧公冶長》，頁77。朱子引程子之説：「浮海之歎，傷天下之無賢君也，……假設之言耳。」是以説爲「控訴手段」而已。
〔註71〕王夫之：《周易內傳》卷三上，頁223。

之易學中，是把多種學科納入其易學體系中。」〔註 72〕強調經典是互通的，而其重點之一，就在對政治的指導方面上，是具有一致性的。

二、君臣相知標準

　　國家體制是如此龐大，並非單就國君一人言施「仁」政，就可完成，仍必須要有群臣的相佐輔助，因此，爲君之道，首要之務，在擇良臣；良臣也必因有仁君，而樂於協助。因此，於【乾】九二：「見龍在田」王夫之說：

> 君子所有事，故正告以其爻之道。二、五居中，皆爲君位之定，聖道之成，非占者所敢當，則告以龍之見，而占者所利見也。伊尹受湯之幣聘，顏子承夫子之善誘，其此象與。〔註73〕

按、爻例以二、五多爲君位而言，一般人是不與焉；然而若就占者而言，如得此卦，則標示著所要晉見之帝王，是一位聖明之君，則是爲吉利，因此，王夫之接著以「伊尹受湯之幣聘」之史實，作爲此爻之範例。根據《孟子》〈萬章上〉的說法：「伊尹耕於有莘之野而樂堯舜之道」，所以，商湯三次派人以幣聘請，得之輔政，而天下治。蓋因湯爲「龍象」，而伊尹「在田」、在野，二者是賢君聘賢臣、賢臣輔賢君，在互爲誠信之下，必然相得益彰。

　　君臣相知的具體表現，在集團對抗中，最容易顯見效果；因此，王夫之也舉例多加說明。二集團之對抗，在多人參與下，無論是以什麼立場思考，必有其內部所積極擁戴之人；所以，於【革】〈象〉：「其志不相得。」王夫之說：

> 不相得者，爭也，爭則有不兩存之勢。非但桀、紂之惎湯、武，逢、比欲存夏、殷，而伊、呂欲亡之，亦不相得之甚矣，有道者勝焉，則革。〔註74〕

蓋政權革命，不是個人力量得以完成，以湯、武之賢君，雖有應乎天順乎人的時代趨勢，足以推翻桀、紂之暴政；然而，各團體必有忠於職位、或對團隊賦有強烈之情感之人，必然是全力維護，因此，夏桀、商紂雖暴，仍有關龍逢、比干的效忠；然而，湯、武與伊、呂之君臣互知程度，比起桀、紂與逢、比之互知程度，是來得穩固而堅定，是以兩團體的對陣中，必然是以「有

〔註72〕汪學群：《王夫之易學──以清初學術爲視角》（北京：社會科學文獻出版社，2002 年 5 月），頁 22。
〔註73〕王夫之：《周易內傳》卷一上，頁 12～13。
〔註74〕王夫之：《周易內傳》卷四上，頁 315。

道者勝焉」的結果；由此可證，君臣的互信、相知，以及「順乎天、應乎人」的仁政，必然是治國的首要之務。

接著，王夫之要強調君臣互動之道，特別是態度上，誠如孔子所言：「君使臣以禮，臣事君以忠。」強調的是，彼此僅是職務上不同，並不是階級上的永恆隔離，因此，孟子〈離婁下〉有云：「君之視臣如手足，則臣視君如腹心；君之視臣如犬馬，則臣視君如國人。君之視臣如土芥，則臣視君如寇讎。」指出君臣彼此的關係是相對，既是相對，則態度會隨彼此的互動而有所改變；王夫之「史事《易》學」是發揮著孟子的觀念。因此，於【頤】六五：「不可涉大川。」王夫之說：「漢高推食解衣而韓信效死。」〔註75〕以劉邦與韓信互動為例。考《史記‧淮陰侯列傳》記載：

> 信數與蕭何語，何奇之。至南鄭，諸將行道亡者數十人。信度何等已數言上，上不我用，即亡。何聞信亡，不及以聞，自追之。人有言上曰：「丞相何亡。」上大怒，如失左右手，居 二日，何來謁上，上且怒且喜，罵何曰：「若亡，何也？」何曰：「臣不敢亡也，臣追亡者。」上曰：「若所追者誰？」何曰：「韓信也。」上復罵曰：「諸將亡者以十數，公無所追，追信，詐也。」何曰：「諸將易得耳，至如信者，國士無雙，王必欲長王漢中，無所事信，必欲爭天下，非信無所與計事者，顧王策安所決耳。」王曰：「吾亦欲東耳，安能鬱鬱久居此乎！」何曰：「王計必欲東，能用信，信即留，不能用信，終亡耳。」王曰：「吾為公以為將。」何曰：「雖為將，信必不留。」王曰：「以為大將。」何曰：「幸甚。」於是王欲召信拜之，何曰：「王素慢無禮，今拜大將，如呼小兒耳！此乃信所以去也。王必欲拜之，擇良日，齋戒，設壇場，具禮，乃可耳。」王許之。諸將皆喜，人人各自以為得大將，至拜大將，乃信也，一軍皆驚。〔註76〕

此即劉邦「推衣解食」，韓信因而效死之典故，於歷史上，深為膾炙人口，是大家所津津樂道，不遑多讓劉備「三顧茅廬」於諸葛亮的雅量，誠為君待臣最佳典範。是以，王夫之接著說：「勿以己之居貞而強人同己，君子達人情，而天下無險阻矣。」蓋以「推己及人」，相互尊重，甚至，君王更要以身作則，表率而積極執行，則為臣者必然「士為知己者用」的全力投入。

〔註75〕王夫之：《周易內傳》卷二下，頁 192。
〔註76〕楊家駱主編：《新校本史記三家注并附編二種》卷九十二，頁 2611。

　　相信，王夫之此例之說明，是有感於當下時代遭遇而抒發的。說大明王朝對群臣的尊重程度之低落，絕對是歷史上最傲慢者之一，而其衍生的負面效應，必然是嚴重的；根據記載得知，明朝廷對學者的蹧蹋與仇視，可以說歷代之最，從明太祖起有所謂「廷杖」、「詔獄」起，致使「明代人主似乎特別別有侮辱臣下的興致。太祖朝即有大臣『鐐足治事』；成祖則在『巡幸』時，令下詔獄者率輿以從，謂之隨駕重囚；正德朝『杖斃』了公卿即『趣治事』。」〔註77〕導致學者從政之心態，也完全變質，誠如顧憲成於明末時的觀察，他說：「官輦轂，念頭不在君父上；官封疆，念頭不在百姓上。至於水間林下，三三兩兩，相與講求性命，切磨德義，念頭不在世道上。」〔註78〕由此可知，明代群臣對朝廷的向心力是消極的，有的僅是如何借職務之便，增加個人利益。之所以會有如此現象，明代君王其領導風格，是難辭其咎！錢穆先生說：「崇禎朝十七年中，閣臣至四五十易，而猶自云朕非亡國之君。蓋徒知責下，不知反躬。明諸帝一脈相傳如此。」〔註79〕王夫之對此現象的觀察，又有親自從政於「永曆」帝，卻目睹永曆小朝廷官員的腐敗苟且下之無奈，不得不退出唯一可繫明朝血脈的治國機會；接著又見滿清政權日漸穩定，相信其孤臣孽子之痛，是深刻的，且是深植於內心深處！〔註80〕因此，既欣羨君臣有「推衣解食」之事蹟後，也僅能書之於冊，期待未來有實現的可能罷了。

　　就此「君臣相知」之標準期待，相信必然是歷代以來，從政學者的最所期盼的境界；昔杜甫〈蜀相〉詩云：「三顧頻煩天下計，兩朝開濟老臣心。出師未捷身先死，長使英雄淚滿襟。」楊倫眉批：「自始至終，一生功業心事，只用四語括盡，是如椽之筆。」〔註81〕畢竟「英雄淚滿襟」是君主充份信任，卻功業未成，更顯遺憾，因此，對於「三顧茅廬」方面，學者是津津樂道的，相信王夫之也有積極認同；但是相較於李光地，看似「君臣相知」，但在「史事《易》學」的內容注解中，卻是充斥著「明哲保身」，以至於無限制的「擁護君王」觀點，是明顯可見；因此，真正的「君臣相知」孔明典範，相信李

〔註77〕詳參趙園：《明清之際士大夫研究》（北京：北京大學出版社，2000年11月第二次印刷），頁7。
〔註78〕顧憲成：《小心齋札記》卷十一，甲辰條（臺北：廣文書局，1975年）。
〔註79〕錢穆：《國史大綱》（臺北：臺灣商務印書館，1988年12月修訂15版），頁624。
〔註80〕陳來：《詮釋與重建──王船山的哲學精神》緒言一〈心路〉，頁2～5。
〔註81〕楊倫：《杜詩鏡詮》卷七（臺北：華正書局，1989年8月），頁317。

光地也是期盼的；足證「得君行道」是學者普遍的共識與期待。

三、領導者自我判斷標準

王夫之從崇禎帝到永曆帝的表現身影中，是有另外不同的觀察點，那就是期望帝王本身的自我判斷力一定要客觀，不要隨意被他人影響。畢竟，君王治國之道，除了要效法「堯、舜標準」，施行仁政，還要拔擢適當人才，以便順利執行各項事務。但是，令學者比較焦慮的是，雖然口頭常稱許君王爲「聖明」之主，然而君王私下也是凡人，難免有其七情六慾，而於內宮生活中，不經意的受到其寵愛嬪妃、侍者給影響；早於戰國時代的《韓非子》於〈八姦〉篇就指出有所謂「同牀」、「在旁」等人的潛在力量，因有近水樓台之便，得以影響之，甚至參與決策，所以，王夫之愼重的說：「宦官宮妾，卑賤而善導人主於迷，正人君子所必治。」〔註82〕針對此現象，王夫之於「史事《易》學」中，也多有所論，希望聖君能有所警惕，不要重蹈覆轍，因此，於【隨】卦：「隨，元亨利貞，无咎。」王夫之注：

> 以下從上之謂【隨】。此卦【震】陽生於下，以從二陰；【兌】陽漸長而獨從一陰，躡其後而順之行，故爲【隨】。陽隨陰，而初陽得資始之氣，以司帝之出，得【乾】元亨之德。四、五漸長，陽盛而居中，以大正而利物，得【乾】利貞之德。如是則雖順陰以升，若不能自主，如長男之隨少女，而陽剛不損其健行，可以无咎。使非具四德，繫戀乎陰，以喪其剛健中正之實，則周赧、漢獻之爲君，唐高、宋光之爲夫也，其咎大矣。〔註83〕

按、「元亨利貞」爲【乾】之四德，於【乾】〈文言傳〉已有述說，又《春秋左氏傳》〈襄公九年〉有「穆姜卜筮得【隨】」之事，是以王夫之據以爲說。理論上，應是下從上，以符合「三綱」倫理規定；若上從下，就違反常道，大都不會有吉象之結果；然而，說下從上或上從下者，決定權仍在君王，君王要是具有堅定判斷力，縱使下屬有強烈建議，建議畢竟僅是建議，執行與否，決定權仍在君王，有好的建議者，仍可順其意而實施，看似猶如「長男之隨少女」，但因君王具有【乾】之四德，客觀立場明確，不會隨波逐流，所以說「陽剛不損其健行，可以无咎。」但是，先決條件是君王必須具有強烈

〔註82〕王夫之：《周易內傳》卷一下，【蒙】初六〈小象〉注，頁61。
〔註83〕王夫之：《周易內傳》卷二上，頁130。

主導意志、且不會受人蒙蔽，總之，究竟是正面的「無爲而治」，還是負面的「權位架空」，其間之差異，僅是絲毫之隔。因此，王夫之特別提了四位君王爲例：周赧王之於各春秋諸侯、漢獻帝之於董卓曹操、唐高宗之於武則天、宋光宗之於其皇后與太上皇之間的立儲君之糾葛，以上四人，均是受制於旁人，沒有自己強烈主見，終於成爲傀儡之君，而難免有咎自取之譏，徒增歷史笑話罷了！以唐高宗之性格爲例，王夫之就評述著說：

> 夫高宗柔懦之主也，柔者易以合，然而難以離也。乃合之易而離之
> 亦易者何也？惟其疑而已矣。疑者，己心之所自迷，人情之所自解
> 者也。剛而責物已甚也則疑，柔而自信無據也則疑，兩者異趣同歸，
> 以召敗亡一也。〔註84〕

就是認爲，唐高宗是標準未能具備「元亨利貞」四德的條件，因而不具判斷能力，終究隨其情緒，對於是否廢武氏與否，游離不定，而被武氏操弄，結果造成篡位達二十年，是爲「繫戀乎陰，以喪其剛健中正之實」最具體案例！

除了「同牀」具有隱藏禍亂之端外，另外，王夫之針對君王於其生母之態度，也是要愼重處理；蓋因國人家庭傳統，常以「孝」心自詡，且云「百善孝爲先」，形成穩定社會、國家制度的重要磐石，《論語・學而》記載：「有子曰：『其爲人也孝弟，而好犯上者，鮮矣。不好犯上而好作亂者，未之有也。君子務本，本立而道生，孝弟也者，其爲仁之本與。」因此，君王必然以身作則，用爲天下表率，以達「天下平」的理想境界。但是，過於愚孝，也會衍生種種不幸，於史上記載，也是斑斑可考。因此於【蠱】九二：「幹母之蠱，不可貞。」王夫之注：

> 子之承事父母，柔順卑下，唯命是從，【蠱】之正也。但二以剛居柔，
> 母德不能安靜，以順三從之義，一一順而下之，則且有如漢之竇后，
> 專制內外，而權移於外戚，甚則人彘之禍，傷心含疚而不可如何。
> 故幹母之蠱者，有權存乎其間，因其剛而調之，期不失於敬愛而止；
> 必以柔承之而無所裁，則害延于家國，故曰不可貞。〔註85〕

就常理來講，孝順爲齊家之本，而齊家又爲治國之本，治國又爲天下平之本，〈大學〉篇已多有所述，且被朱子給多加肯定，王夫之亦如是。〔註86〕然而，

〔註84〕王夫之：《讀通鑑論》卷二十一，頁729。

〔註85〕王夫之：《周易內傳》卷二上，頁137～138。

〔註86〕陳來：「船山對陸王則不假辭色，而對朱熹始終稱朱子，尤推崇二程張載，在

政治資源過於龐大，誰佔有權位，誰就能獨享，導致帝王家族，常因爭權奪利，而置血親於不顧，甚至有致之死地而後快，說「以孝治國」者，純粹是拿來騙人的幌子，都僅是門面話罷了！熟識歷史的王夫之，必然知其前因後果，因此，借注《易》表達其對君王的告誡。

　　就《易》學爻例來說，【蠱】九二、六五等二爻之關係，象徵君懦母強，是以王夫之說：「二以剛居柔，母德不能安靜。」當母德不能安於身份，則必會違反「三綱」之訓，而導致直接駕馭幼主，重用外戚，形成干政之實。王夫之以東漢竇太后奪漢和帝之權，重用其兄弟之例爲說；據《資治通鑑》記載：

> 明德太后，爲帝納扶風宋楊二女爲貴人，大貴人生太子慶，梁松弟竦有二女，亦爲貴人；小貴人生皇子肇。竇皇后無子，養肇爲子，宋貴人有寵於馬太后，太后崩，竇皇后寵盛，與母沘陽公主謀陷宋氏，外令兄弟求其纖過，內使御者偵伺得失。宋貴人病，思生兔，令家求之，因誣言欲爲厭勝之術，由是太子出居承祿觀。夏六月甲寅詔曰：「皇太子有失惑無常之性，不可以奉宗廟，大義滅親，況降迭乎！今廢慶爲清河王，皇子肇，保育皇后，承訓懷衽，今以肇爲皇太子。」遂出宋貴人姊妹置丙舍，使小黃門蔡倫案之。二貴人皆飲藥自殺，父議郎楊免歸本郡。慶時雖幼，亦知避嫌畏禍，言不敢及宋氏，帝更憐之，敕皇后令衣服與太子齊等，太子亦親愛慶，入則共室，出則同輿。……太子肇之立也，梁氏私相慶，諸竇聞而惡之，皇后欲專名外，家忌梁貴人姊妹，數譖之於帝，漸致疏嫌。是歲，竇氏作飛書，陷梁竦以惡逆，竦遂死獄中，家屬徙九眞，貴人姊妹以憂死。辭語連及梁松妻舞陰公主，坐徙新城。……諸馬既得罪，竇氏益貴盛，皇后兄憲爲侍中、虎賁中郎將，弟篤爲黃門侍郎，並侍宮省，賞賜累積，喜交通賓客。〔註87〕

竇氏家族，爲了爭權而殺人，當然他人也可以在不同時空下，待竇氏權落，依然如法庖製，而殺竇氏。整個東漢帝國，就在爭鬥中，漸漸失去其生命力，而始作俑者的漢和帝，卻不置一詞，任憑竇太后操弄，美其名爲「孝順」，其實影響的是國家制度、庶民生計；因此，王夫之要說：「必以柔承之而無所裁，則害

　　　這個意義上，船山應當屬於廣義道學範疇。」《詮釋與重建——王船山的哲學精神》（北京：北京大學出版社，2004 年 11 月第 1 版），頁 47。
〔註87〕司馬光：《資治通鑑》卷四十六，頁 1489～1493。

延于家國。」其所要指陳的控訴是相當悲慘的，另外，也要借此史實點出，君王責任，要以「治國」為第一考量，制度之堅持，不得因其他理由，而遭受破壞，特別是君王的自我判斷力，要果敢明確，不要為近親、近侍所迷惑。

至於君王的新就職，不是權位的獲得，而是責任的加重；就此觀念的闡釋，也是王夫之的思考重點之一。他認為，對於先王所設計之治國方針，若要有所更替，也必須在慎重的思考下，才訂定存廢之舉；畢竟，君王者，乃最高權利的決定單位，臣吏僅有建議權、執行權而已，因此，如何令君王有「治國如烹小鮮」的謹慎心態，王夫之有取歷史事件以說。於【離】六五〈小象〉：「六五之吉，離王公也。」王夫之注：

> 離，謂麗乎其位也。仰其先烈而欲嗣其耿光，非憂危以處之，不勝其任矣。元祐諸賢輔其君以改熙、豐之政而求快一時，無惻怛不得已之情，未能無過。若曹丕定嗣而抱辛毗以稱快，魏之不長，婦人知之矣。此專為嗣君而言，然君子守先待後，亦可以此通之。〔註88〕

考「蕭規曹隨」典故，之所以成為千古美談，就在於後繼者能謙虛體察前人用意，儘量以正面肯定來看前人的苦心；端看此接受之心胸，就能呈顯後繼者之氣度；相反的，「新官上任三把火」之譬喻，所以為負面形容詞，就在嘲諷接續者，唯恐他人不知我之新見解，因此一接位，即實施所謂革敝棄舊，將先前制度，完全視為落後。王夫之借宋哲宗之史事，即在說明此舉之敝。

考、元豐八年（1085）宋神宗死後，皇太子哲宗即位，因年僅十歲，由太皇太后高氏輔政，立即罷黜呂惠卿新政，重新任命司馬光等人，司馬光主張一切新法全罷，舊黨人士彈冠相慶；然而八年後，高太后死，哲宗親政，重用新黨、新政，又將舊黨施政，全不推翻，因此，王夫之說：「元祐諸賢輔其君以改熙、豐之政而求快一時，無惻怛不得已之情，未能無過。」針對雙方以全部推翻而後快的情緒行為，不去仔細思量，其中亦有甚好之舉，且已有豐碩成果者，其實都是有瑕疵的。〔註89〕

〔註88〕王夫之：《周易內傳》卷二下，頁208。
〔註89〕司馬光始終反對新政，卻講不出什麼強有力的道理。在《宋會要輯稿》第112冊〈食貨〉裏，記載有關神宗與司馬光的對話，最足以顯示司馬光的反對理由，也只是一再地說新政給人「非便」的話，至於說新政那裡帶給人民有何不便？他也說不出具有說服力的道理。以上引自薛順雄〈王荊公「泊船瓜洲」詩析論〉《宋代文學與思想》（臺北：學生書局）頁99。至於，清趙翼《二十二史箚記》更說：「帝意在用武開邊，復中國舊地以成蓋世之功，而環顧朝臣皆習故守常，莫有能任其事者，安石一出，悉斥為流俗，別思創建非常，突

　　至於曹丕者之事蹟，是敘其得到曹操立爲嗣君的變化不定中，所產生的心理煎熬之過程，據《資治通鑑》記載：

魏以五官中郎將丕爲太子。初，魏王操娶丁夫人，無子；妾劉氏生子昂，卞氏生四子，丕、彰、植、熊，王使丁夫人母養昂，昂死於穰，丁夫人哭泣無節，操怒而出之，以卞氏爲繼室。植性機警，多藝能，才藻敏贍，操愛之。操欲以女妻丁儀，丕以儀目眇，諫止之，儀由是怨丕。與弟黃門侍郎廙，及丞相主簿楊修，數稱臨淄侯植之才，勸操立以爲嗣。修，彪之子也，操以函密訪於外，尚書崔琰露板答曰：「春秋之義，立子以長，加五官將仁孝聰明，宜承正統，琰以死守之。」植，琰之兄女婿也，尚書僕射毛玠曰：「近者，袁紹以嫡庶不分，覆宗滅國，廢立大事，非所宜聞。」東曹掾邢顒曰：「以庶代宗，先世之戒也，願殿下深察之。」丕使人問太中大夫賈詡以自固之術。詡曰：「願將軍恢崇德度，躬素士之業，朝夕孜孜，不違子道，如此而已。」丕從之，深自砥礪。它日，操屛人問詡，詡嘿然不對，操曰：「與卿言而不答，何也？」詡曰：「屬有所思，故不即對耳。」操曰：「何思？」詡曰：「思袁本初，劉景升父子也。」操大笑。操嘗出征，丕、植並送路側，植稱述功德，發言有章，左右屬目，操亦悅焉。丕悵然自失，濟陰吳質耳語曰：「王當行，流涕可也。」及辭，丕涕泣而拜，操及左右，咸歔欷。於是皆以植多華辭，而誠心不及也。植既任性，而行不自雕飾，五官將御之以術，矯情自飾，宮人左右，並爲之稱說，故遂定爲太子。……太子抱議郎辛毗頸而言曰：「辛君知我喜不？」毗以告其女憲英，憲英歎曰：「太子代君主宗廟，社稷者也。代君，不可以不戚，主國，不可以不懼，宜戚而懼，而反以爲喜，何以能久，魏其不昌乎！」〔註90〕

「立長」或「立賢」，一直是政權接續的考量重點，但常隨主政者因其個人喜好而隨之改變，導致制度一直無法建立；就學者的意願，「立長」的客觀性比起「立賢」是來得具體，因此，從西漢初，張良以「四皓」之名，以穩定「立長」的

過前代。帝遂適如所願，不覺如魚得水，如膠投漆，而傾心納之。」（臺北：世界書局，1996 年），頁 349。由此看來，宋之新舊黨爭，的確是情緒操弄，所以，彼此之間是沒有溝通空間的。

〔註90〕 司馬光編：《資治通鑑》卷六十八，頁 2152。

－415－

用心，是爲美談。﹝註91﹞但是，要說是成爲穩定的共識結構，還言之過早，因爲，人治色彩依然濃厚，直到曹魏時期，仍然是瞬息萬變，究竟曹操是採取「立長」、或「立賢」，隨其自由心證，還是游離不定的優柔寡斷，因此，身爲長子的曹丕，其焦慮必是切身的，究竟前途如何，實非他所能置喙。據孫廣德（1929～）歸納歷朝的「繼體之君」的繼承情形來看，他說：「歷代君王的傳承，可說沒有任何的固定法則。」甚至是：「周朝以後的君位傳承，可說是亂七八糟。」也就是說繼位者，有太子、長子、有諸子、有弟繼兄、兄繼弟、伯叔諸姪相傳、養子者等等；至於以曹丕之前的事蹟來看，眞的傳給長子的，也只有漢高祖傳給漢惠帝一例而已，﹝註92﹞這也難怪曹丕會焦慮不已！

曹丕立爲太子的過程，事實上，說艱辛可，說權謀亦可，然而，除了檯面上的人物運作之外，也不可忽略「歷史」力量，亦是參與的主要角色，它的確可以左右今人思考的轉向，「一切歷史都是當代史」，「過去只在現在中活著，作爲現在的力量在現在中融解並變形。」﹝註93﹞只是，這觀點之決定取捨與否，並不在曹丕，而是在曹操，因此，就曹丕來說，其似有非有的不確定因素，因而產生的焦慮感，絕對在曹植之上；所以，當此焦慮解除後，所衍生的鬆懈心態，必然是強烈的，因此，曹丕獲知結果後，才會像孺子般擁抱辛毗頸部，可見其心情是激動的。

但是，換個角度思考，君王之子，長期的訓練，以便成爲社稷棟樑的目標，於此也可以說是無效的。所以，憲英就是從此角度切入來看曹丕，因而斷定魏國未來動向。憲英的觀點，深受王夫之的認同，因而借爲抒發其見解，主張：「仰其先烈而欲嗣其耿光，非憂危以處之，不勝其任矣。」強調憂患意識的心態，特別於君王肩負國家責任，不是權力獲得的輕鬆，而是責任無限的加重！可惜，曹丕無視於此，僅是視爲個人權利的擁有；這種錯誤態度，千年以來，歷任君王又有誰察覺？也因此，錯誤的現象就一再重複，﹝註94﹞卻又束手無策。

﹝註91﹞ 當然也有反對意見，如杜牧〈題商山四皓廟〉：「呂氏強梁嗣子柔，我於天性豈恩仇。南軍不袒左邊袖，四老安劉是滅劉。」由此再證歷史解讀角度切入點不同，則有迥然不同之批判。

﹝註92﹞ 孫廣德：《政治神話論》〈附錄・我國正史中的政治神話〉（臺北：臺灣商務印書館，1990 年 9 月），頁 244～254。

﹝註93﹞ 義・克羅齊（Benedetto Croce）著，田時鋼譯：《歷史學的理論和歷史》五〈歷史的積極性質〉（北京：中國社會科學出版社，2004 年），頁 63。

﹝註94﹞ 張麗珠師：「一再發生的史事，只不過爲此一文明古國，在歷史的發展上做了『量』的累積，卻罕能促成『質』的改革與進步。」《清代義理學新貌》〈緒

然而，王夫之畢竟是學者，肩負有教育後人的自我期許心，因此於史實上，要去發掘有此責任感的成功君主典型。說具備憂患意識之君王，也是史有記載，於【剝】六五〈小象〉：「以宮人寵，終无尤也。」王夫之注：「能率群陰以承事乎陽，可無尤矣。後唐明宗焚香祝天，願中國早生聖人，庶幾此義焉。」〔註95〕就特別表揚後唐明宗的讓賢雅量。

按、李嗣源是沙陀平民，本無姓氏，因長於騎射，被莊宗李克用收爲養子，此後跟隨李克用征戰，出生入死，屢立戰功。李嗣源目不識丁，但爲人謙和廉靜，有功不自誇，有賞不自得，因而深受部下愛載。後唐同光四年（926）四月，洛陽兵變，李克用被殺，李嗣源受百官推載就皇帝位。其生活節省嚴謹，並要求各州縣不得巧立名目徵稅、擾民，的確是史上難得明君。李嗣源表現之優秀，不僅於此，《資治通鑑》又記載著說：

> 帝（後唐明宗）性不猜忌，與物無競，登極之年已踰六十，每夕於宮中焚香祝天曰：『某胡人，因亂爲眾所推，願天早生聖人，爲生民主。』在位年穀屢豐，兵革罕用，校於五代，粗爲小康。〔註96〕

李嗣源完全以自謙之心，身爲沙陀人卻以中原庶民爲前提而祈禱，其心胸之寬廣，於史上之記載，可說絕無僅有，因此，頗受王夫之認同，而取爲此文例之敘述；當然，王夫之於此，也有用來企盼滿清帝王，可以效法於李嗣源之行爲，多爲百姓著想，甚至，可以的話，待天下粗具穩定之際，能禪讓於中原聖人，畢竟，王夫之橫亙著「陽尊陰卑」的《易》學條例，因此說：「能率群陰以承事乎陽，可無尤矣。」總是認爲蠻夷之邦，乃文化落後之區，不足以治理廣大漢土，當中原動亂，蠻夷者可暫代治理，但仍須回歸漢家系統；因此，王夫之取李嗣源例，配合【剝】一陽五陰之象，以想像清朝者能夠積極效法。當然，以現今觀點來看，足見王夫之對政治的單純而產生的一廂情願的幼稚！誠如勞思光說王夫之史論：「只可算是文人對往史抒感之作」，〔註97〕看來並非過當之論。

四、嘲諷清朝提供未來希望

王夫之目睹滿清的入關，從粗暴到漸次穩定，其心情也隨之起伏，因此，

論——對於歷史的兩種思考型態〉（臺北：里仁出版社，2002 年 3 月初版 2 刷），頁 10。此一觀點的確普遍存在。
〔註95〕王夫之：《周易內傳》卷二下，頁 167。
〔註96〕司馬光編：《資治通鑑》卷二百七十八，頁 9095。
〔註97〕勞思光：《新編中國哲學史（三下）》，頁 757。

將其對滿清的諸多想法,寄諸於文字,表現於「史事《易》學」上。除了上述,以歌詠李嗣源以期待滿清朝廷是較為單純之外,王夫之也一直堅信,暴政是不可能長久的,這是歷史的必然法則。誠如法國哲學家利科(Ricoeur P.)所指出的:「哲學家之所以引用歷史,是因為哲學家在自己的內心深處受到威脅,受到震動,甚至受到羞辱;因為哲學家懷疑自己,所以他想通過對他自己的意識重新把握歷史的意義,重新把握他自己的意義。」〔註 98〕此說重點強調學者借歷史解讀以安慰現今之不如意,實稍嫌消極,並非放諸四海皆準者,畢竟就李光地也說「史事《易》學」,但是,其春風得意的政治心態,就以利科理論來解讀,就不適用了!但若針對孤臣孽子般心態的王夫之,則是有此意謂之存在現象;當學者於現實層面得不到具體依靠時,必然是慌恐與無助的,或許借取歷史相似事蹟,以類比法來肯定自己的痛苦承擔,是為不錯的動力來源。王夫之此種信念,就在此借「史事《易》學」抒發起。於【明夷】上六:「初登於天,後入於地。」王夫之注:

> 四國,四方之國;照,明德被之也。昏暗喪亡,僅云失則者,道二,仁與不仁而已矣。失堯、舜之則,則為桀、紂也。爻辭專象商、周興喪之事,蓋周公因文王艱貞之德而推言之,以見周之革商,乃陰陽理數之自然,而非武王之弋命,且以垂戒後世,為意深切。玩其辭以謹其動,而天命人事昭然矣。〔註99〕

當秉持仁政時,就是威德覆蓋四方之國,是為「初登於天」;但是帝國的鬆懈,就是失則,失去仁政理想,是為「後入於地」。無論那個朝代,都是依循此一定律而來,因此,王夫之堅信,從「史事《易》學」可以有「玩其辭以謹其動,而天命人事昭然矣」的智慧,相信,滿清政權亦不脫此一定律,而必然走向滅亡。王夫之於《讀通鑑論》曾就北朝外族之入主中原現象,有一深刻描繪,借此以嘲諷滿清:

> 夷狄竊之,不可以永世而全身。其幸而數傳者,則必有日月失軌,五星逆行,冬雷夏雪,山崩地坼,雹飛水溢,草木為妖。天地不能保其寧,人民不能全其壽命,以應之不爽。〔註100〕

〔註98〕保羅・利科著,姜志輝譯:《歷史與真理》〈第一部份 歷史認識中的真理〉(上海:上海譯文出版社,2004),頁 18。

〔註99〕王夫之:《周易內傳》卷三上,頁 239～240。

〔註100〕王夫之:《讀通鑑論》卷十三〈明帝七〉,頁 408～409。

強調「天理」是不會照應夷狄之邦，更會降禍於侵入中原的夷狄，以作爲報應。因此，於【離】九四：「突如其來如，焚如，死如，棄如。」王夫之注：「前明甫謝，餘照猶存，而失位之剛遽起而乘之，羿、莽是也。占此者，小人雖盛，可勿以爲憂。」〔註101〕借取自然之象爲說，太陽的光芒剛收斂，餘照之光輝尚存之際，月亮急於取而代之；王夫之以后羿、王莽（前 45～23）爲例。考《僞古文尚書・五子之歌》：

> 太康尸位以逸豫，滅厥德，黎民咸貳，乃盤遊無度，畋于有洛之表，
> 十旬弗反。有窮后羿，因民弗忍，距于河，厥弟五人，御其母以從，
> 徯于洛之汭，五子咸怨，述大禹之戒以作歌。〔註102〕

太康外出遊樂，久而未返，嚴重違反應盡職責；后羿雖是因民之求，而替代帝位，的確也是難脫越權之嫌；二人都是有嚴重疏失，但是，后羿之罪大，隨後受到少康中興，因而受到制裁！王夫之借此典故，必然是左批明朝君王之失職在先，右打滿清入關，雖抗拒李自成等流賊有功，但入關不回，有失中原庶民之期待，當然是於情、於理不合，不用多久，必然也遭中原唾棄。至於，王莽篡漢，漢光武劉秀之中興漢嗣，更是如雷貫耳，受到後人不斷歌詠；滿清政權就猶如王莽一樣，名不正、言不順，雖能盤踞政局，但日後必遭推翻，王夫之以「小人雖盛，可勿以爲憂」爲念，對未來是充滿信心與樂觀。

五、論王夫之史事《易》學之價值

　　針對王夫之「史事《易》學」的樂觀性，近年來受到學者的積極認同，如吳懷祺就認爲，王夫之以《易》學通變的歷史的眼光看待這幾千年的歷史變化，是一種卓越的歷史見解，也是一種歷史的自覺，相較於司馬光的《資治通鑑》僅是「要從歷史的興亡教訓中，找到維持封建等級統治的方法，使社會安定」，實在沒有新意；以及王安石「企圖從三代的模式中找到變革的辦法，結果讓歷史嘲弄了」。因此，吳懷祺進一步指出：「司馬光、王安石都是沒有變通的觀點，一個只能唱老調子，一個只能刻舟求劍，『執一賊道』，是找不到歷史的出路。」在此對比下，「王夫之在論歷史興亡中的體現出來的變通思想，無疑是出自《周易》」的認定。〔註103〕然而，歷史事實與個人期待信仰，未必能相符合，縱使

〔註101〕王夫之：《周易內傳》卷二下，頁 207。
〔註102〕阮元編：《十三經注疏・尚書注疏》卷七，頁 99～100。
〔註103〕吳懷祺〈王夫之的易學與史論〉（安徽大學學報，2000 年 11 月，第 24 卷第

吳懷祺之解讀是如何贊賞王夫之創見及其樂觀性，仍然無法改變於後續的發展；也就是說，王夫之完全沒有意料到，他的信念，總認爲滿清之政權維繫應該不長，不用多久，必然有聖者出取而代之；但是，放眼事實，滿清從入關算起至宣統三年退位，竟長達 267 年，比起明朝 276 年的政統來看，竟相差無幾，其中還有所謂「康熙盛世」，是明朝以來，所未曾有的經濟局面。因此，王夫之「史事《易》學」的信念，雖說是樂觀，但就現實條件來看，卻無一項得以完成，依如勞思光所說：「只憑常識作論斷。」〔註104〕甚至說：「可知船山在政治思想上實爲一迷信傳統之保守派人物。」〔註105〕的確是「文人對往史抒感之作」〔註106〕而已！

　　然而，歷史解讀不能端看其某些角度，而言其價值、評斷結果，因此，不能就說王夫之「史事《易》學」是無益於指導價值！若換個角度切入，吾人能由王夫之所處時代來考察，或許比較能瞭解其思考用心；畢竟，當時「正是天崩地解，一切價值理想盡皆失落的時代，在此看不出任何一絲光明的時代，若非對歷史的發展懷抱某些樂觀的信念，將容易喪失對自己存在與努力之意義的肯認；所以他必須肯定天道的存在，肯定歷史的光明面，將他所處的天崩地解時代，視爲『天』曲折表現其自己的暫時歷程。如此，既未漠視當前所處環境的晦否，又能在天地閉塞之世，維繫自己對歷史前途的希望。」〔註107〕簡單的說，當今的困頓遭遇，是未來光明前的磨練，這是「天道」信仰下的普遍價值，王夫之說：

> 儒者之統與帝王之統並行於天下，而互爲興替。其合也，天下以道
> 而治，道以天子之而明。及其衰而帝王之統絕，儒者猶保其道，以
> 孤行而無所待。以人存道，而道可不亡。〔註108〕

將維繫天下穩定之責，不認爲在政治上是其唯一系統，更堅信著儒理學統，方是傳承不衰的有力保證；王夫之此一理念，不僅與朱子同，更是自先秦以來，儒家的強烈的信仰。至於王夫之更借「史事《易》學」是要區分「君子、

　　　　6 期），頁 4。

〔註104〕勞思光：《新編中國哲學史（三下）》，頁 746。

〔註105〕勞思光：《新編中國哲學史（三下）》，頁 738。

〔註106〕勞思光：《新編中國哲學史（三下）》，頁 757。

〔註107〕林聰舜：《明清之際儒家思想的變遷與發展》第四章〈王夫之〉（臺北：臺灣
　　　　學生書局，1990 年 10 月），頁 185。

〔註108〕王夫之：《讀通鑑論》卷十五〈文帝十三〉，頁 497。

小人」之別，釐清「吉凶、得失」之辨，以張揚儒家價值的精神。〔註109〕王夫之云：

> 占者非徒以知吉而喜，知凶而憂也，苟爲君子之人，則察其隨時之中，而乾惕以愼守其至正之則，於是而《易》之道乃以行萬變，而利用非其人，則恃其吉，而委其凶，於無可奈何之數，其占也，不如弗占，《易》道虛設矣，《易》之爲書，言得失也，非言禍福也，占義也，非占志也，此學《易》者不可不知也。〔註110〕

知《易》占筮，不在謀利，知《史》演變，不在避禍，若行者當行，乃義之所在，雖凶亦爲，因爲人類是有未來的，標榜長久價值，以指導未來，比起目前的凶與禍，是更重要的。就如同吳龍川所說的：「小人以爲得失易知，吉凶難知；但就（君子而言）知道者而言則相反。吉凶不過兩端，吉則受，凶若不可違，亦樂天之命而不憂。」〔註111〕也就是說，當下所呈之現象，與歷史所推衍的「效應論」，兩者之間的重要性，當就未來爲重，此爲王夫之所念茲在茲者也。

　　另外，王夫之以生命相許於經典注解，至死無悔的信念，本身的過程，就是一種值得肯定之價值認同觀，或許借用「悲劇性的樂天觀」的概念，可以讓我們掌握其不同層次的生命體驗。所謂「悲劇性的樂天觀」，是依據傅偉勳教授名著《死亡的尊嚴與生命的尊嚴》〔註112〕　書中，所引用傅朗克（Viktor E・Frankl）〔註113〕「意義治療學」（logotherapy）〔註114〕的理論名詞，傅偉

〔註109〕《論語・微子》：「（孔子曰）君子之仕也，行其義也。道之不行，已知之矣。」又《孟子・盡心下》：「（孟子曰）性也，有命焉，君子不謂性也。……命也，有性焉，君子不謂命也。」是知孔、孟義理，均在標榜人性自主，因此，雖知其不可爲仍積極爲之矣。

〔註110〕王夫之：《周易内傳》卷六上〈繫辭下傳〉第八章，頁502。

〔註111〕吳龍川：《王船山「乾坤並建」理論研究，頁18。

〔註112〕生死學在臺灣受到重視，毫無疑問是因爲傅偉勳教授提倡的關係，一九九三年傅先生在台北正中書局出版本書，精思獨運，勝義紛披，受到出版界及新聞煤體廣泛重視，所以介紹、評論的文字如雨後春筍，大量湧現，引發國內各界之重視云云。以上爲吳有能師2004/10/06國立彰化師範大學國研所博士班之上課講義。又鄭志明師亦說：「傅偉勳教授，生前所規劃的『生死學研究所』，獲得教育部審查通過，成爲海內外第一所生死學的專業學術機構。」引自《宗教哲學》〈論傅偉勳的佛教生死學〉第三卷第四期（1997.10），頁131。

〔註113〕維也納大學的精神醫學暨神經學教授，是第三維也納精神治療學派主將（第一學派開拓者是心理分析的創始人佛洛依德，第二學派倡導人爲開創個體心理學理論的阿德勒。）1905年他出生在維也納，係猶太種，曾獲維也納大學與哲

勳教授說：

> 在《人的意義探索》，傅朗克倡導一種「悲劇性的樂天觀」（a tragic
> optimism），即是面對人生悲劇應有的樂天觀，據此發揮人的生命潛
> 能。也就是說，（1）面對受苦，轉化之為生命的成就或任務完成，（2）
> 借助於責疚感的機會，轉變自己，創造更有意義的人生，以及（3）
> 體認生死無常的有限性條件，當做再生的契機，採取有自我責任的
> 行動。〔註115〕

蓋因，中國古代聖賢哲士之思考現象，大都僅是做自我應當做的事，至於為
何有如此舉止，卻很少去深入反省並予以具體學理化；本研究依循傅偉勳教
授所闡釋的「生死學教育」中所標舉的「意義治療學」理論下，當可明悉書
中主人翁之精神層次及行事深層判斷與信仰，誠所謂「他山之石，可以為錯」
也。〔註116〕或許，我們可以指出王夫之治學態度是封閉的、〔註117〕是絕對信
仰的，然而，其對學術的堅持，仍不失一種價值標的，足以引導後繼者接續
其信念而闡述。因此，「自晚清以來，社會發展的需要和學術的內在邏輯，使

學雙份博士學位，也有一段時期學過佛洛依德與阿德勒的理論，但是認為心理
分析與個體心理學太過狹隘武斷，不久即走出自己的精神治療道路，接受實存
主義與實存分析（existential analysis）理論的影響。以上引自傅偉勳《死亡的
尊嚴與生命的尊嚴》（臺北：正中書局，2004年10月5版），頁188。

〔註114〕「意義治療是一種『醫學牧師的職事』（medical ministry），一方面進行科學
的現象學觀察與分析，另一方面又要打開銜接高度精神價值領域（人生的課
題任務，自由與責任，生死的終極意義，宗教救濟或解脫等等）的向上門。
傅朗克強調說，意義治療不能踰越科學範圍內的精神治療的界限，卻要保留
一條通達宗教之路，而由患者自行決定，是否應該走進宗教的門戶。」以上
引自傅偉勳：《死亡的尊嚴與生命的尊嚴》，頁192。

〔註115〕傅偉勳：《死亡的尊嚴與生命的尊嚴》，頁203。

〔註116〕傅朗克的看法的提出並非僅是實驗室或學理上的想像，而是有實際的事實經
驗。他曾在納粹集中營四年的疲憊不堪的囚牢經歷，眼看同伴一一不堪折磨
而死去，他卻能夠在終極意義的肯定下，支撐他生存勇氣與對日後產生希望，
因此確定「意義治療學」是可以提供對於生死真諦有深刻的心性體認與抉擇
承擔。他假定人類的生命有三層面：（1）身體層面（如佛洛依德所說的「求
肉體快樂的意志」），（2）心理層面（如阿德勒所說「求能力的意志」），（3）
精神性或意義探索。《從集中營說到存在主義》（臺北：光啟出版社，1971年），
頁115。本文研究方向以（2）、（3）為敘述重點，的確可以來解讀王夫的一
生與思想觀點。

〔註117〕徐世昌：「身既終隱，不為世知。乾隆中，始採訪及之，得以著錄《四庫》，
國史入〈儒林傳〉。道光間，始有刊本，旋燬於兵燹，同治初年，始重刊行，
其學乃大顯。」《清儒學案》卷八〈船山學案〉，頁2。

學術界開始關注王夫之，對他的研究愈來愈熱。」〔註118〕而且「我們也要注意船山代表不同於明代理學，並代表了清代儒學新的學術思想的觀點，這個意義我們稱爲『啓後』的意義。」〔註119〕這證明，王夫之的「史事《易》」，或說其整體《易》學價值，仍是具有闡釋的多功能視野；比起李光地的學術成就，雖以御用資歷而得攬大權，然而對於「政息人亡」的定律來看，隨著清朝的退位，後人對李光地的注意力，明顯是不多的，〔註120〕足見王夫之學術價值是更具影響力，而可以和朱子分庭抗禮。〔註121〕

第四節　李光地史事《易》學之觀點與應用

　　李光地以漢人之姿，入閣從政，身受康熙帝從質疑到認同、以至於深信，端看此從政身份，就與朱子、王夫之二人相較，就有不同的境遇，當然在史事的取材與解讀，自然也就有不同體會與目的；因此，其編纂《周易折中》，引史事以論證《易》學，其核心價值，必是離不開治學目的，以及爲穩定政治的意圖而努力，另外，不可忽視的是，借機要表達某些理念，特別是「政治的教育」學，給予康熙帝知曉的曲折方法，自是其治《易》特色之一。

1、【大過】上六：「過涉滅頂，凶，无咎。」李光地說：

　　　案：此爻《程傳》以爲履險蹈禍之小人，《本義》以爲殺身成仁之君
　　　子，《本義》之說固比《程傳》爲長，然又有一說，以爲大過之極，
　　　事無可爲者，上六柔爲說主，則是能從容隨順，而不爲剛激以益重
　　　其勢，故雖處過涉滅頂之凶，而无咎也。如東京之季，范、李之徒，
　　　適足以推波助瀾，非救時之道，況上六居無位之地，委蛇和順，如
　　　申屠蟠、郭泰者，君子弗非也，此說亦可並存。〔註122〕

李光地除了對比《程傳》、《本義》二人差異，進而論斷《本義》之說較優之

〔註118〕汪學群：《王夫之易學——以清初學術爲視角》〈前言〉，頁1。

〔註119〕陳來：《詮釋與重建——王船山的哲學精神》〈緒言〉，頁15。

〔註120〕以朱伯崑大作《易學哲學史》四冊之份量，王夫之佔256頁，而對於李光地是隻字未有觸及，可證之。

〔註121〕曾春海〈船山易學與朱熹易學觀之比較研究〉說：「朱熹與王船山分別是中國第十二世紀及第十七世紀，集大成式的理學家。兩人學問涉獵之廣，用力之深，著作之多，前后呼應，相互媲美。」（《哲學與文化》20卷第9期，1993年9月），頁870。

〔註122〕李光地：《周易折中》，頁453。

外，亦另提新解，特別是「史事」的引用，雖說僅在提供參考，然而借以呈顯李光地的教化價值傾向，用以解釋政治目的之意圖，則是很明確的。

此「史事」是採用東漢末有名的「黨錮事件」，考《資治通鑑》記載東漢桓、靈二帝（147～189）有所謂外戚與宦官的循環干政，且借職務之便，行使利益互酬，假選拔制度以拔擢人事，形成了：「舉秀才不知書，察孝廉父別居，寒素清白濁如泥，高第良將怯如雞」等價值顛倒與錯亂之現象，因此有范滂、李膺等品德高尚為天下楷模者，輿論朝政，形成一股社會清議；無奈帝王昏庸，竟逮捕范、李等人入獄，是為「黨錮事件」。後雖赦免，然朝政依然腐敗，清議人士仍然前仆後繼的大力批判，終於導致朝廷使出圍剿，致使清議人士死傷逾六七百人；最後因黃巾賊起，朝廷無力再論，乃暫以赦免！

對於「黨錮事件」，後人有持正面肯定范滂、李膺之行為，如《後漢書》〈范滂傳〉論曰：

> 李膺振拔汙險之中，蘊義生風，以鼓動流俗，激素行以恥威權，立廉尚以振貴勢；使天下之士，奮迅感慨，波蕩而從之，幽深牢、破室族而不顧，至于子伏其死，而母歡其義，壯矣哉！〔註123〕

至於，同時處於亂世者，亦頗有名氣者，申屠蟠、郭泰二人，卻選擇韜光養晦，拒不出仕，雖未有影響朝政，然朝政也無害於他，終能遠避災禍，安養天年，也形成一股清流意義。《後漢書》〈郭太傳〉論曰：

> 莊周有言，人情險於山川，以其動靜可識，而沉阻難徵，故深厚之性，詭於情貌，則哲之鑒，惟帝所難，而林宗雅俗，無所失將其明性，特有主乎！然而，遜言危行終亨時晦，恂恂善導，使士慕成名，雖墨、孟之徒，不能絕也。〔註124〕

當然，人生價值之意義討論，本就應該具有多元角度闡釋，此一精神，早在孔子就有明確昭示，《論語・微子》：「微子去之，箕子為之奴，比干諫而死。孔子曰：『殷有三仁焉』。」因此，對於范滂的積極入世、或郭太的消極的隱世，後人都有其因個人身份不同與論述目的之抉擇，而有所解讀，並賦予不同典範，進以指導其生命取向，發展不同事業進途。李光地取此例說《易》學，當不例外。

〔註123〕楊家駱主編：《新校本後漢書并附編十三種》卷九十七（臺北：鼎文書局，1981年4月4版），頁2207～2208。

〔註124〕楊家駱主編：《新校本後漢書并附編十三種》卷九十八，頁2231。

今分析李光地以此爲例證說明。首先，若單就《易》學爻例來說，蓋【大過】初六、上六爲二陰，其餘爲四陽，李光地說上六是：「柔爲說主。」考其〈義例·卦主〉有云：

> 凡所謂卦主者，有成卦之主焉，有主卦之主焉。成卦之主，則卦之
> 所由以成者，無論位之高下，德之善惡，若卦義因之而起，則皆得
> 爲卦主也。主卦之主，必皆德之善，而得時、得位者爲之，故取於
> 五位者爲多，而他爻亦閒取焉。其成卦之主，即爲主卦之主者，必
> 其德之善，而兼得時、位者也。其成卦之主，不得爲主卦之主者，
> 必其德與時位參錯，而不相當者也。〔註125〕

就「卦主」，有所謂「成卦之主」與「主卦之主」之分，因此，李光地又說：「【大過】以九二、九四爲主，蓋九二剛中而不過者也，九四棟而不橈者也。」〔註126〕蓋所謂【大過】以九二、九四爲主者，是爲「成卦之主」，而在此又言上六是：「柔爲說主」，是知爲「主卦之主」；李光地〈義例·應比〉又云：「若其爻爲卦主，則羣爻皆以比之、應之爲吉凶焉。」〔註127〕所以，李光地云：「柔爲說主，則是能從容隨順，而不爲剛激以益重其勢，故雖處過涉滅頂之凶，而无咎也。」就《易》學條例來論述，是合乎學界共識。然而，李光地又言：「上六居無位之地」云云，此說明顯承自王弼之說而來，即有所謂「初上无陰陽定位」之說。按、王弼此說，是截取〈繫辭傳〉之說，已有斷章取義之嫌，是以《程傳》亦指出〈繫辭傳〉之說是爲：「无爵位之位，非陰陽之位也。」另外，顧炎武亦說王弼之論是爲：「強彼合此，而謂初上无陰陽定位，不可通矣。」〔註128〕足證「初、上」二爻，是爲「无爵位之位」，可爲定論。今李光地說【大過】上六，前云「上六柔爲說主」，後說「上六居無位之地」，既是爲「主」，是以整體爻象以說，蓋爲王弼〈明象〉所言：「少者，多之所貴也；寡者，眾之所宗也」之延續；〔註129〕又爲「無位」云云，則爲《程傳》：「无爵位之位」說之取用。依此可知，李光地兼取王弼、程子之解，的確是要合乎其觀點，特別是以程子說，就是要借此解讀史事，以合乎其某些政治立場

〔註125〕李光地：《周易折中》〈義例〉，頁114。
〔註126〕李光地：《周易折中》〈義例〉，頁120。
〔註127〕李光地：《周易折中》〈義例〉，頁113。
〔註128〕就王弼「初上无陰陽定位」之討論，可參閱簡博賢師：《魏晉四家易研究》〈王弼易學研究〉，頁97～102。簡師有明確指出王弼謬誤之處。
〔註129〕王弼《周易略例》〈明象〉，頁250。

罷了！

　　學者治學興趣與時代用心，是有互相影響的，此為本研究所強調觀察之進路；因此，我們可以接著來解析李光地之所以取范滂等人典故，必有其特殊用心。當借史事、爻例之時，為了能讓二者之間，形成互相支撐的穩固架構，以便增強其對史事人物解說的力道；畢竟，李光地以其朝廷大學士觀點，為了維護康熙政權之立場，用心絕對是積極的，是以必然要對范滂作負面批判，論其為「无爵位之位」，則立場不對，強調學者不可與朝廷對抗，並強調，對抗不僅於事無補，且換來的是更無謂的連坐傷害無辜者，誠所謂「抱薪救火」，非救時之道；相對的，以郭太之行為，為「无爵位之位」，則就「韜光養晦」的修養境界，這在執政者立場來看，乃屬於不違背朝政利益之原則下，是可以被包容肯定的，因此說「君子弗非」，不須對其作負面批評，言下之意，是肯定、甚至鼓勵此一隱士行為。

　　總之，李光地是明顯站在執政者心態，不鼓勵人民抗爭。因此在看似「折中」《程傳》與《本義》之別，其實就是要補充朱子「殺身成仁」的觀點，而所謂的「成仁」精神，就是要能合乎朝廷思維的「仁」之定義。誠如劉大鈞所言：

> 論及『卦主』，雖然『卦主』之說始于王弼，而由〈象〉釋无妄卦曰：『剛自外來而為主于內』思之，先儒或有此說，而《折中》編纂者進而將其分為『成卦之主』與『主卦之主』，並對六十四卦之『卦主』進行了全面分析。《折中》編者之所以特別重視『卦主』，恐怕主要是為了給皇上看，故所言之主，絕大多數為五爻。〔註130〕

觀此例，【大過】「卦主」是上六，雖不在劉大鈞的歸納「多數為五爻」之說，但是精神、目的則是相通，可見李光地心目中，以康熙帝為其念茲在茲的服務對象，於【大過】上六「案語」來看，至少是鮮明且強烈的。

2、【遯】九五：「嘉遯，貞吉。」李光地說：

> 案：此爻雖不主君位，然居尊則亦臣之位高者也。凡功成身退者，人臣之道。故伊尹曰：「臣罔以寵利居成功」，豈非【遯】之嘉美者乎！嘉之義比好又優矣。〔註131〕

李光地此注以《程傳》說為據：「非人君之事，故不主君位言。」按，九五爻

〔註130〕劉大鈞：〈讀周易折中〉（《周易研究》，1997 年第二期），頁 13。
〔註131〕李光地：《周易折中》卷五，頁 510。

位，一般都以言「君位」來闡述，而歸納程子、李光地二人，就其他卦之九五爻辭而言，大都也是就「君位」而言，特別是「九五」配「六二」這種標準模式時，更是「持之有故，言之成理」，以下試舉一例以證之。

【无妄】九五：「无妄之疾，勿藥有喜。」程子云：「九以中正當尊位，下復以中正順應之，可謂无妄之至者也。」〔註132〕李光地云：「此曰有喜者，剛中正而居尊位，德位固不同也。」〔註133〕更強調因「君」之「德位」與其他身份者不同，當然是「可喜」，更見李光地對君王尊崇的用心。

然而於此【遯】卦，亦是「九五」配「六二」之時，卻於此不得不曲折言之；蓋受限爻辭「嘉遯」云云，以說明此刻乃君不在九五之位；就整體「九五」配「六二」來看，實難有善解，所以程子、李光地就以「臣位」角度，來作為解脫之辭。〔註134〕李光地又借《尚書・太甲下》之伊尹所云者，是在昭示為臣者，功成必得身退，以免遭帝王之忌，畢竟，這種類似悲慘案例很多，讀《史》目的之一，就是要學習「明哲保身」。誠如孔穎達《尚書正義》疏：

> 四時之序，成功者退。臣既成功，不知退謝其志，貪欲無限，其君
> 不堪所求，或有怨恨之心，君懼其謀，必生誅殺之計，自古以來，
> 人臣有功不退者，皆喪家滅族者眾矣。《經》稱臣「無以寵利居成功」
> 者，為之限極以安之也。伊尹告君，而言及臣事者，雖復汎說大理，
> 亦見已有退心也。〔註135〕

所謂的「明哲保身」的心態，變成是學者從政後的當務之急，以及所要注意的一件重要的事了；特別是李光地自己，以漢人之身的宿命，又身受康熙帝時而輕忽、時而重視的態度，〔註136〕然而「伴君如虎」的潛在焦慮，必然是揮之不去的夢魘，因此借此纂修《折中》之際，稍稍告訴康熙帝，表達其功成不居的意願，也順便顯現其學者風範。由此看來，李光地不僅「明哲保身」，也是「借機表態」，既安頓帝王之心，也提供自己隨時後退之路的所謂「智慧」矣。

〔註132〕程頤：《伊川易傳》卷三【无妄】九五注，頁225。

〔註133〕李光地：《周易折中》【无妄】九五〈案語〉，頁417。

〔註134〕然而，同樣是言「君位」，彼此賦予之意義仍不同；程子比較要求的是「君臣共治」，李光地則傾向「贊許並完全配合君王」；詳細情形無法於此說明，當再闢專文論述之。

〔註135〕阮元編：《十三經注疏本》《尚書正義》卷八，頁119。

〔註136〕參閱韓琦：〈君王和布衣之間：李光地在康熙時代的活動及其對科學的影響〉（清華學報新26卷第4期，1996年12月），頁424～426，有簡述君臣二人之間的親疏過程。

3、【睽】九四「睽孤，遇元夫，交孚，厲无咎。」李光地說：

> 案：四亦無應者也，然居大臣之位，則孤立無黨，乃正其宜，故以
> 睽孤爲无咎。若元夫（初九也），則非其所親厚者，故雖遇之而交孚，
> 不害其爲淡然而寡合。史稱諸葛亮、法正，趨尚不同，而以公義相
> 取者是也。〔註137〕

就諸葛亮事蹟，於歷史上多有名聲，在此可以不論，至於法正者，按、《三國志·蜀志》云：

> 諸葛亮與正雖好尚不同，以公義相取。亮每奇正智術，先主既稱尊
> 號，將東征孫權，以復關羽之恥，羣臣多諫，一不從。章武二年，
> 大軍敗績，還住白帝。亮歎曰：「法孝直若在，則能制主上，令不東
> 行；就復東行，必不傾危矣。〔註138〕

是知諸葛亮、法正不僅是國之棟樑，且無私心、不結黨，堪稱足以信任之臣。當然，吾人亦可知李光地引此例以自喻，仍有借題發揮，表達對康熙帝之效忠及其個人從政操守之表明。而事實上，針對此論點的敘述，李光地對清廷的確是有具體的表現成績：

康熙九年（1670），光地年二十九，登進士第。十二年五月，返鄉省親，旋遇三藩亂起。十三年，耿精忠反，鄭經亦由臺灣入踞泉州，光地奉親避亂山谷，精忠與經並遣招致，皆力拒。彼先赴福州與同年好友陳夢雷密議，籌劃報國方略；十四年五月，再遣人潛出，入京上〈蠟丸疏〉，建議清廷攻耿、鄭之不備，由汀州入閩，出奇制勝。十五年冬，清廷平叛大軍破仙霞關南進，耿精忠窮蹙而降。十六年，漳、泉二州次第恢復，鄭經潰退廈門，四月，特遷侍讀學士，行至福州，以父喪歸。十七年春夏間，蔡寅「白頭軍」起義，掠安溪，鄭經遣將劉國軒等犯泉州，閩南再亂；彼時光地正丁父憂在鄉，再度爲亂局所困；其一面組織義勇，結寨自保，瓦解「白頭軍」，一面堅拒劉國軒，國昌兄弟招降，分遣戚屬，前往福州、漳州乞師，李氏族眾及一方人民，先期開路搭橋，以作清軍引導。八月，福建巡撫吳興祚、寧海將軍喇哈達之師自山道並進，遂解泉州之圍，屬縣悉平。〔註139〕康熙十九年，年三十九，

〔註137〕李光地：《周易折中》卷五，頁558。
〔註138〕楊家駱主編·陳壽：《新校本三國志·蜀志》卷七（臺北：鼎文書局，1995年5月9版），頁961～962。
〔註139〕陳祖武：〈論李光地的歷史地位〉（《福建論壇》文史哲版雙月刊第五期，1992年10月），頁3。

奉母太夫人返京赴任，至京師，授內閣學士。二十年，上召大臣聯「柏梁體」
光地賦詩道：「仰觀神策驅天狼」。上不解其意，光地復言：「鄭氏為寇三世，
垂六十年，此天道數窮之秋也。……若命良將率閩兵討之，必克。」遂薦施
琅提督水師，專平海事。二十一年，光地送母歸里；是時八閩疊經兵革，官
困于供億，人凋於重斂，武夫悍卒，竟為陸梁。而沿海之民又因通海之嫌，
迫令遷入內地，流移滿途，千里為墟，百里皆敝。光地乃協助總督姚啟聖，
虛心諮訪于時所宜興革者，朝聞夕行，不數月，民困更蘇。〔註140〕三十一年，
五月，薦理學家陸隴其。康熙四十年，年六十，上特遣中書舍人詢訪人才於
光地，光地薦楊名時、劉琰、文志鯨等十五人，康熙帝遂任命楊名時督順天
學政，文志鯨督浙江學政，劉琰督江西學政。四十一年，舉賢才；二月，薦
徐元夢；四月，薦何焯；十一月，調考北方三鎮軍政，又薦數十人。四十六
年薦吳郡為定海總兵。嗣是數年間所薦大帥以十計，大抵皆戢兵愛民，克舉
其職，若吳陛之清操，歐陽凱之死事，尤武臣中之表表者也，舉將才積極如
是。四十七年，太子胤礽初廢，十月，光地即應召獨對乾清宮，以管束廢太
子之見，言於上曰：「人情尊榮則驕，安舒則肆，驕肆之行，神志日昏。始則
偷安，繼而惡正，聞一善言，如刺在背，悼惑顛倒。若或憑之，則昏之極也。」
故於廢太子之教，則力主：「若屏其聲色，使凝志寧靜，滌神清虛，平旦之氣
益生，則本心之明漸者矣。」四十八年，三月，太子復立，光地奉旨為冊立
正使，胤礽尊父命求救，其告誡曰：「勤思孝道，篤志正學，天聰益開，天性
益厚，如此而已。」五十一年八月，上決意再廢太子，事前，光地應召隻身
赴西苑，奏請曰：「全父子之恩」，又言：「上既削其名號，芟其羽翼，以上神
武威明，又何慮焉？」九月，薦劉謙；十月，救方苞。〔註141〕李光地一生沉
浮宦海，多遇凶險，但憑其穩重機智，善以《易》義指導人生，故皆能逢凶
化吉。其門下士楊名時、李紱、陳鵬年、趙中喬、冉覲祖、蔡世遠，並以德

〔註140〕 許蘇民：《李光地傳論》（廈門：廈門大學出版社，1992 年 9 月），頁 35。
〔註141〕 康熙四十一年，戴名世作《南山集》、方苞為《南山集》作序，書中，戴氏表
　　　　 明對南明王朝之感情。康熙五十年，左都御史趙申喬據書，內容對戴氏提出
　　　　 糾參，康熙命刑部嚴察，刑部判決戴氏即行凌遲處死，方苞被判斬首，李光
　　　　 地為救方苞，趁汪霈死，往見康熙，康熙嘆曰：「汪霈死，無復能為古文者。」
　　　　 李光地曰：「必如班馬韓柳，誠急未得其人，若比霈者，才固不乏，即如案中
　　　　 之方苞，其古文詞尚當勝之。」康熙又曰：「作古文僅次於方苞為誰。」李光
　　　　 地曰：「戴名世。」康熙遂赦免方苞，並命其入蒙養齋修纂群書。參見許蘇民：
　　　　 《李光地傳論》（福州：廈門出版社，1992 年 9 月），頁 79～80。

望重於時。他若張昮、張瑗、惠士奇、秦道然、王蘭生、何焯、莊亨陽之儔，類有清節、通經能文章、故清之諸鉅公稱善育材者，必以光地爲首，彼實爲清代不可多得之大學問家。〔註142〕

　　然而，此中又令人感興趣的是，歷史上對於君臣相知之史蹟，常是歌頌重點，諸如「劉邦、張良」，「劉備、諸葛亮」，「李世民、魏徵」等等，形成一股價值教育論；況且，康熙帝與李光地，也有相似的交情，據云：「康熙57年，李光地以年七十七，五月，以辛勞病逝住所。康熙帝在熱河行宮聞訊，遣恆親王允祺奠醊，賜金千兩，謚文貞。使工部尚書徐元夢護其喪歸，復諭閣臣：『李光地謹愼清勤，終始一節，學問淵博。朕知之最悉，知朕亦無過光地者！』於59年，庚子，夏四月，葬於安溪興二里之百葉林。」〔註143〕由此知，康熙帝與李光地君臣二人，「義雖君臣，情同朋友」的倚重關係，〔註144〕實非比尋常。可是，在歷史效應上，明顯在人們心中力量不大，倒是「三案」〔註145〕的傳聞，卻與李光地是如影隨形，質疑著其民族氣節，以及早期的陽明學追隨者到後來爲了迎合帝王而投入程、朱學術陣營的說法，更讓人印象深刻！梁啓超說：「清初依草附木的爲什麼多跑朱學那條路去呢？原來滿州初建國時候文話極樸陋，他們向慕漢化，想找些漢人供奔走，看見科第出身的人便認爲有學問，其實這些八股先生，除了四書大全五經大全外還懂什麼呢？」〔註146〕而李光地就是被梁啓超視爲「程朱學之依附者」，對其介紹之措辭，可說相當難堪！這也難怪，李光地以漢人之身，卻居清廷貴冑之處，且常達數十年，梁啓超以清末時，身處國勢危急存亡之秋之特殊情景，自是無法對李光地有何好感，況且李光地是積極反對「三藩」及「明鄭王朝」，曾策劃助清廷攻之的積極行爲；因此，當有書籍介紹李光地幼年，云其：「幼穎異，

〔註142〕以上所述，節引自康全誠：《清八家易學研究》第六章〈李光地易學研究〉（臺北：私立中國文化大學中國文學系博士論文，2002年6月，黃沛榮先生指導），頁234～242。

〔註143〕國史館編：《清史稿校註》卷269〈列傳四十九〉，頁8542。

〔註144〕許蘇民：《李光地傳論》，頁238。

〔註145〕全祖望：「榕村大節，爲當時所共指，萬無可逃者；其初年則賣友，中年則奪情，暮年則居然以外婦之子來歸，足稱三案。大儒固如是乎？」見《鮚埼亭集》外編，卷四十四〈答諸生問榕村學術帖子〉《四部叢刊初編》（臺北：臺灣商務印書館，1966年），頁993～994。

〔註146〕梁啓超：《中國近三百年學術史》〈程朱學派及其依附者〉（臺北：臺灣中華書局，1987年2月臺11版），頁103。

四歲，未就塾，已識字，見關侯廟有『忠義』二字，輒取坻炭摹肖之。」以關公雲長一生「忠義」於蜀漢陣營，至死不渝的精神，來做爲比較後，實倍感諷刺！難怪梁啓超會下重語批判之。而梁啓超的看法，這代表傳統中國人的文化價值意識，因此，縱使李光地的政治地位再高、學術成就多廣，然而歷史定位上，從來沒有被受到與「張良、孔明、魏徵」等人相提並論，可見，歷史衍流，後人自有一套價值論；由此來看，「滿清」「異族」的負面枷鎖，會是漢人之身的李光地永遠的原罪乎？！

4、【井】「井，改邑不改井，无喪无得，往來井井，汔至，亦未繘井，羸其瓶凶。」李光地說：

> 案：改邑不改井句，解說多錯。文意蓋言所在之邑，其井皆無異製。如諸葛孔明行軍之處，千井齊甃者，以喻王道之行，國不異政，家不殊俗也；无喪无得，則言井無盈涸，以喻道之可久，往來井井，則言所及者多，以喻道之可大，此三句皆言，井在人事，則王者養民之政是也。然井能澤物而汲之者器，政能養民而行之者人，無器則水之功不能上行，無人則王者之澤不能下究，故汔至以下，又以汲井之事言之。〔註147〕

按、「千井齊甃」者，是指以政府力量修補水井，使人民得以容易獲得民生必須品，是爲工政之始；李光地於此，借以歌頌諸葛亮政績，是亦要標舉從政者，必以民須、民傷爲己任。早在《論語》就記載子夏之說：「仕而優則學，學而優則仕。」〔註148〕乍看之下，多有誤會讀書目的只在從政，從政目的則在光宗耀祖等膚淺見解，殊不知，政治是改善社會最快途徑，若要「兼善天下」，從政應該是效果立即可見的方法之一　；因此，錢賓四先生曾言：「政治問題可稱是人類文化中很重要的一部門，如果政治有辦法，此外許多問題也較有辦法，政治問題不能有好解決，社會就不可能存在。」〔註149〕學術可以指導政治，提供社會更加進步，特別是《易》學義理，一直是此思想最佳教材，普遍存在於世人的認同中。朱伯崑也說：「這種附會反映了一種易學觀，

〔註147〕李光地：《周易折中》卷七，頁677。

〔註148〕朱子：《四書章句集注・子張》，頁190。朱子注曰：「仕而學，則所以資其仕者益深；學而仕，則所以驗其學者益廣。」是知學、仕，是爲了致用與修正，其目的都在爲天下之萬民。

〔註149〕錢穆：《中國歷史精神》（臺北：東大圖書公司，1987），頁19。

即把《周易》看成是封建統治者治理國家的一部教科書,這樣,就更增強了《周易》一書在經學中的地位。」〔註150〕此說綜括歷代《易》學闡述者,所堅持的概念,當然也在李光地與康熙帝的認同中,是以李光地借此編纂《折中》機會,除了要指出傳統斷句、解讀二者之誤外,當然也積極提供治國愛民之道的推銷;康熙帝有否積極進行,姑且不論,但是,就李光地從政愛民,是史書有記載的。以李梅鳳研究所見,就認為李光地的「治理水患、興修水利」,「整飭科場、禁絕賣官」,「薦舉賢才、強本保國」,「推展學術、振興文化」等等具體成果,〔註151〕仍應給正面肯定的,他的確是一位「知行合一」的具體實踐之學者。李光地此說,可與上(第 3 例)案語互參,證明李光地的確於從政之途,拔擢許多人才,一起為照顧庶民貢獻良多,若用「學以致用」、「兼善天下」等贊語,其實在李光地身上,是被應證的。因此,若能摒棄效忠「異族統治」的成見,就政績來看,李光地是史上表現優秀的學者之一,是值得推崇的。

5、【革】上六:「君子豹變,小人革面,征凶,居貞吉。」,李光地說:

> 案:五上兩爻相承,虎豹兩物相似,《程傳》以君子為被王化之人,似不如孔氏、楊氏以為繼體守成之為安也。如文武開基,肇造維新,豈非若虎之變而文采煥然者乎!成康繼世,禮明樂備,豈非若豹之變而文理繁密者乎!言君子雖稍別於大人,然革道必至此而後為詳且備也。至小人革面,方以被王化者言之,所謂革面者,亦非但革其面而不能革心之謂,此卦以禽獸取義,凡禽獸之有靈性而近於人者,如猩猩猿猴之類,皆革其面,故以此為民風丕變之喻。爾王道之行,則仁義成俗,而心亦無不革矣,不然何以為必世後仁乎!〔註152〕

李光地案語,一秉《周易折中》之「折中」精神,首先分辨《程傳》、《孔疏》、楊啓新之觀點不同處,並指出以後說為佳,比較能合乎爻辭之意;另外,從此案語,亦多能見李光地解《易》特色,多能互參各爻,以便構建《易》學的全面呼應與完整性。當然,其借史事以言《易》學歷久彌新之精神,則是

〔註150〕朱伯崑:《易學哲學史》第一卷,頁 22。

〔註151〕李梅鳳:《李光地《周易折中》案語研究》(彰化:國立彰化師範大學國文研究所,2003 年 6 月碩士論文,游志誠教授指導),頁 8～14。本書共舉 5 點,除了第 1 點為「平定三藩、收復臺灣」,以民族大義來看,較有爭議性之外,其他大抵是可以肯定的。

〔註152〕李光地:《周易折中》卷七,頁 696。

更爲積極，李光地取史學共識下的賢明聖君爲例，強調治國有其階段性任務，「文武開基，肇造維新，豈非若虎之變而文采煥然者乎！成康繼世，禮明樂備，豈非若豹之變而文理繁密者乎！」不僅標舉君王典範，更是有意無意間，稱許康熙帝亦是箇中佼楚，王道被化，無遠弗屆。

另外，值得一提者，李光地解《易》多能用西方科學成果，以融入傳統精神。考漢、魏學者解《易》，多用「象數」者，以取象爲主，以證卦爻辭，皆有所源；虞翻注「【革】九五大人虎變」云：「乾爲大人，謂五也；蒙、坤爲虎變。」注「【革】上六君子豹變」云：「蒙、艮爲君子、爲豹，從乾而更，故君子豹變。」〔註153〕而相較之下，李光地能夠以類似達爾文（1809～1882）「進化」之說，卻早於約二百年前即言：「此卦以禽獸取義，凡禽獸之有靈性而近於人者，如猩猩猿猴之類，皆革其面，故以此爲民風丕變之喻」，這種注《易》之內容，不僅是前所未有，也是後無來者，當然，李光地之目的，一則是要迎合康熙帝對西學，尤其是對科學的偏重，再則還是要證明《易》學兼容並蓄之雅量，當然，最重要的第三點，則更要凸顯「西學中源」，即達爾文取中國學術，以論證中國文化之偉大。誠如朱子所強調的：「《易》如一箇鏡相似，看甚物來，都能照得。」〔註154〕總之，李光地此案語，的確是很有特色，就史事、科學而以言《易》，頗能呈現當時的學術風潮，足證學術是永遠有新「詮釋」的價值。〔註155〕

6、【遯】初六〈小象〉「遯尾之厲，不往何災也。」李光地云：

案：《程傳》以不遯爲免災，朱子以晦處勿有所行爲免災。故朱子嘗欲劾韓侂胄，占得此爻而止。〔註156〕

考《宋史·朱子傳》可得朱子從政理念與遭遇：一、孝宗即位，詔求直言，朱子應詔上封事。二、隆興元年，復召對。時相湯思退方倡和議，朱子主戰以復讎，不合，因除武學博士。三、淳熙六年夏，大旱，應詔上書直諫。四、紹熙五年，寧宗即位，趙汝愚爲相，朱子被舉爲侍講，時韓侂胄用事，朱子憂其害政，數上疏斥言竊柄之失，遂觸韓氏之忌，任侍講僅四十六日即被罷

〔註153〕李鼎祚集解，李道平纂疏：《周易集解纂疏》卷六，頁564～565。
〔註154〕黎靖德編：《朱子語類》卷六十七，頁1647。
〔註155〕李光地解《易》方法中，也有使用到西學中之「數學」，請參閱本研究之〈解《易》方法〉章。
〔註156〕李光地：《周易折中》卷十二，頁1213。

免。〔註157〕又朱子〈與章侍郎〉書：「數日前嘗以《周易》筮之，偶得遯尾之占，見乎蓍龜者如此，則亦非彼之所能為矣，將安避之哉！」〔註158〕是知國勢不可為，類似朱子之學者等人，空有焦慮之心，也僅能退避隱居而已。李光地於此，除了「折中」《程傳》與《本義》之別以外，另有稱許朱子其行為，可積極從政，亦可退隱之志，所謂進退有時，不戀棧職位；當然是後人效法之典範。誠如劉述先所闡釋的，他認為：「朱子之所以不行時，決不能用『不逢明主』這一類簡單的模式來解釋。他所信守不渝的價值規範、思想型態，都與當時現實政治所行，在根本上即有矛盾衝突，有不可以調停者在。」畢竟，要堅持理想，並非妥協即可實現，因此，有時「在野所發揮的力量，實在遠大於他們在朝所可能發揮的力量。」〔註159〕相信這也是李光地內心深處的價值信念，因此，特借此爻，取朱子斥韓侂冑事件，以為學者從政典範。當然，李光地也是意有所指的要點明康熙帝，不要被其週遭小人所蒙蔽，致使君子僅能退避免災；當小人得勢、則君子退讓，一增一減之間，效果是雙倍計算；熟知西學算術法的康熙帝應是明晰的。《文貞公年譜》〈四十七歲條〉記載李光地與康熙帝之間對話，因當年旱災，康熙帝要李光地卜筮：

> 上命筮之，得【夬】德。公占之曰：「卦象澤上于天，但未下耳。曰：
> 「德何如而雨乃下？」曰：「夬【夬】者決小人之卦也。去小人則雨
> 矣！」曰：「誰為小人者？」曰：「一陰據五陽之上，以象論之，非
> 卑位者也。上所尊寵委重者為誰斯足以當之矣！」上嘿然。當是時，
> 專竊依附之徒競為門戶。公既嫉之……。〔註160〕

李光地借「卜筮」之舉向康熙帝表明應注意小人環伺、汙濁聖聽。平情而論，李光地之目的不得說不對，然而將「雨不雨」之原因推給小人云云，難免有借題發揮、鏟除異己，以達爭權之嫌，所以其方法仍是粗糙的；同樣的，對方也可以如法庖製，將李光地呼為小人，並假一理由為之，則雙方永遠在紛爭中，並進行黨同伐異之舉；〔註161〕因此，康熙帝之「嘿然」是何意，可以

〔註157〕楊家駱主編：《新校本宋史并附編三種》卷四百二十九〈朱子傳〉，頁 12751
～12770。
〔註158〕朱子：《朱文公文集・續集》卷五，頁 4740。
〔註159〕劉述先：《朱子哲學思想的發展與完成》（臺北：臺灣學生書局，1982 年 2 月），
頁 362、368。
〔註160〕李清植纂：《文貞公年譜》（臺北：文海出版社，1966 年 10 月），頁 89～90。
〔註161〕於此，可借《三國志演義》以佐證之。第一回有述因狂風驟起、青蛇、大雨
大雷、冰、地震、海水泛溢、雌雞化雄、黑氣、虹、山崩之由靈帝下詔問群

有很多可能，可是，以康熙帝之理性，對於李光地言：「去小人則雨矣」云云，絕不能認同；因此，相較於《周易折中》以【遯】引朱子、韓佗胄之例來看，僅提供現象，不作主觀判斷來看，是《周易折中》之手法較佳。當然，吾人可以假設是，李光地於此四十七歲，與編《周易折中》時已七十餘歲，歲月的經驗，畢竟，是會給一個人成長的！但是，無可否認的是，自居君子之學者，在從政的最大壓力，仍然是小人環繞君キ、蒙蔽君干的焦慮點，是未曾改變的永遠隱憂！這或許是君主體系下，永遠無法善解的困局吧！

7、【萃】上六〈小象〉「齎咨涕洟，未安上也。」李光地云：

　　案：上猶外也，雖在外而不敢自安；如舜之耕歷山，周公
　　之處東國，必號泣嘵嘵，求【萃】於君父而後已也。〔註162〕

李光地一如其他學者般，也喜用舜、周公等傳說中的歷史事蹟，作為敘述依據。考《孟子》〈告子下〉「舜發於畎畝之中」章，孫奭《正義》云：「此章言聖賢困窮，天堅其志，次賢感激，乃奮其意。凡人佚樂，以喪知能，賢愚之敘者也。孟子曰：『舜發於畎畝之中，至死於安樂也者』，孟子言舜初起，發自歷山，畎畝之中，而堯禪其位。」〔註163〕又《毛詩·七月》〈序〉：「七月，陳王業也。周公遭變故，陳后稷先公風化之所由，致王業之艱難也。」鄭玄箋：「周公遭變者，管蔡流言辟居東都。」〔註164〕是知傳統學者一致認為，成大事者必須接受磨練，以及具備憂患意識，無論當下是任何身份，都須如此的具備抗壓，進而能增益其所不能。當然，李光地仍一秉此精神抒發，借題發揮，表現其對康熙帝效忠之意，猶如周公絕對效忠皇室。

　　李光地早年曾有被康熙帝斥責經驗，云：「漢人行徑殊為可恥」、「冒名道學」〔註165〕等等強烈否定，雖然，到了後期，又被康熙帝喻為：「李光地謹慎清勤，始終一節，學問淵博。朕知之最悉，知朕亦無過光地者！」但是，無可否認的，在帝王制度下的從政學者，焦慮感是濃厚的，因此，如何拉近與

臣以災異。議郎蔡邕上疏，以為蜺墮雞化，乃婦寺干政之所致；結果換來雙方相互誣陷，蔡邕獲罪放歸田里；其彼此雙方所述論根據非事實，都是「借題發揮」，以達鏟除異己。《三國志演義》雖是小說，然小說比起歷史是更真實，反倒能表達普遍看法。

〔註162〕李光地：《周易折中》，頁1272。
〔註163〕阮元編：《十三經注疏本》《孟子注疏》，頁224
〔註164〕阮元編：《十三經注疏本》《毛詩正義》，頁279。
〔註165〕《康熙起居注》28年己巳五月（北京：中華書局，1984年8月），頁1870。

帝王的關係距離，以增強彼此的信任，就變成了首要任務了；因此「君父」云云之連稱，也就應運而生；殊不知，此舉有無拉近彼此之親密性，是無法數據量化，倒是凸顯了古代學者對於職務範疇的模糊與無知。簡博賢師有深刻的說明此概念產生的前因後果，其云：

> 蓋父親君尊，恩義有別。故凡以恩制者，皆由父而推之；所謂親親也。以義制者，皆由君而推之，所謂尊尊也。……周人建國，雖以仁讓開基；然外有荊蠻、嚴狁之患，內則諸侯攻弒而不能討。天下熙熙，唯務尊權矣。夫尊尊之說盛，而親親之義微；是以親疏之情繫於上下之義，而尊以統親矣。觀乎天父之稱、君父之號，思過半矣。〔註166〕

簡言之，所謂「以尊統親」也，若再推波助瀾，則有「普天之下，莫非王土」的信念，是人民、土地，盡為帝王之有，誠如劉邦的態度，《史記》：「起為太上皇壽，曰：『始大人常以臣無賴，不能治產業，不如仲力；今某之業所就，孰與仲多？』殿上羣臣皆呼萬歲，大笑為樂。」〔註167〕當此一財產觀念，變為普世價值、集體共識後，再也沒有有人會去質疑其中之盲點，則人民生命之價值，已不具備主體性矣；此誠世運之厄。雖然，黃宗羲於明、清交替之際，曾深刻的作〈原君〉一文，表達對傳統「政治」謬論的控訴；然而，時過境遷，其影響能有多少？至少，可以由此確定的是，李光地的「君父」一體的觀念，是相當鮮明的，其效忠於康熙帝，意圖拉近彼此距離的親密概念，仍然是積極的，其借編纂《折中》，以達理念之推展，於此看來，是衡互於其心中的。

〔註166〕簡博賢師：《今存三國兩晉經學遺籍考》〈自序〉（臺北：三民書局，1986年2月），頁1。
〔註167〕楊家駱主編：《新校本史記三家注并附編二種》卷八〈高祖本紀〉，頁387。

第十章　結　論

　　學術研究是一條歷史長河，在歷代學者的研究中，不僅有著續承前賢的
責任，也有啓發與提攜、指引後學的義務；另外，更重要的是，他還要面對
其政治環境所引起的時代課題，因之所產生的「焦慮」感，給予合理的說明、
安排、甚至解決，在「憂患意識」的責任使命下，以祈望後人能有更好的生
活條件；因此其學術研究，並不是僅存學術眞理對內聖修爲的探索，而是更
有著解決時代環境之困難，以進一步展現：「齊家，治國，平天下」的外王企
圖心，這是學人秉持自我責任最具體的任務，誠所謂：「風簷展書讀，古道照
顏色」，「仼重道遠，死而後已」等等說法，是爲學者治學意圖最明確的闡釋。

　　就《易》學研究的價值，亦是如此，不僅有學術性，還涵有積極政治性。
〔註1〕以朱子爲例，他從歷代前賢研究成果中接棒，經其思考、消化，再加上
「時代課題」的刺激後，提出了新思維，這些內容中，包括《易》學的重要
題材，諸如：「《易》本卜筮之書」、「卦變說」、「經、傳分編」等等，進而於
「解《易》的方法」與「《易》學史觀」中扼要的總結，構成了朱子的《易》
學體系，其中內容是環環相扣、前後呼應，用以建構出有「學理依據」亦能

〔註 1〕　程發軔說：「《易》……其他各卦，莫不以陽統陰，以君馭臣，以婦隨夫，
　　　　以父率子。我國數千年來之倫常綱紀，又皆受易經之支配矣。」《國學概論
　　　　（上冊）》（臺北：正中書局，1986 年 7 月臺初版第十六次印行），頁 48。
　　　　依此，則知《易》學思唯對於傳統上是全面性的。只是，本研究要強調學
　　　　者於政治上的感受，是以討論重點落在此方向。誠如錢穆先生所云：「政治
　　　　問題可稱是人類文化中很重要的一部門，如果政治有辦法，此外許多問題
　　　　也較有辦法，政治問題不能有好解決，社會就不可能存在。」《中國歷史精
　　　　神》（臺北：東大圖書公司，1987 年修訂 5 版），頁 19。此爲本研究所服膺
　　　　之進程根據。

解決「時代課題」且要「指引後人」的三項任務。因此，本研究認爲，討論朱子《易》學的某些觀點，倘若與之前學者有迥然不同時，絕不可挑出僅做單獨討論，那是會誤解其蘊涵義理，甚至會導致在漫無邊際的論述中，使得問題失焦；因爲沒有體驗此意識，卻又積極以糾正者、諍友等觀點自居，致使評論過程，始終沒有掌握到朱子《易》學的問題核心；簡單講，就是「斷章取義謬誤」所產生的現象罷了！對於有關朱子《易》學的負面論點，大抵均是由此衍生。〔註 2〕

研究者對朱子《易》學討論，之所以會有「斷章取義謬誤」的現象，問題其實是很容易挑出的，那就是，他們都是借批評前賢，以建立自己所堅信的學術觀點，也就是說：「任何解釋的出發點與終點，無不是人們自己的『世界觀念』，解釋的本質就在於把解釋者的世界觀念展示出來。」〔註 3〕因此，後代研究者針對朱子某一項論點的論述與批判，其實都是已有先入爲主的信念，在「此一述朱，彼一述朱」的風氣裏，看似在標榜、尊崇的舉動過程，就只能選擇某些合乎研究者當下預定立場之議題去廣爲闡述，以致誤解了朱子《易》學用心，因此當研究者僅就其各別措辭與單一理論意圖，而未能深入探討其內在「蘊涵」時，則朱子學術價值，當然也就很容易被斷定是不合傳統，其《易》學存在價值也隨之蕩然無存了。

就王夫之爲說，由於有著「明、清政權易鼎」的時代課題爲其「基源問題」，當「內憂外患」的焦慮產生時，縱使有心挽救，卻在於政治場合上，體會挫敗與無奈，則返向激起「憂患意識」，其對文化保存與承傳的責任感，並對於聖人經典的維護與詮釋則是積極的。是以當反應於《易》學，首先看到

〔註 2〕 劉岱説：「反覆討論文化的基本結構與性質，主要在説明各個文化間的共通性：文化是一個完整的實體，不能機械的分割爲精神和物質兩個獨立的層面。因此，文化人類學、社會學和文化史的研究者，在分析一個文化社會的政治制度時，必不能忽略形成這種政治制度的思想原則；評論一個文化社會的經驗結構時，也必要進一步去了解此一經濟結構背後的價值觀念；研究一個文化社會的科學技術時，必須探索這科學技術發展的哲學基礎；欣賞一個文化社會的藝術文學時，也必要領略蘊藏在這些作品中的觀念情操。」見《中國文化新論·序論篇·不廢江河萬古流》（臺北：聯經出版公司，1990 年 2 月第 6 次印行），頁 21～22。依此可證，要掌握一家學問，如朱子者，必然也是要同劉先生所説的，對整體概念的掌握；因此，説朱子「《易》本卜筮之書」，不可單就於「卜筮」打轉，而是要全面釐清朱子之用心與目的。

〔註 3〕 潘德榮：《詮釋學導論》（臺北：五南圖書公司，2002 年 9 月初版 2 刷），頁 217。

朱子竟說：「《易》本卜筮之書」時，其目光就不離「卜筮」二字，而且就僅在「卜筮」二字打轉，致使有深刻的感到無限「焦慮」壓力，而無法充分的瞭解究竟朱子的意謂爲何！〔註4〕因此，王夫之積極強調「占學一理」，證明「占筮」者是借「鬼謀」以輔助「人謀」去掌握「天地不測」之機，進而將「占筮」這種看似迷信而消極的行爲，其實是蘊涵無限人文價值的創生意義，如此一來，不僅可以將朱子之「《易》本卜筮之書」的「本」轉化，既不違背歷史事實，又能闡揚經典價值。再者，王夫之又見到朱子主張「經、傳分編」時，又感到聖人經典被割裂，則「焦慮」又生，次續提出「象爻一致，四聖一揆」，積極闡述於無論是「政統」亦或「學統」，都是一脈相傳的慧命共續，其精神是一致的，則其價值也是相貫的。接著，又見朱子論「卦變」時，不僅懷疑朱子何以一方面採用漢、魏「象數」流弊之術以及邵雍等「畸人」所設迷信之圖，另一方面，竟輕易的又發現朱子「卦變」體系完全不一致，不知如何用來解釋紛紜卦象？種種現象以及衍生的諸多疑點，而且都是明顯易見，致使王夫之提出措詞強烈的質疑著朱子，何以會有如此離譜的學術表現！最後結論出就《易》學史上，朱子地位是可以除名的，因此，王夫之會說：「朱子師孔子以表章六藝，徒于《易》顯背孔子之至教。故善崇朱子者，舍其注《易》可也」〔註5〕的論點；依據陳來的研究所得，認爲：「王夫之對朱子的推許，應當說已經達到了相當高的程度。」〔註6〕對於王夫之這樣的推崇朱子學術現象，卻又否定朱子《易》學價值，乍看之下，王夫之的「朱子學術」看法有其相異處，但是在嚴肅而崇高的《易》學文化傳承上，以及所面對的時代課題焦慮下，必然要對朱子《易》學，給予嚴厲批判。

〔註4〕　劉岱說：「研究歷史的人，對任何問題的討論，總喜歡用比較長遠的歷史透視的觀點去看它。……歷史透視的觀點，對於任何問題的討論，會給人們提供一個在時間上較有深度的認識和了解。」見《中國文化新論・序論篇・不廢江河萬古流》，頁 32。就王夫之有關「史書」方面著作有《讀通鑑論》、《宋論》，因此，在理論上是合乎劉岱所說的視野條件；但是，本研究仍要指出，王夫之就朱子「《易》本卜筮之書」說的掌握，就不是在此視野下進行，僅是切割下的單一討論，是以無法眞識朱子用意；難怪勞思光說：「顧船山此類著作，大部皆承文人作史論之舊習；隨取一事，發揮議論，并非對整個歷史之意義，或歷史知識之標準等問題，作嚴格析論。」見《新編中國哲學史（三下）》，頁 685。勞先生此說，於本研究的闡釋後，的確是可以成爲定論的。

〔註5〕　王夫之：《周易內傳發例》第 24 則，頁 382。

〔註6〕　陳來：《詮釋與重建──王船山的哲學精神》（北京：北京大學出版社，2004年 11 月），頁 13。

　　朱子畢竟是公認的重要學問家，雖然有王夫之代表著對其「《易》本卜筮之書」說的批判，但是，在李光地來說，則對此主題試著予以闡釋，以證其有正面積極義，為李光地重要的續承任務。雖然學界普遍認為李光地編《周易折中》是秉持康熙帝旨意，有著特殊任務，是背負著「政統」與「學統」兩項時代需要，但是，不可忽視的是，李光地並非康熙帝的「影武者」而已，他也有積極認同朱子學說的熱忱，因此，其所闡揚朱子《易》學，仍是具有個人的學術觀點。就朱子最被爭議的「《易》本卜筮之書」、「經、傳分編」等兩項主題，李光地其翼護理由是：《易》者的確是「卜筮」之書，那是伏羲所處的莽荒時代，為了教導無知庶民趨吉避凶的權宜手法；至於《易》是「卜筮」的外表，充滿著被解讀角度的無限可能，簡單的講，它是有著「象數」形式，以蘊涵無限人事「義理」，因此，說「《易》本卜筮之書」是「神道設教」，後代學者不需否認其「卜筮」事實，更不用否定其「象數」形式，唯有充分理解，方能將無限「義理」掌握；而這些蘊涵，後繼者有文王、周公的「捨惡從善」的象爻辭敘述、有孔子各種〈易傳〉內容對條理與方法的體驗；這是李光地認為構成了先秦《易》學傳承的體系。李光地又認為，於漢、魏時代時，治《易》理解者的掌握卻斷層，竟誤解了《易》學意義，直至宋代有周、邵、二程等學者，才又接續先秦，終至朱子「《易》本卜筮之書」，才又將從先秦至宋代的斷層補綴，《易》學史精華方能再呈顯於學界，使治《易》者無疑於「卜筮」的窘境。

　　考察三家就「卜筮」此一主題的論點，其實李光地對朱子的「《易》本卜筮之書」之體會，在「文化承續」的角度來看是正確的，並且與王夫之的觀點也是一致的；也就是說，對於《易》是「人更三聖，世歷三古」的時代傳承性與內容豐富性，終究殊途同歸、百慮一致的，不僅朱子認同，王夫之、李光地也認同，更是中國文化研究者所共識的。可是，本研究要積極指出，就於朱子說「《易》本卜筮之書」的蘊涵，是不僅僅只是在強調「人更三聖，世歷三古」而已，他是有著豐富蘊涵的內容，可惜是王夫之與李光地均未深入瞭解，致使無論是否定、還是肯定等立場，都僅能就朱子其中一項指謂討論，當然也就盡失朱子「《易》本卜筮之書」的學術用意了。所以說，無論是王夫之的負面批判、或是李光地的正面翼護，其實都是無識朱子《易》學用心！

　　《易》是「卜筮」之書，學者人人會說，然而，他們大旨僅在作歷史現象的描述；而朱子「《易》本卜筮之書」的說法，是有著價值蘊涵，而其討

論過程，是要搭配著「經、傳分編」的版本依據，以構成完備《易》學源流體系。因此，吾人單就王夫之與李光地仍採用「以傳附經」的版本時，就知道他們是堅信「以傳解經」之「孔子」標準，為唯一價值的態度，當然，就可知其不識朱子何以要一再強調「《易》本卜筮之書」的意圖了！畢竟，說「經、傳分編」，是要說明〈傳〉的內容，雖是要解《經》而作，但是〈傳〉不等於《經》，〈傳〉僅是解《經》的其中一家之言；至於「以傳附經」，則〈傳〉一定要依附於《經》時，才能顯見其理；到了「以傳解經」時，則是標榜的《經》一定要透過〈傳〉的解析，方能有著義理價值，彼此不僅是唇齒一致而已，而是「孔子」觀點，才是唯一的主流標的、價值肯定了。所以，或說「經、傳分編」、或說「以傳附經」、「以傳解經」等等版本現象，此二類三說所產生之概念，是有著懸殊的文獻學推衍意義，仔細分析是有著六點價值可以探討：

1、《易》為文化之根源，前聖後賢，一脈相傳，堅信：「蓋孔子所贊之說，即以明〈彖傳〉、〈象傳〉之綱領，而〈彖〉、〈象〉二傳即文（王）、周（公）之〈彖〉、〈爻〉，文、周之〈彖〉、〈爻〉即伏羲之畫象，四聖同揆，後聖以達先聖之意，而未嘗有損益也。」〔註7〕此說，王夫之可以為之代表。

2、〈十翼〉是孔子所作，則《易》之卦象及卦、爻辭之結構蘊藏，要借孔子的解說而顯價值，所以《經》文之後，立即編排孔子之〈大傳〉，以顯其價值；如皮錫瑞《易學通論》之主張：「論《易》至孔子始著，於是學士大夫尊信其書。」〔註8〕可為代表。

3、〈十翼〉雖不是孔子所作，然而卻是將《易》從卜筮的原始宗教位階，提昇到哲學智慧地位；如戴君仁說：「十翼借卦爻辭發揮義理，化迷信為哲理，這是了不起的轉變。」〔註9〕就是如斯主張。

4、〈十翼〉是孔子作，但是各有時代需求性，孔子僅是《易》學史上一家之言，則各家價值並存，因此《經》文與〈傳〉文分開討論是正確的，如此可得學術自由與欣賞雅量；正如朱子主張：「今人讀易，當分為三等，伏羲自是伏羲之易，文王自是文王之易，孔子自是孔子之易。」

〔註7〕 王夫之：《周易內傳發例》，頁345。
〔註8〕 皮錫瑞《經學通論‧易學通論》，頁10。
〔註9〕 戴君仁：《談易》，頁12。

〔註 10〕可爲說明。

5、〈十翼〉與孔子無涉，則僅有單獨存在價值，列於其當時代討論即可，如勞思光《新編中國哲學史（二）》之說：「〈易傳〉及《禮記》中所含之某些形上學觀念，並未在漢儒學說中迅速發生影響。此種觀念發揮影響，實以北宋時爲盛。」〔註 11〕

6、〈十翼〉與孔子無涉，則可摒棄不談，以免產生偏見，而致使影響學術觀點的錯誤建立而受害；如《古史辨》派之李鏡池之看法：「十翼……其實這座建築在沙上底樓臺，一方倒塌了，全座也就站立不住。」〔註 12〕可爲代表見解。

以上六說，均有著不同的出發點與信念，則其推衍之後，自然會得出不同懸殊結果；因此，當採取那一種觀點進路，勢必會得出不同的見解而足以改變整個《易》學史架構，甚至整個文化史的意義也會迥然不同，若說「謬之毫釐，差以千里」並非誇張。由此也可以旁證，同樣的史學材料、同樣的經典內容，通過不同研究者的「成見」後，是會有著眾聲喧嘩的結果，而這其中是蘊涵著研究者的觀念價值，正如潘德榮所說：

> 一切解釋在形式上追溯著『原意』，然其實質卻是解釋者自己的生命
> 體驗之表達，解釋過程乃是解釋者的世界觀念的展現過程。〔註 13〕

也就是說，研究者其實都是在做「藉題發揮」的工作，其任務是借著《易》學原典的基礎，來驗證其心目中的學術理想國的建設。因此，朱子的「《易》本卜筮之書」說有其價值意義，王夫之「占學一理」說也同樣有其價值意義，單獨來看，本都是各有精彩面貌；然而，王夫之不瞭解朱子的「《易》本卜筮之書」是「解釋者自己的生命體驗之表達」，就從「焦慮」中積極的激起「憂患意識」，汲汲將朱子「卜筮」說否認並重新闡釋，深怕朱子此說會污衊《易》學文化、甚至整體之中國文化。另外，李光地見朱子學被誤解，以翼護心理也「焦慮」著而產生積極「憂患意識」予以再闡釋；但是李光地仍然沒有觸及到朱子的核心價值，只能任意遊走於外圍，提出言不及意、似是而非的觀點罷了。所以，本研究斷定，王夫之與李光地就「繼承、批判」的概念下均

〔註 10〕黎靖德編：《朱子語類》卷六十六〈卜筮〉，頁 648。

〔註 11〕勞思光：《新編中國哲學史二》，頁 104。

〔註 12〕李鏡池：〈易傳探源〉收入《古史辨》第三冊，頁 97。

〔註 13〕潘德榮：《詮釋學導論》（臺北：五南圖書公司，2002 年 9 月初版 2 刷），頁 220。

誤解了朱子《易》學，是以其接著所「發展」的《易》學內容，自是有著不同學術面貌。

王夫之、李光地對於朱子《易》學的種種解釋現象，都是礙於對朱子「《易》本卜筮之書」的「卜筮」，而疏忽了「本」字之意旨，倘若先知悉「本」字，可以有其意就是「源頭」之意，而說「源頭」本意，並未否認《易》可以有「義理」之內涵性與推衍性；正如 ·「詞」可以有本意、引申意、假借意等三項，不可說只有「本意」、甚至保守的僅取「本意」來否定之後衍生的「假借意」的運用，如此一來，則文字必然僵化，導致縱使有再多的文字，也無法呈顯日漸多元紛紜的人、事、物等現象的描述。討論文字的特質，此一道理本無難處，但是何以運用於文章用辭的理解，卻又誤解叢生？況且王夫之也有《稗疏》等書之作，依《四庫提要》介紹王夫之《周易稗疏》治學特色時，即云：

> 遇有疑義，乃爲考辨。……言必徵實，義必切理，於近時說《易》
> 之家，爲最有根據。……卷帙雖少，固不失爲徵實之學焉。〔註14〕

則王夫之對文字考據與駕馭能力、以及其運用概念都是具有客觀性與細膩性的，但是，對於朱子「《易》本卜筮之書」的「本」字，卻又無識於箇中的蘊涵。其實原因並不難探究，僅因爲王夫之也是要建立其「解釋者自己的生命體驗之表達」，因此與其說批判、糾正朱子之說，不如說是借朱子之學，以「對比」出其學術建構之不同點，並鮮明的呈顯其特質。

王夫之說朱子《易》學是如此，同樣的，李光地說朱子《易》學亦是不離此範疇；也就是說，學者都在述《易》學，其實都是借「闡述」以建構其學術體系，不論是對前賢或認同、或否定、或修正，都是在呈現其心目中的「世界觀念」之形象；再借取潘德榮的解釋，他說：

> 從詮釋學的角度看，在人們理解與解釋之前，已先在的擁有了一個
> 理解的『前結構』（Vorstruktur），亦即解釋者的『世界觀念』。人們
> 既不能懷疑先賢之著述的真理性，又無法捨棄自己的『世界觀念』，
> 其結果只能是這樣：將它們按照自己的理解解釋出來，最終卻要冠
> 之以『原意』。各種解釋的技術手段就是被用來證明自己所理解到的
> 『原意』之合理性的。〔註15〕

〔註14〕紀昀等編：《四庫提要·周易稗疏》，頁 85～86。
〔註15〕潘德榮：《詮釋學導論》（臺北：五南圖書公司，2002 年 9 月初版 2 刷），頁

因此，比較三人《易》學理論觀點，可以發現彼此差異，並進而探討其產生差異的原因，是有著當事者時代課題與其對學術的前繼後續的理解，當然，更重要的是其獨一無二的自覺性，這些條件交會融合後，就建構出其理論體系的完成，即是其「世界觀念」也。所以研究者都在建構其「世界」，後代研究者在此基礎下，也繼續著同樣任務。

朱子說「《易》本卜筮之書」的蘊涵，除了上述所引「人更三聖，世歷三古」的文化傳承神聖性之外，本研究認為是尚具有下列豐沛價值：

第一點、「《易》本卜筮之書」是研讀「原典」，以求學理還原的具體步驟。

第二點、「《易》本卜筮之書」是破除權威束縛，以求自由思維的活潑創造。

第三點、「《易》本卜筮之書」是包容諸說、允許進步與開放的闡釋精神。

因此，就王夫之的批判否定，還是李光地的積極翼護，其實都沒有真正掌握到朱子的學理蘊涵。若能如實體會朱子之說，則「焦慮」感必然驟減，對中國文化的信心，也就重新燃起信念；本研究初步認為，這就是中國文化能夠延續不斷且影響不止的箇中生命旺盛力，所以對於朱子學術的體會，就是對中國文化包容雅量及創造力的體會。錢賓四先生說：

> 中國學術史上，中晚時期，只有朱子一人，綜合了經史子集四部之學。一面加以分析，一面加以綜合。分之則極其圓，無一處不到。合之則極其通，無一處不達。批評各家短處，而無不兼采其長。酌取各家長處，而無不避免其短。真所謂即物而格，而無不到其極處，而又能豁然貫通了。後人尊之以為孔子之後之唯一集大成者，朱子誠可當之而無媿。〔註16〕

本研究認同錢先生之見，受其啟發後而知朱子「《易》本卜筮之書」真正蘊涵，是以亦深信錢先生此語必然甚為得當，足令後學駙尾之我，服膺不已。

朱子的「《易》本卜筮之書」理論，透過「經、傳分編」的版本歷史事實，以取得堅強依據後，開始要運用於其他《易》學理論表現；然而，就其「《易》本卜筮之書」已被誤解，則衍生論點，也難逃此種結果，而最深刻的遭受到學界猛烈批判者，莫過於朱子的「卦變」說。朱子的「卦變」說有兩種途徑

217。

〔註16〕錢穆：〈朱子學術述論〉收入氏著《中國學術通義》（臺北：臺灣學生書局，1993年2月增訂3版4刷），頁132。

呈現，一是《周易本義》前的「九易圖」中的第九圖，即稱爲〈卦變圖〉，一是於《周易本義》的注中，特別是於〈彖傳〉注所云的：「卦變」或說：「又自某卦來」等等。在比較朱子這兩種說法時，卻明顯發現，彼此之間是無法一致的，因此，後代學者也就討論不斷，包括王夫之與李光地也是其中之一。

就這個主題中，本研究發現，一直秉持翼護朱子學不遺餘力的李光地，卻也義正詞嚴的作〈卦變辨〉，明確指出根本沒有《易》學「卦變」說，也就是說，完全否定朱子的看法。針對此點的討論，究竟孰優孰是，可以暫且擱置，畢竟「卦變」於目前學術觀點上仍是紛歧，實非筆者目前學力所能置喙；然而，吾人可以察覺的是，李光地其實也有自己的獨立學術觀點，或許，可修正學界普遍認爲李光地僅是朱子的「復述」之論，是不確實的。

至於王夫之的「卦變」說，乍看之下，與虞翻之說或朱子之〈卦變圖〉的形式是相似的，但是仔細分析則又有不同理論。朱子言「卦變」十九，王夫之「卦變」僅有十五，不僅卦數不同，卦象取捨與所變條件也截然不同，。朱子論「卦變」是要證明「伏羲」《易》學系統，是未有文字前的天地自然之卦，此說是透過邵雍《易》學的啓發而成，與《易》本卜筮之書」的概念，可說是體、用關係，而得前後呼應之完整學理建構；王夫之論「卦變」之根據，是來自其《易》學理念核心，即「《乾》、《坤》並建」說，強調各卦的表現都是陰、陽諸爻的「隱、顯」現象，是不分先後、且一時具存云云。有趣的現象是，朱子與王夫之都論「卦變」說，內容雖有不同，但是對於漢、魏《易》學家的「卦變」說之否定與批判卻是一致，特別是虞翻的條例的否定，可說是學界共識。然而，在眾家不同用心下，吾人仍可將之分成兩大系統，以簡博賢師所云：「一在計數排量，務求整齊畫一；一在卦變說易，以見辭卦脗合。」〔註17〕是知，虞翻者，乃屬於後者，而朱子、王夫之則屬於前者。然屬前者之朱子、王夫之亦有不同進路，以建構不同學術體系；朱子「卦變」說，取「伏羲《易》」之說法，此時尚未有卦爻辭，當然也就沒有像虞翻用心，要作「辭卦脗合」之必要，而朱子「伏羲《易》」是與《易》本卜筮之書」的說法，則是相呼應的。本研究要指出的是，《易》學家條例，其理論都是其《易》學體系建構的一環，是以有著完整性與理論性，因此諸家均論「卦變」，但卻有不同概念，也就是說，在「卦變」此一共名下，其實是有著不同「定義」；畢竟文字屬性本就擁有此特質，潘德榮說：

〔註17〕簡師博賢：《魏晉四家易研究》〈虞翻易學研究〉，頁45。

文字與文本的意義在流動著、變化著，每一時代的人都在爲『意義』
之流作出自己的貢獻，在爲我們以爲某些『意義之流』乾涸、流失
的地方，那些『意義』正是以特定的形式沉澱在文化傳統之中。只
要人類還在延續，人們所領悟到的意義整體總是在增長著。〔註18〕
對於文字的解讀，潘德榮所說的是客觀下的正面意義；但是也有學者，因其
學術「焦慮」而導致誤解前賢用辭之意，譬如上述已說明的「《易》本卜筮之
書」的「本」字，朱子所要強調的，同樣的被後人給誤會了。因此，同樣的
說「卦變」，必然會有不同的定義，這是本研究所要釐清之處。

就於《易》學條例是否有「卦變」說者，是一回事；就後人對前賢的「卦
變」說之批評，又是一回事。本研究討論重點不在《易》學條例是否有「卦
變」說或需不需要「卦變」說，因此，對於李光地的直接否定「卦變」說，
以及間接否定朱子「卦變」說的看法，吾人可以僅僅點出現象，而不須去評
論甲乙、判定優劣。但是可以確定的是，就於虞翻、朱子、王夫之三人均論
「卦變」，且是後人是批判與否定前賢的現象，必須指出，那是朱子對虞翻說
確定是誤解了，而王夫之對朱子也同樣是誤解了，誤解原因在於各人有其學
術體系的建構以及對「同名異實」的內容未能掌握，因而所產生的學術現象。

中國學術的分類特色，以宋明時代來說，學界都以「理學」作爲其特色
代表，而「理學」基礎，則是由《易》學爲底蘊，而《易》中所提到的「太
極」概念範疇，則爲萬理萬事之來由是爲學界共識。對「太極」一詞的運用，
朱子可謂給予相當大的重視程度，陳來說：

> 朱熹《太極解義》所要解決的問題，歸根到底，是人性的本體論
> 來源問題。按照《太極解義》的基本思想，在陰陽動靜的流行過
> 程中太極與陰陽不離不雜；在陰陽之氣不斷構成具體事物之後，
> 太極仍在陰陽之中并隨之轉變爲人物之性。從而每一具體事物無
> 不是無極之眞與二五之精的結合。因此不但人性在直接意義上就
> 是稟受而來的天地之理，而太極渾然全體也普遍存在於一切事物
> 之中。〔註19〕

朱子此一概念，影響後人甚巨，時至明末清初亦是時代顯學，仍有許多學者

〔註18〕潘德榮：《詮釋學導論》，頁 220～221。
〔註19〕陳來：《朱子哲學研究》第三章〈理氣先後〉（上海：華東師範大學出版社，
　　　2000 年 9 月），頁 80～81。

自詡爲理學家而多加闡釋，〔註20〕其中當然也包括王夫之與李光地，也就是說，就《易》學角度，或許對朱子有所批評，但是就「理學」之「本體根源論」來自「太極」者的論點，則是絲毫無異議。強調「太極」是本體，至於本體是要衍化，方能產生效果，此即「理一分殊」概念反應於《易》學的具體表現；此一推衍過程中，在「卦序」的看法裏，最顯見彼此的不同。

朱了從今本的〈序卦〉開展，而今本〈序卦〉的基本觀點是以「生生」爲原則，即後一卦是由前一卦而來；但是，王夫之卻不這麼認同，他以「【乾】、【坤】並建」爲基準，強調六十四卦是「一時俱存」，至於各卦陰陽爻的呈現，都是「顯、隱」而已；至此，王夫之進一步認爲今本〈序卦〉根本就是違背聖理，可以棄離於系統之外，而另訂所謂新〈十翼〉系統，是爲：「若夫〈十翼〉之說，既未足據；即云〈十翼〉：〈文言〉一，上下〈象傳〉二，〈大象〉一，上下〈象傳〉二，〈繫辭〉上下傳二，〈說卦傳〉一，〈雜卦傳〉一。〈序卦〉固贅餘矣。」。〔註21〕本研究有此章節之設立，就是要凸顯王夫之此異於傳統的新見解。至於，李光地於〈序卦〉的注解中，除了承續朱子觀點之外，最大特點就是引進西方「數曆」之學，以迎合康熙帝對新學的熱忱，但是過份強調西學源自中學的自尊感，不僅凸顯對西學的無識，也間接展現個人的自大與自傲，就發揚《易》學任務之客觀性來看，殊無任何助益。

總而言之，朱子、王夫之說〈序卦〉觀，它是從「太極」概念所產生的，三家討論「太極」之目的都在建立一項終極本體、源頭，。然而「本體」畢竟是要衍化才能產生效果，即是所謂的「理一分殊」之概念，而對於衍化的過程，則各家就眾說紛紜了。朱子採用邵雍「加一倍法」，王夫之採用「同時共生法」，而他們所採用的基本概念，與他們的時代課題是有關係的，因此以客觀立場來衡量，無法說孰優孰劣，畢竟《易》學本身就是開放的性格，是允許不同體驗；是以本研究僅能對照出朱子、王夫之不同處理之觀點而已。但是就李光地僅是一昧闡述朱子觀點來看，中間雖然也有強調作者爲孔子，

〔註20〕 周志川：〈朱子太極觀對後世的影響——以清初理學家爲中心〉（開南管理學院通識教育中心《通識研究集刊》第三期，2003 年 6 月），頁 195～208。本篇論述清初學者有陸隴其、熊賜履、王夫之、黃宗羲、方以智、戴震等人，可證清代就朱子「太極」觀是有深厚興趣。另外，本篇題旨爲「清初」，因此大都以明末遺臣爲主，但是又觸及「乾嘉時期」之戴震，實已脫離「清初」年代了，若說戴震可涵蓋，則康熙時之李光地應納入，但本篇卻又沒有述及；因此，建議其題旨有修正必要、或是將戴震先抽離。

〔註21〕 王夫之：《周易內傳發例》第二十則，頁 376。

以及加入西學概念來詮釋，然而其目的僅是要證明中國文化之權威性，以及所謂西學者，中國自古也有的優秀傳統，即是所謂「西學中源」說，〔註22〕總之，李光地是積極擁護並信仰〈序卦〉的無限蘊藏性，如此一來，並沒有真正虛心去瞭解文化與認識西學，而且也僅在比附《易》學，並非在發揚聖學，「離之雙美，合者兩傷」，李光地之〈序卦〉觀，於目前的學術立場來看，當是要被批判的。

　　〈大象傳〉在傳統以來，一直是被學界公認為最富有人事義理，且其人事義理是由觀天象而得，更足以應證「天人合一」的終極價值。就本研究取朱子、王夫之、李光地三家對〈大象傳〉作者來看，大抵都歸為儒家聖人所作之範圍，然而若就卦象結構來看，朱子則以為是較為鬆散，而王夫之則認為深具人事義理，在《易》學架構下，大都不離「筮占」的出發點下，唯獨〈大象傳〉是與「筮占」行為無關的；至於李光地，擅於取〈彖傳〉與之相應證，除了是要標榜聖學以外，更要證明《周易》與〈易傳〉是「四聖一心」，將「經、傳」一致的觀點，更推向高峰。至於三家借〈大象傳〉而闡釋其學術體系，實與時代課題有著相吻合的用意，特別在對比視野觀照下，更能呈現彼此不同之用心。朱子於〈大象傳〉所注內容不多，更多是不注一語，而其用意是取《程傳》義理為主，即是朱子所云之「程傳備矣」之意；眾所皆知的，《程傳》乃取「理學」觀點以入《易》，而就「理學」主要內容是要發揚人性光明面，是以對「情、欲」等負面情緒，多採否定立場，是以程、朱此論，就政治立場上，於安定社會有著迫切需要，因此列為官學也就不言可喻。然而時移至明末清初，由於新舊交替，政治力一時無法有力框限，因此學界在人性論的見解上得以有鬆綁空間，產生有異於宋代理學現象，特別是主張「人欲即天理」，強調氣質即是善，因此就於「情、欲」已有肯定其應有價值，是以王夫之在此學術環境下，其〈大象傳〉注解裏，就有多處觸及。可惜此種肯定人性「情、欲」的尊重，隨著滿清政局的穩定，又稍見略減，至少在李光地的《周易折中》〈案語〉裏，是沒有順承王夫之等人的觀點，反而是又回溯至朱子學觀點，以迎合康熙帝治國安邦的倫常需要。因此考察李

〔註22〕參閱韓琦：〈白晉的《易經》研究和康熙時代的「西學中源」說〉（臺北：《漢學研究》第 16 卷第 1 期，1998 年 6 月），頁 185～201。又葛兆光：《中國思想史》第二卷第三編（上海：復旦大學出版社，2005 年 12 月），頁 336～359。即在討論「西學中源」說，以便消解當西洋學術侵入傳統中國時，中國傳統學人如何消解此一「焦慮」。

光地〈大象傳〉注，幾乎都是對朱子學的繼承，而縱使有創新的觀點，也在汲汲營營的配合康熙帝；康熙帝是熱忱於西洋科學，是以李光地以科學解〈大象傳〉甚至全部《易》學架構者，也是時有所見。但是不能否認的是，李光地並非僅是朱子之影武者而已，其以〈大象傳〉取象角度論人事義理，亦有不同於朱子，有時是極端「三綱」權威心態，超出朱子觀點甚多，有時更取唐代以來，早就被污名不堪的虞翻之說爲證，這些舉動所代表之意義，即在說明，李光地仍有跳脫朱子學權威、帝王意志權威的學術自主性。總之，三家同樣是注解〈大象傳〉，但是隨著治《易》用心與時代課題等等條件不同，因此在賦予具體內容與詮釋價值，三家是明顯不同。

　　《易》學史觀，是《易》學詮釋中，把前人的成果納入自己的視野下進行檢討，分析其詮釋思路方法，批判其詮釋過程中的過失，尋找合乎或貼近自己詮釋的觀點和成果，爲我所用，建立既不同於前人又與前人有著千絲萬縷聯繫的《易》學系統；是以三家都有其積極的解讀，當然，王夫之與李光地更是會以朱子觀點基礎下，作不同的或延續的解讀。首先，就《易》學傳承的共識上，三家之說，完全依照孔穎達《周易正義》的架構，蓋從〈繫辭傳〉到、司馬遷等論學系統，就已將《易》學「四聖一心」或「四聖同揆」的架構，建立的非常穩固，形成了一種普遍信仰，因此，無論是朱子「四聖一心」或王夫之「四聖同揆」，甚至李光地再加「四賢說」，他們在原始出發點的普遍信仰是一致的。所以，對「伏羲」爲《易》的首創地位，可說絲毫無異議。另外，對孔子與《易》學關係，均持正面相信與肯定，甚至將《論語》中，記載孔子論《易》的條文中，朱子與王夫之都將「五十以學《易》」句，解讀成「卒以學《易》」，知其二人都堅信孔子是有作〈易傳〉、或是與孔子是有關係的。最後，對於「卜筮」意義的解釋，或許有所不同，但是均持正面肯定；這種肯定，象徵著中國文化早在殷末周初，就呈顯相當成熟的人文自覺，借「卜筮」以呈現「憂患意識」的高級思想，這是三人的學術堅持。但是，由於三人分處不同時代，是以因「時代課題」不同，所衍生不同的《易》學史觀，乃理之必然；朱子要借邵雍《易》學體系，以建構其「理學」系統，以對抗佛、老異教，而王夫之時代，佛、老異教已非當務之急，是以在客觀立場下，必然指責邵雍體系非孔門精神，至於政權易鼎，天崩地解，方是其汲汲營營用心所在，王夫之相信《易》學是「四聖同揆」，傳承上是「未嘗損益」，只要文化脈絡不斷，國祚就能延續不停；至於異族入關、治領朝政，那

僅僅是對中原文化的再考驗契機，對整體來看，絲毫不構成破壞。相較於李光地心目中的《易》學史觀，除了與朱子觀點完全相同之外，還更加張揚「四聖之後，四賢之功，爲不可掩」的承續，並有意無意的要說明，到了清代，他才是正統《易》學史的再接續者。因此，其所闡述的朱子《易》學史觀，都是不離其「鞏固政權」的時代課題來思索。所以說，李光地的政治性格其實是大於學術性格的。

　　《易》道無方，而理潛無形，是以有貴於「方法」之善用，以求其所蘊涵無窮之理也，其用心亦在累積原典解讀成果、以求帶動更進步的現象，因此，身爲後學者，有責任要將先賢之「方法」善加應用，以完成承先啓後之任務。況且《易》書年代久遠、文字簡古、且源於卜筮之神秘性質，諸多複雜的因素，構成多元的詮釋可能，是以後繼者之接棒研究，必須有前賢「方法」基礎下之導引，以便登堂入室，一窺堂奧，體會《易》學究境之界。今觀朱子解《易》方法，計有十四種，是爲：「二體釋卦名」、「二體之德釋卦辭」、「二體之象釋卦辭」、「卦變說」、「成卦之主」、「應」、「乘」、「中正」、「當位」、「消息卦」、「論象」、「互體」、「小學訓詁」、「群經互證」等等，其中有承續前人之說，有自己所要強調之不同的重點；頗合乎所謂「繼往開來」的學術地位與價值。

　　至於，王夫之解《易》的方法概念中，反對僵化、固定的解《易》模式，對於歷代所使用的各種方法，不否定也不全盤接受；以何種體例解釋卦爻辭，並無固定的公式，而是因時取義；因爲，從自然界到人類生活，皆無永恆不變的模式，所以「學者不可執一凝滯之法」，甚至說「不可爲典要，唯變所適」的精神，就是王夫之最高的《易》學指導原則，相信也是治《易》者普遍的理念。另外，王夫之除了延續前人條例外，更發揮「象爻一致」、「相孚說」、「中四爻說」、「卦主說」、「卦變說」等五種，完全是異於朱子的解《易》方法，充分展現王夫之的治《易》特點。相較於李光地《易》學，雖然標榜以朱子學爲依歸，其解《易》方法除了有延續朱子所提方法之外，亦有因其時代性與政治身份的明顯差異，而有了新的解《易》方法，包括「《易》例」的新解釋，有「時」、「位」、「卦主」、「初上無位」等等之說，都有著全新的詮釋內容，以符應其配合帝王需要的政治風格；另外，由於西學東進，新知識的刺激，也擴及解《易》方法的新思維，這是朱子所無法想像的時代性。最後，要強調的是，李光地之學術並非僅是對朱子學的復述而已，就字義、音

訓等訓詁方法的運用下，李光地對卦爻辭的解釋內容，有著異於朱子的觀點，這些觀點都是值得重視，畢竟它代表著，學術的詮釋是有著「繼往開來」的氣勢，終使文化得以推陳出新、綿延不斷。

　　本研究最後就「史事《易》學」的主題範圍，來考察朱子、李光地、王夫之三家的觀點，畢竟，「史事《易》學」是為應用範疇之學，其意圖證明經典的無限妙用之法門，無論後世如何演變，均可在《易》辭中找到根源，足證為「恆久之至道，不刊之鴻教也。」是以三家均借《史》論《易》、借《易》證《史》，良有以也。至於三家從其身處環境、治學用心等條件的不同課題之下，是可以得之不同面貌。由於朱子《易》學，多以「《程傳》備矣」的情況下，對於「史事《易》學」的例證不多，但是，朱子並不是《程傳》的接續者而已，因此，案例雖然不多，卻也可以體現其異於《程傳》的見解，特別是「理學」的建構，其融合〈大學〉、《易》學於一爐，以形成經典的互通性與完整性，影響後代是深刻的。至於其注解「武人為于大君」，以「柔政、填耔」為例，卻不受後繼者如顧炎武、李光地等人青睞，紛紛標舉新義，至於孰是孰非，並不是本研究討論重點，但是，由此可證，中國經典注解文化，在看似不得不「依傍於經學注解」之舉中的「經學思考模式」，其實仍蘊涵有豐富的時代性以呈顯「開放詮釋」之特質。因此，朱子可以不依循《程傳》以顯其獨立，當然，依此精神，朱子也必然鼓勵後人不用依循於他的見解。相較於李光地「史事《易》學」的觀察點，其與朱子最大不同點，是李光地是擁有大學士身份，得以入閣朝廷，長期與康熙帝共商國計的身份，甚至還奉敕編纂《周易折中》，此書名目上雖說是「折中」，其實為帝王利益為始點的態度，難免會有政治考量的投射的；因此，李光地於解讀歷史人物，必然是要站在「鞏固領導中心」為己任；另外，李光地是漢人身份，卻又置身滿清朝廷，其身份上的原罪枷鎖，致使李光地常要借機表達其對康熙帝的積極臣服，因此，借助編書、注解之便，擷取合乎本身意願的歷史事件，作為效忠的表現，畢竟是不失為有利的策略；至於「伴君如伴虎」的壓力，以至於思考如何才能「明哲保身」，必是其焦慮下的必然重點。最後討論王夫之「史事《易》學」，也是有著身同感受的現實反映，以及未來企圖的指導論。至於王夫之一直堅信「政治」是一切的根本，因此以「堯、舜」標準的設立，以便作為討論判準；王夫之也相信，滿清雖入關於中原，但是他違反天理定律，屆時仍會被漢文化給唾棄而推翻，其反應於「史事《易》學」的案例選擇與

解讀上，就是朝此信念抒發，因此，我們可以發現王夫之雖然悲痛於當下，但是卻又頗爲樂觀於未來，不僅堅信「天道」，亦合乎「悲劇性的樂天觀」的價值展現，因此，得以隨著時代的推衍，斯人雖已不存，但其精神仍具吾人效法之價值。從對比視野來看三人，就於「史事《易》學」的案例選取與解讀，當可發現，由於當下政治、身份、治學特質、未來期許均有不同面貌，所以表現的模式也截然不同，但是，他們仍然在漢、魏以來之《易》例條件下去進行解讀；由此可知，「歷史共識」的基本框架，是討論議題的必要出發點，足證學人的確是生活於「歷史」之中；從共同的「歷史」《易》例出發，再擷取合乎其概念的史事人物，去作不同解讀，因此，在解讀歷史，闡揚其間的新理念，就是在闡發吾人全新的生命體會與價值。這就是「史事」與《易》學之所以結合，而受到《易》學家注重，因而形成學術大宗的主要原因。換句話說，就「史事《易》學」之秉持者，言其所謂以《史》證《易》，其所採用之《史》事僅是一種「象徵」，提供讀者舉一反三的學術應用，就如同《易》六十四卦、三百八十四爻，作爲人生萬象的代表，若卦爻是完全指某一事一物，則人生何止三百八十四爻所能道盡，是以卦爻必須是「象徵」之理，其所言之卦爻辭則是譬喻；同樣道理，以後起之《史》事證《易》理之必然，其所引《史》事僅是其中一例，至於箇中運用與體會，端看用者存乎一心，這即合乎〈繫辭〉所云：「不可爲典要，惟變所適」之精神。相信是朱子、王夫之、李光地三人所共有的理念。

以上論述，著重之點計七項，是爲卜筮、卦變、理學《易》、〈大象傳〉、解《易》方法、《易》學史觀、史事《易》學等等，而由「政治」、「學術」等時代課題之不同給予貫穿對照之，故能得出王夫之、李光地就學術大原則雖然都是在「翼道」、「闡述」「朱子學」爲職志，但在《易》學範圍卻有著迥然不同的觀點，這在目前學術討論上，是未被注意之區塊，是以本研究不揣淺陋，予以初步點出。至於，本研究篇章設計，大抵採用，由外而內、由大而細、由體至用、由源至流等步驟來敘述，其間是扣緊「時代課題」與「對比視野」二項主題，是以能夠呈顯彼此鮮明線索及其不同的具體看法；更進一步能指出，其不同處之間的原因，充分說明「知其然，亦知其所以然」之論學要求。

參考書目

一、易類書籍

（一）引用古籍（依著者筆畫排序）

1. 孔穎達：《周易正義》，台北，臺灣中華書局，1986 年。
2. 方申：《周易卦變舉要》《續修四庫全書》冊 30，上海，古籍出版社，199 年 5。
3. 王夫之著，李一忻點校：《周易內傳》、《周易外傳》、《周易內傳發例》、《周易大象解》、《周易稗疏》，北京，九州出版社，2004 年。
4. 王申子：《大易緝說》《文淵閣四庫全書》冊 24。
5. 王弼：《周易略例》，台北，大安出版社，1999 年。
6. 王應麟：《周易鄭康成注》，台北，藝文印書館，不印出版年。
7. 皮錫瑞：《經學通論・易學通論》，台北，臺灣商務印書館，1989 年。
8. 成蓉鏡：《周易釋爻例》《皇清經解易類續編》，台北，藝文印書館。
9. 朱子：《周易本義》，上海，上海古籍出版社，2002 年。
10. 朱震：《漢上易傳》《文淵閣四庫全書》冊 11。
11. 呂祖謙：《古周易》《文淵閣四庫全書》冊 15。
12. 抉心室主人編：《清儒易經彙解》，台北，鼎文書局，1972 年。
13. 李光地：《周易通論》《文淵閣四庫全書》冊 42。
14. 李光地：《御纂周易折中》，台中，瑞成書局，2001 年。
15. 李鼎祚集解，李道平纂疏：《周易集解纂疏》北京，中華書局，2006 年。
16. 李鼎祚集解，李道平纂疏：《周易集解纂疏》台北，廣文書局，1989 年。

17. 俞琰：《周易集説》《文淵閣四庫全書》，冊 21。
18. 俞琰：《讀易舉要》《文淵閣四庫全書》，冊 21。
19. 胡渭：《易圖明辨》，台北，藝文印書館，。
20. 張載：《橫渠易説》，台北，廣文書局，1974 年。
21. 陳法：《易箋》《文淵閣四庫全書》冊 49。
22. 陳夢雷：《周易淺述》，北京，九州出版社，2004 年。
23. 惠棟：《易漢學》《皇清經解易類續編》，台北，藝文印書館。
24. 焦循：《周易補疏》《皇清經解易類彙編》，台北，藝文印書館。
25. 焦循：《易圖略》《皇清經解易類彙編》，台北，藝文印書館。
26. 程頤：《伊川易傳》，台北，文津出版社，1990 年。
27. 項安世：《周易玩辭》《文淵閣四庫全書》冊 3。
28. 黃宗羲：《易學象數論》，浙江，浙江古籍社，1993 年。
29. 董守諭：《卦變考略》《文淵閣四庫全書》冊 35。
30. 鄭剛中：《周易窺餘》《文淵閣四庫全書》冊 11。
31. 黎靖德編：《朱子語類》〈易類〉，台北，文津出版公司，1986 年。
32. 顧炎武著，黃汝成集釋《日知錄集釋‧易類》台北，世界書局，1991 年。

（二）引用近代著作

1. 任俊華：《易學與儒學》，北京，中國書店，2001 年。
2. 朱伯崑：《易學哲學史》，台北，藍燈文化公司，1991 年。
3. 朱曉海：《讀易小識》，台北，文史哲出版社，1988 年。
4. 呂紹鋼編：《周易辭典》，吉林，吉林大學出版社，1992 年。
5. 李學勤：《周易經傳溯源》，北京，中國社會科學出版社，2007 年。
6. 汪學群：《王夫之易學──以清初學術爲視角》，北京，社會科學文獻出版社，2002 年。
7. 汪學群：《清初易學》，北京，商務印書館，2004 年。
8. 屈萬里：《先秦漢魏易例述評》，台北，聯經出版公司，1984 年。
9. 屈萬里：《漢石經周易殘字集證》，台北，聯經出版公司，1984 年。
10. 吳康：《周易大綱》台北，臺灣商務印書館 1991 年。
11. 杭辛齋：《學易筆談》，北京，九州出版社，2005 年。
12. 林政華：《易學新探》，台北，文津出版社，1987 年。
13. 林麗眞：《易理易學鈎玄》，台北，大安出版社，2004 年。
14. 金春峰：《周易經傳梳理與郭店楚簡思想新釋》，台北，臺灣古籍出版公

司，2003。

15. 徐志銳：《周易大傳新注》，山東，齊魯書社，1986 年。

16. 南懷謹、徐芹庭註譯：《周易今註今譯》，台北，臺灣商務印書館，1994 年。

17. 柯劭忞：《續修四庫全書提要·易類》，台北，臺灣商務印書館，1979 年。

18. 胡自逢：《先秦諸子易説通考》，台北，文史哲出版社，1989 年。

19. 胡自逢：《程伊川易學述評》，台北，文史哲出版社，1995 年。

20. 徐芹庭：《易學源流》，台北，國立編譯館，1987 年。

21. 馬國翰：《玉函山房輯佚書》《續修四庫全書·易類》。

22. 高懷民：《先秦易學史》，台北，中國學術著作獎助委員會，1990 年。

23. 高懷民：《兩漢易學史》，自印本，1983 年。

24. 梁韋弦：《易學考論》，黑龍江，黑龍江人民出版社，2005 年。

25. 張其成：《易圖探秘》，北京，中國書店，1999 年。

26. 張濤：《秦漢易學思想研究》，北京，中華書局，2005 年。

27. 陳鼓應：《易傳與道家思想》，台北，臺灣商務印書館，1994 年。

28. 陳鼓應：《道家易學建構》，台北，臺灣商務印書館，2003 年。

29. 傅隸樸：《周易理解》，台北，臺灣商務印書館，1994 年。

30. 曾春海：《朱熹易學析論》，台北，輔仁大學出版社，1990 年。

31. 程石泉：《雕菰樓易義》，台北，臺灣商務印書館，1975 年。

32. 程石泉：《易學新論》，台北，文景書局，1996 年。

33. 楊慶中：《二十世紀中國易學史》，北京，人民出版社，2000 年。

34. 黃沛榮：《易學乾坤》，台北，大安出版社，1998 年。

35. 黃沛榮：《周易象傳義理探微》，台北，萬卷樓圖書公司，2001 年。

36. 黃金裕編：《周易論著目錄》台北，洪葉文化事業公司印行，2000 年。

37. 廖名春：《帛書易傳初探》，台北，文史哲出版社，1998 年。

38. 廖名春：《周易經傳與易學史新論》濟南，齊魯書社，2004 年。

39. 廖名春：《周易經傳十五講》，北京，北京大學出版社，2007 年。

40. 劉大鈞：《周易概論》，四川，巴蜀書社，1999 年。

41. 劉大鈞編：《象數精解》，四川，巴蜀書社，2004 年。

42. 劉玉平：《易學思維與人生價值論》，濟南，齊魯書社，2006 年。

43. 錢基博：《周易題解及其讀法》，台北，臺灣商務印書館，1989 年。

44. 錢，穆：《朱子新學案·朱子之易學》，台北，聯經出版公司，1998 年。

45. 戴君仁：《談易》，台北，臺灣開明書店，1982 年。

46. 戴璉璋：《易傳之形成及其思想》，台北，文津出版社，1997 年。

47. 簡博賢師：《魏晉四家易研究》，台北，文史哲出版社，1986 年。

48. 嚴靈峰：《馬王堆帛書易經斠理》，台北，文史哲出版社，1994 年。

49. 嚴靈峰：《易學新論》，台北，正中書局，1971 年。

50. 顧頡剛：《古史辨》第三冊《易類》，台北，明倫出版社，1970 年。

51. 譚貴德：《多維文化視野下的周易》，濟南，齊魯書社，2005 年。

二、《易》類期刊與學位論文

1. 王風：〈論《本義》注文與卷首《卦變圖》之相合〉《周易研究》月刊，2004 年 4 月。

2. 王新春：〈卜筮與《周易》〉《周易研究》2003 年第 6 期。

3. 王新春：〈也論虞翻易學的卦變說〉收入劉大鈞編：《象數精解》，四川，巴蜀書社，2004 年。

4. 史少博：〈朱熹理學的易學底蘊〉，山東，青島科技大學學報社會科學版，第 20 卷第 1 期 2004 年 3 月。

5. 江弘毅：《朱子易學研究》，國立臺灣師範大學國文研究所碩士論文，1984，胡自逢教授指導。

6. 余敦康：〈朱熹《周易本義》《易學啟蒙》象數之學述評〉收入劉大鈞編：《象數精解》，四川，巴蜀書社，2004 年。

7. 吳龍川：《王船山「〈乾〉〈坤〉並建理論研究」》台北，臺灣師範大學國文學系博士論文，2004 年 6 月，岑溢成教授指導。

8. 吳懷祺：〈王夫之的易學與史論〉《安徽大學學報》2000 年 11 月。

9. 李尚信：〈《序卦》卦序之建構及其思想〉收入劉大鈞編：《象數精解》，四川，巴蜀書社，2004 年。

10. 李梅鳳：《李光地《周易折中》案語研究》國立彰化師範大學國文學系碩士論文，2003 年，游志誠教授指導。

11. 李鏡池：〈易傳探源〉，顧頡剛編：《古史辨》第三冊，台北，明倫出版社，1970 年。

12. 車行健：〈紀昀《易》學觀初探〉收入林慶彰編：《經學研究論叢》第四輯，台北，聖環圖書公司，1996 年。

13. 林文彬：〈朱子《易學啟蒙》初探〉，台中，國立中興大學學報，1996 年 1 月。

14. 林忠軍：〈從詮釋學審視中國古代易學〉《文史哲》月刊，2003 年第 4 期。

15. 林義正：〈成中英《易》說研究〉收入潘德榮編：《本體與詮釋——賀成

中英先生 70 壽誕論文專輯》，上海，上海社會科學院出版社，2005 年。

16. 林義正：〈論中國經典詮釋的兩個基型：直譯與旁通──以《易經》的詮釋爲例〉《周易研究》2006 年第 2 期。

17. 邱黃海：〈船山《易》學的原理與方法──〈周易內傳發例〉的解析〉《鵝湖學誌》28 期，2002 年 6 月。

18. 高懷民：〈朱熹「易爲卜筮之書」評述並論其對近代易學研究的影響〉，台北，《政大學報》71 期。

19. 康全誠：《清八家易學研究》，私立台北中國文化大學中國文學系博士論文，2002 年，黃沛榮教授指導。

20. 黃忠天：〈史事宗易學研究方法析論〉《周易研究》2007 年第 5 期。

21. 許維萍：《宋元易學的復古運動》，私立東吳大學中國文學系博士論文，2001 年 6 月，林慶彰教授指導。

22. 許維萍：〈《周易》學研究〉收入林慶彰編：《1950~2000 五十年來的經學研究》，台北，臺灣學生書局，2003。

23. 曾春海：〈李光地的易學初探〉收入江日新編：《清代經學國際研討會論文集》台北，中央研究院中國文學研究所，1994 年。

24. 曾春海：〈船山易學與朱熹易學觀之比較研究〉《哲學與文化》月刊 20 卷第 9 期，1993 年 9 月。

25. 張善文：〈王弼改定《周易》體制考〉收入林慶彰編：《中國經學史論文集》台北，文史哲出版社，1992 年。

26. 楊月清：〈易學哲學之一嬗變──陸王心學的易學思想探析〉《周易研究》2005 年第 5 期。

27. 楊自平：〈《易經》「升降」與「反對」兩種卦變義例的考察〉台北《中國文哲研究集刊》第 17 期，2000 年 9 月。

28. 楊國寬：《朱熹易學研究──對程頤易學的傳承與開新》，私立玄奘大學中國語文學系碩士論文，2004 年 6 月，何澤恆教授指導。

29. 鄭吉雄：〈從卦爻辭字義的演繹論《易傳》對《易經》的詮釋〉《漢學研究》第 24 卷第 1 期，2006 年 6 月。

30. 劉大鈞：〈讀周易折中〉《周易研究》1997 年第 2 期。

31. 錢穆：〈論十翼非孔子作〉，顧頡剛編：《古史辨》第三冊，台北，明倫出版社，1970 年。

32. 廖名春：〈彖傳大象傳釋卦次序考〉《周易研究》1995 年第 3 期。

33. 廖名春：〈從郭店楚簡論先秦儒家與《周易》的關係〉，台北《漢學研究》第 18 卷第 1 期。

34. 謝大寧：〈言與意的辯正：先秦、漢魏《易經》詮釋的幾種類型〉收入李

明輝編：《中國經典詮釋傳統（二）：儒學篇》，台北，喜馬拉雅研究基金會，2002。

35. 顏婉玲：《周易心理學思想研究》，國立臺灣師範大學國文學系碩士論文，2002 年 6 月，賴貴三教授指導。

36. 顏國明：〈「《易傳》是道家《易》學」駁議〉台北中央研究院中國文哲研究所，《中國文哲研究集刊》第 21 期 2002 年 9 月。

37. 顧頡剛：〈周易卦爻辭中的故事〉，氏編：《古史辨》第三冊，台北，明倫出版社，1970 年。

三、其他參考書目

（一）引用古籍

1. 中國第一歷史檔案館：《康熙起居注》，北京，中華書局，1984 年。

2. 王夫之：《宋論》，台北，漢京文化公司，2004 年。

3. 王夫之：《張子正蒙注》，台北，世界書局，1959 年。

4. 王弼注：《老子》，台北，文史哲出版社，1979 年。

5. 王筠：《說文釋例》，台北，世界書局，1984 年。

6. 王畿：《王龍谿全集》《四庫全書存目叢書》冊 96，台南，莊嚴文化公司，1997 年。

7. 王懋竑：《朱子年譜》，台北，臺灣商務印書館，1971 年。

8. 司馬光：《司馬溫公集》《四部叢刊初編》，台北，臺灣商務印書館，1966 年。

9. 司馬光：《資治通鑑》，台北，華世出版社，1987 年。

10. 司馬遷著，楊家駱編：《新校本史記三家注并附編二種》，台北，鼎文書局，1987 年。

11. 皮錫瑞：《經學歷史》，台北，鳴宇出版社，1980 年。

12. 全祖望：《鮚埼亭集》《四部叢刊初編》冊 95，台北，臺灣商務印書館。

13. 朱子：《四書章句集注》，台北，大安出版社，1987 年。

14. 朱子：《朱文公文集》上海，上海古籍社，2002 年。

15. 朱彝尊：《經義考》，台北，臺灣中華書局，1979 年。

16. 江永：《群經補義》《文淵閣四庫全書》冊 194。

17. 吳承恩：《西遊記》，台北，三民書局，2002 年。

18. 李光地：《榕村集》《文淵閣四庫全書》冊 24。

19. 李光地：《榕村語錄》《文淵閣四庫全書》冊 725。

20. 阮元編：《十三經注疏本》，台北，藍燈出版社。

21. 施耐庵：《水滸傳》，台北，聯經出版公司，2003 年。

22. 紀昀：《閱微草堂筆記》，台北，大中國圖書公司，1989 年。

23. 紀昀編：《合印四庫全書總目提要》，台北，臺灣商務印書館，1985 年。

24. 胡廣編：《性理大全書》《文淵閣四庫全書》冊 710。

25. 范曄著·楊家駱主編：《新校本後漢書并附編》台北，鼎文書局，1981 年。

26. 徐世昌：《清儒學案》，台北，世界書局，1979 年。

27. 班固著，楊家駱主編：《新校漢書藝文志》，台北，世界書局，1985 年。

28. 張廷玉編：《明史》，台北，鼎文書局，1982 年。

29. 許慎著，段玉裁注：《說文解字注》，台北，天工書局，1987 年。

30. 郭慶藩：《莊子集釋》，台北，漢京文化事業公司，1983 年。

31. 唐鑑：《清學案小識》台北，台北，臺灣商務印書館，1975 年。

32. 陳壽：《三國志》，台北，鼎文書局，1995 年。

33. 陳澧：《東塾讀書記》《皇清經解續編》台北，藝文印書館。

34. 章如愚：《群書考索》《文淵閣四庫全書》冊 24 年。

35. 程顥、程頤：《二程讀書》《文淵閣四庫全書》冊 698。

36. 黃宗羲撰，全祖望補：《宋元學案》，台北，世界書局，1991 年。

37. 黃宗羲：《明儒學案》，台北，世界書局，1992 年。

38. 黃震：《黃氏日鈔》《文淵閣四庫全書》冊 708。

39. 楊士奇編：《歷代名臣奏議》《文淵閣四庫全書》冊 439。

40. 楊慎：《升庵集》《文淵閣四庫全書》冊 1270。

41. 趙翼：《二十二史箚記》，台北，世界書局，1996 年。

42. 歐陽修：《文忠集》《文淵閣四庫全書》冊 1102。

43. 錢大昕：《潛研堂文集》《四部叢刊初編》冊 97，台北，臺灣商務印書館。

44. 羅欽順：《困知記》《文淵閣四庫全書》冊 24，。

45. 顧炎武：《亭林文集》《四部叢刊初編》冊 86，台北，臺灣商務印書館。

（二）引用進代著作

1. 干春松：《制度化儒家及其解體》，北京，中國人民大學出版社，2003 年。

2. 方東美：《新儒家哲學十八講》，台北，黎明文化公司，1985 年。

3. 王夫之：《讀通鑑論》台北，漢京文化公司，2004 年。

4. 王邦雄：《儒道之間》，台北，漢光文化出版社，1987 年。

5. 王邦雄：《韓非子的哲學》，台北，東大圖書公司，1983 年。

6. 王國良：《明清時期儒學核心價值的轉換》，安徽，安徽大學出版社，2005 年。

7. 王雲五編：《雲五社會科學大辭典》，台北，臺灣商務印書館，1971 年。

8. 田浩編、楊立華、吳艷紅譯《宋代思想史論》，北京，社會科學文獻出版社，2003 年。

9. 成中英：《本體與詮釋》，台北，世界知識出版社，2001 年。

10. 牟宗三：〈中國哲學的特質〉，台北，臺灣學生書局，1987 年。

11. 牟宗三：〈中國哲學十九講〉，台北，臺灣學生書局，1989 年。

12. 牟宗三：《歷史哲學》，台北，臺灣學生書局，1988 年。

13. 何澤恆：《先秦儒道舊義新知錄》，台北，大安出版社，2004 年。

14. 余英時：《歷史與思想》，台北，聯經出版公司，1995 年。

15. 余英時：《中國思想傳統的現代詮釋》台北，聯經出版公司，1999 年。

16. 余英時：《朱熹的歷史世界》，台北，允晨文化公司，2003 年。

17. 克羅齊著，田時鋼譯：《歷史學的理論和歷史》，北京，中國社會科學出版社，2004 年。

18. 吳有能師：《對比當視野——當代港臺哲學論衡》，台北，駱駝出版社，2001 年。

19. 何秀煌：《文化‧哲學與方法》，台北，東大圖書公司，1988 年。

20. 李天命：《存在主義概論》，台北，臺灣學生書局，1992 年。

21. 李明輝編：《中國經典詮釋傳統（二）：儒學篇》，台北，喜馬拉雅研究基金會，2002 年。

22. 李威熊師：《中國經學史論（上冊)》，台北，文史哲出版社，1988 年。

23. 李威熊師：《漢書導論》，台北，文史哲出版社，1977 年。

24. 李紀祥：《明末清初儒學之發展》台北，文津出版社，1992 年。

25. 李清馥：《榕村譜錄合考》，北京，北京圖書出版社，1998 年。

26. 李德高：《心理學》，台北，五南圖書公司，1992 年。

27. 李輯等著：《中國遠古暨三代思想史》，北京，人民出版社，1994 年。

28. 杜松柏：《禪是一盞燈》，台北，漢光文化公司，1987 年。

29. 杜保瑞：《北宋儒學》，台北，臺灣商務印書館，2005 年。

30. 杜學知：《文字學論叢》，台北，正中書局，1974 年。

31. 汪惠敏：《宋代經學之研究》，台北，師大書苑，1989 年。

32. 林啓屏：《儒家思想中的具體性思維》，台北，學生書局，2004 年。

33. 林慶彰：《清初的群經辨偽學》，台北，文津出版社，1990 年。

34. 林聰舜：《明清之際儒家思想的變遷與發展》，台北，臺灣學生書局，1990 年。

35. 金建德：《司馬遷所見書考》，上海，上海人民出版社，1963 年。

36. 侯外盧等編：《宋明理學史》，北京，人民出版社，1997 年。

37. 保羅利科著，姜志輝譯：《歷史與真理》上海，上海譯文出版社，2004 年。

38. 科劭忞等編：《清史稿新校》，台北，國史館，1986 年。

39. 韋政通編：《中國哲學辭典》，台北，大林出版社，1978 年。

40. 唐君毅：《中國哲學原論·原道篇二》，台北，臺灣學生書局，1986 年。

41. 徐復觀：《中國的治道》，台北，八十年代出版社，1979 年。

42. 徐復觀：《中國人性論史——先秦篇》台北，臺灣商務印書館，1990 年。

43. 徐復觀：《中國經學史的基礎》，台北，臺灣學書書局，1990 年。

44. 高鴻縉：《中國字例》，台北：《三民書局》，1990 年。

45. 馬宗霍：《中國經學史》，台北，臺灣商務印書館，1992 年。

46. 孫廣德：《政治神話論》，台北，臺灣商務印書館，1990 年。

47. 孫廣德：《先秦兩漢陰陽五行說的政治思想》，台北，臺灣商務印書館，1993 年。

48. 張立文：《正學與開新——王船山哲學思想》，北京，人民出版社，2001 年。

49. 張春興：《現代心理學》，台北，東華書局，1991 年。

50. 張麗珠師：《清代義理學新貌》台北，里仁書局，2002 年。

51. 張麗珠師：《清代新義理學—傳統與現代的交會》，台北，里仁書局，2003 年。

52. 張麗珠師：《清代的義理學轉型》，台北，里仁書局，2006 年。

53. 許蘇民：《李光地傳論》，福建，廈門大學出版社，1992 年。

54. 馮友蘭：《中國哲學史》，台北：臺灣商務印書館，2002 年。

55. 梁啟超：《中國近三百年學術史》，台北，臺灣中華書局，1987 年。

56. 陳來：《宋明理學》，台北，洪葉文化公司，1994 年。

57. 陳來：《中國近世思想史研究》，北京，商務印書館，2003 年。

58. 陳來：《詮釋與重建——王船山的哲學精神》，北京，北京大學出版社，2004 年。

59. 陳金木師：《唐寫本論語鄭氏注研究——以考據、復原、詮釋為中心的考察》，台北，文津出版社，1996 年。

60. 陳國成編：《圖解科學大辭典》，永和，華文圖書公司，1987 年。
61. 陳榮華：《萬達瑪詮釋學與中國哲學詮釋》，台北，明文書局，1998 年。
62. 傅小凡：《宋明道學新論》，北京，社會科學文獻出版社，2005 年。
63. 傅朗克：《從集中營說到存在主義》，台北，光啓出版社，1971 年。
64. 傅偉勳：《死亡的尊嚴與生命的尊嚴》，台北，正中書局，2004 年。
65. 勞思光：《新編中國哲學史》，台北，三民書局，1990 年。
66. 曾昭旭：《王船山哲學》，台北，遠景出版社，1983 年。
67. 曾昭旭：《在說與不說之間》，台北，漢光文化公司，1992 年。
68. 黃仁宇：《萬曆十五年》，台北，臺灣食貨出版社，1995 年。
69. 黃俊傑：《中國孟學詮釋史論》，北京，社會科學文獻出版社，2004 年。
70. 楊士毅：《邏輯・民主・科學》，台北，書林出版社，1991 年。
71. 楊懋春：《中國社會思想史》，台北，幼獅文化事業公司，1990 年。
72. 葛兆光：《中國思想史》，北京，復旦大學出版社，2005 年。
73. 葛兆光：《思想史研究課堂講錄》，北京，三聯書店，2005 年。
74. 熊十力：《十力語要》，台北，廣文書局 1975 年。
75. 熊十力：《讀經示要》，台北，明倫書局，1987 年。
76. 趙園：《明清之際士大夫研究》，北京，北京大學出版社，2000 年。
77. 劉介民：《比較文學方法論》，台北，時報文化公司，1995 年。
78. 劉岱：《不廢江河萬古流》收入《中國文化新論》，台北，聯經出版公司，1981 年。
79. 劉述先：《朱子哲學思想的發展與完成》，台北臺灣學生書局，1995 年。
80. 樓宇烈：《王弼集校釋》，台北，華正書局，1992 年。
81. 潘德榮：《詮釋學導論》，台北，五南圖書公司，2002 年。
82. 稽文甫：《王船山學術論叢》，新店，谷風出版社，1987 年。
83. 蔣伯潛：《十三經概論》，台北，學海出版社，1985 年。
84. 蔡仁厚：《宋明理學——心體與性體意旨述引》，台北，臺灣學生書局，1991 年。
85. 蔡方鹿：《朱熹經學與中國經學》，北京，人民出版社，2004 年。
86. 錢穆：《中國近三百年學術史》，台北，臺灣商務印書館，1990 年。
87. 錢穆：《中國歷史精神》，台北，東大圖書公司，1987 年。
88. 錢穆：《國史大綱》，台北，臺灣商務印書館，1988 年。
89. 簡博賢師：《今存南北朝經學遺籍考》，台北，黎明文化公司，1975 年。
90. 簡博賢師：《今存三國兩晉經學遺籍考》，台北，三民書局，1986 年。

91. 薩孟武：《中國社會思想史》，台北，三民書局，1989 年。

四、其他期刊論文

1. 王葆玹：〈經學的形成與中國文化的問題——關於中國文化經學模式的研究〉收入沈清松編：《詮釋與創造——傳統中華文化及其未來發展》，台北，聯經出版公司，1985 年。

2. 李景明：〈「焚書坑儒」與秦代經學〉收入張秋升‧王洪軍主編：《中國儒學史研究》，濟南，齊魯書社，2004 年。

3. 陳祖武：〈論李光地的歷史地位〉《福建論壇文史哲版》雙月刊第 5 期，1992 年 10 月。

4. 陳祖武：〈論清初學術〉收入國立中山大學清代學術研究中心編：《清代學術論叢》，台北，文津出版社，2001 年。

5. 勞悅強：〈從《論語》〈唯女子與小人爲難養章〉論朱熹的詮釋學〉收入（漢學研究第 25 卷第 2 期）2007 年 12 月。

6. 曾昭旭：〈中國哲學史提綱〉收入《國學研究論集》，台北，學海出版社，1977 年。

7. 湯用彤：〈魏晉玄學論稿〉收入《魏晉思想——甲編五種》，台北，里仁書局，1984 年。

8. 楊晉龍：〈「四庫學」研究方法芻議〉收入蔣秋華編：《乾嘉學者的治經方法》台北：中央研究院中國文哲研究所，2000 年。

9. 葉國良：《宋人疑經改經考》，台北，國立台灣大學出版委員會，1980。

10. 葉國良：〈二重證據法的省思〉收入葉國良等編：《出土文獻研究方法論文集初集》，台北，台大出版中心，1982 年。

11. 鄭吉雄〈乾嘉學者治經方法與體系試釋〉收入蔣秋華編：《乾嘉學者的治經方法》台北：中央研究院中國文哲研究所，2000 年。

12. 劉大杰：〈魏晉思想論〉收入《魏晉思想——甲編五種》，台北，里仁書局，1984 年。

13. 劉澤亮：〈從《五經》到《四書》：儒學典據嬗變及其意義——兼論朱子對佛禪思想挑戰與回應〉，《東南學術》月刊，2002 年第 6 期。

14. 韓琦：〈君王和布衣之間：李光地在康熙時代的活動及其對科學的影響〉，新竹，《清華學報》新 26 卷第 4 期，1996 年 12 月。

15. 韓琦：〈科學與宗教之間：耶穌會士白晉的《易經研究》〉，《東亞基督教再詮釋》（香港中文大學崇基學院宗教與中國社會研究中心）2004 年。

16. 韓琦：〈白晉的《易經》研究和康熙時代的「西學中源」說〉，台北《漢學研究》第 16 卷第 1 期，1998 年 6 月。